명작 독서 명품 인생

명작 독서 명품 인생

1쇄 찍은 날 · 2012년 12월 25일 | **2쇄 찍은 날** · 2013년 10월 18일
지은이 · 이상욱 | **펴낸이** · 김승태
등록번호 · 제2-1349호(1992. 3. 31) | **펴낸 곳** · 예영커뮤니케이션
주소 · (136-825) 서울시 성북구 성북1동 179-56 | **홈페이지** www.jeyoung.com
출판사업부 · T. (02)766-8931 F. (02)766-8934 e-mail: jeyoungedit@chol.com
출판유통사업부 · T. (02)766-7912 F. (02)766-8934 e-mail: jeyoung@chol.com

copyright ⓒ 2012, 이상욱
ISBN 978-89-8350-823-2 (04370)
    978-89-8350-738-9 (세트)

값 14,000원

도모생애교육신서 27

내 이름 석 자가 최고의 브랜드가 되는 삶

명작 독서 명품 인생

이상욱 지음

예영커뮤니케이션

<추 천 사1>

리버럴 아츠(Liberal Arts)는 독서로부터

서용원(호서대학교 명예교수, Ph.D)

'리버럴 아츠(Liberal Arts)'는 초 중세의 로마 사회에서 귀족 출신의 자녀, 또는 공직에 입문하려는 자유시민이 엘리트 과정의 기본 교육을 통해 그 시대가 요구하는 공직에서 책임지고 일할 수 있는 사람, 무슨 일을 맡겨도 직무수행을 감당할 수 있는 '교양인'을 지칭하는 말이었다.

로마가 BC 753년에 왕정으로 시작하여, 공화정 시대를 거쳐 방대한 세계를 통치하기 위해 구조 전환(paradigm shift)을 하여 전제정(제국)으로 나아가는 동안 로마는 무적의 군대를 자랑하였고 법과 질서를 존중하고 건축, 예술, 음악 등을 장려하여 통합된 팍스 로마(Pax-Romana)를 이루었다. 무력에 의해 그것이 성취되었으나, 그 이면에는 기본 교양교육을 받고 투철한 시민의식으로 성장한 엘리트 그룹이 있었는데 그들이 바로 인문학적 소양과 리더로서의 자질을 갖춘 '리버럴 아츠(Liberal Arts)'였다.

그들이 받은 교육과정은 성현의 책, 문법, 논리학, 수사학, 웅변술(설득), 산술과 기하, 음악(예술) 등을 포함하여 어학, 역사, 철학, 문학을 포괄하는 전인교육으로, 지행(知行)일치와 국가의 이상을 실현하는 공인(公人)으로서의 자기 정체성을 세우는 과정이었다. 그런 의미에서 '리버럴 아츠'는 당대의 역사와 세계 그리고 인간에 대한 깊은 이해와 통찰, 국가관, 세계관, 우주관 등의 가치체계를 갖춘 지도 계층이었다.

나는 오래전에 특이한 이름을 가진 여학생 자매를 만난 일이 있었다. 성은 H씨로 자매 중 언니는 '무궁화,' 동생은 '두루미'였다. 두루미 양에게 아버지께서 왜 그런 이름을 지어 주셨는지 아냐고 물었더니 얼굴만이 아니라 마음, 행동 등 삶 전체가 아름다운 사람이 되라는 의미에서 지어 주셨다고 대답했다. 아버지는 사랑하는 딸이 다재다능하고 고상한 인격과 자기됨을 형성하고 비상하는 두루미와 같이 멋진 삶을 살 것을 소원하며 이름에 담았을 것이다.

오늘 우리 시대는 한 시대를 책임지는 '리버럴 아츠(교양인)', 거짓이 없고 순수하고 무한한 가능성을 지닌 '사람' 두루미인(美人)을 찾고 있다. 최근 우리 주변에 독서학교 운동이 일어나고 대안학교가 등장하는 것도 이런 배경에서 나왔다고 본다. 이러한 움직임들은 공교육이 그러한 역할을 제대로 감당하지 못하고 있기 때문이다. 그 모든 것의 출발은 책을 읽고 그 내용을 체계화, 정신화, 역동적 에너지화하는 훈련과 교육이 필요한 상황에서 출발했다고 본다.

문명의 이기(利己)를 다루는 기술은 필요하다. 그러나 어린이로부터 어른에 이르기까지 스마트폰에 중독이 되어 있는 세태는 얻는 것보다 잃는 것이 더 많고, 폐해가 크다고 생각된다. 지도자는 창의적 사고와 상상력, 그것을 실체화 형상화하는 능력, 논리적 언어와 설득력으로 동지를 규합하고 비전을 함께, 끝까지 동행할 수 있는 능력을 지녀야 한다. 그것이 '영향력'이고 '지도자의 리더십'이라고 할 수 있다. 이러한 모든 것의 출발점은 책을 읽는 독서에서 출발한다. 먼저 읽으면 좋은 책이 성경이다. 책을 읽을 때는 집중을 위해 먼저 기도하는 것이 나의 습관이다. 독서는 도전받고 또 자신을 성찰하고 미래를 꿈꾸는 창조적 작업으로, 영감과 무한한 상상력의 세계, 개인은 물론 역사와 세상을 꿰뚫는 수직 수평적 사고, 공시적 · 통시적 이해, 그리고 소중한 지혜와 지식을 준다. 그리고 사람이 되는 것이다. 새로운 실존(New Being, New Quality of Existence)이 된다.

이상욱 박사는 15여 년 동안 독서학교 운동, 대안학교 등을 운영하며 투혼의 정신과 열정으로 섬김과 나눔의 사역을 감당해 온 그리스도인이며 건강한 교육자이다. 그는 이 시대의 청소년, 젊은이들이 자기 초월과 세상의 변혁(transform)을 위한 새로운 존재로의 웅비를 기원하며, 회심작으로 『명작 독서 명품 인생』를 내놓았다. 이 책 속에는 등장하는 인물들(저자 또는 책의 주인공 등)과 거명된 책의 수가 셀 수 없을 만큼 많다. 이 책은 독자로 하여금 놀라운 상상력과 환상의 세계를 만나게 하고 숭고한 가치와 진취적 기상, 참된 자아를 찾게 해줄 뿐만 아니라 독서방법론을 익히는 데 큰 길잡이가 되어 줄 것이다.

좋은 책은 인생의 지혜와 지식의 보고(寶庫)가 된다. 귀한 책을 출간하는 산고를 치른 저자의 노고와 열정과 사랑에 무한한 감사를 독자와 함께 드리고 싶다. 샬롬.

유석성(서울신학대학교 총장)

　　인간은 교육의 산물이다. 교육은 사람다운 사람을 만드는 일이다. 동양에서는 수기치인(修己治人)과 내성외왕(內聖外王)을 목표로 교육하여 사회 지도자를 키워냈다.

　　동양의 유학교육은 엘리트 교육 중심이었다. 그 엘리트 교육은 내 몸을 잘 닦은 후에 남을 다스리는 것을 목표로 하였다. 내 몸을 잘 닦는다는 것은 인격함양인 인성교육과 학문연마를 하여 사회에 봉사하는 인물을 기르는 것이었다. 남을 다스린다는 것은 지배하는 뜻보다는 나라와 이웃을 위해 사회지도자로서 봉사하는 것을 의미한다. 이러한 교육은 책을 떠나서는 이루어질 수 없다.

　　책을 통하여 사람다운 사람을 만든다.

　　책을 어떻게 읽고 공부할것인가? 동서양에서 많은 독서론과 독서법이 제시되어 왔다. 이번에 또 하나의 새로운 독서에 관한 명저라고 평할 수 있는 책이 출간되어 호평을 받고 있다. 이상욱 박사의 내 이름 석자가 최고의 브랜드가 되는 삶 『명작독서 명품인생』이다.

　　사람을 만드는 교육이 인문학이다. 이 책은 인문학적 바탕 위에서 독서하는 방법을 구체적으로 제시하고 있다. 훌륭한 독서를 하여 교양과 전문적 지식을 쌓고 또 훌륭한 인품을 지녀, 지성과 인성을 겸비한 지성인이 될 때 명품인생을 살 수 있을 것이다.

프란시스 베이컨(Francis Bacon, 1561~1626)은 "독서는 해박한 사람을 만들고, 대화는 민첩한 사람을 만들고, 필기(筆記)는 정확한 사람을 만든다."고 하였다.

책 속에 길이 있다. 더 정확히 말하면 좋은 책을 통해 참된 인생의 길로 나아갈 수 있다. 좋은 책, 명작(名作)을 잘 읽고 공부하여야 훌륭한 인생인 명품인생(名品人生)을 살 수 있을 것이다.

이상욱 박사 같은 제자가 이런 명작(名作)을 쓰는 것이 바로 제자가 스승보다 낫다는 명성을 듣는 출람지예(出藍之譽)가 아니겠는가. 기쁜 마음으로 이 책이 널리 읽히기를 권한다.

여는 글

청바지에 흰 셔츠 하나만 입어도 명품인 여자가 있다. 좌우대칭의 정확한 얼굴과 서울대 출신이라는 프로필, 단아한 몸매를 가졌으면서도 노력하며 살아가는 연기자 김태희이다. 물론 나는 그녀의 연기를 백 퍼센트 좋아하는 것은 아니지만 그녀에게 언제나 따라붙는 수식어 '미인 배우'를 넘어 좋은 연기자가 되려는 그녀의 노력에 박수를 보낸다.

그녀도 한때는 선망의 대상이 있었을 것이다. 하지만 지금의 그녀는 많은 시청자들에게는 선망의 대상이다.

세상은 화려한 곳이다. 별들로 가득한 은하계와 같다. 그러나 한때 기라성과 같은 별들이 자기 무게를 견디지 못한 채 침몰하듯 한때 선망의 대상이었던 영웅호걸들이 그저 선망의 대상으로 그치는 인생, 그러한 인생으로 살아가는 곳이 현세이다. 하지만 선망의 대상이기보다는 '희망의 증거'가 된 자들만이 별이 삶의 지표가 되어 남는다. 이러한 사람들이 '명품 인생'이라 할 수 있을 것이다.

명품 인생을 어떻게 정의할 수 있을까? 명품이란 우수한 품질은 물론, 만드는 이의 장인정신과 정성이 깃든 물건을 말한다. 호사스럽고 비싼 물건이 아닌 사람의 마음을 움직이는 창조적이고 차별화된, 장인의 혼이 담겨진 제품이다. 명품 인생이란 한 인간이 가지고 있는 내면적인 가치와 인간 본연의 소중함을 일깨우는 의식과 문화를 가지고 노력을 통해 자신의 혼을 담아내며 사는 것이라고 정의할 수 있다. 자신이 혼을 가진 장인이자 혼이 담긴 개체, 작품인 것이다.

인간은 원초적으로 진실함(眞), 선함(善), 아름다움(美)을 추구하고자 하는 욕구가 있다. 인간만이 가진 이 욕구는 유사 이래 인류의 발전을 가져온 원동력이다. 그러나 그 욕구의 대상이 겉모습에 의해서만 판단된다면 나뭇잎이나 깃털과 모피로 장식했던 선사시대와 무엇이 다른가. 겉모습이 화려한 명품에 얽매이지 말고, 일상 속에서 내면세계를 채워 주는 본질적인 명품을 찾아보아야 한다. 그리고 자신만의 내재적 가치와 기준을 세워 스스로를 가장 소중한 명품 인생으로 다듬어 간다면 그 또한 명품의 삶이 아닐까?

우리는 누구나 명품 인생을 살고자 한다. 어떻게 해야 명품을 부러워하는 인생이 아닌, 내 삶이 명품이 되게 하는 삶을 살 수 있을까?

우선 당당하고, 멋있고, 매력 있는 명품과 같은 인생은 유행이나 시류와 같은 집단의식에 사로잡히지 않고 살아야 한다. 나만의 고유한 삶, 내 이름 석 자가 최고의 브랜드가 되는 특별한 삶을 사는 것이다. 명품을 사기 위해서 목숨 거는 인생이 아니라, 옷이나 가방, 신발로 치장하는 인생이 아니라, 자신의 삶을 명품으로 만드는 위대한 사역(事役)이 우리가 원하는 삶일 것이다. 라틴어에 "일의 완성보다 일하는 사람의 완성"이라는 말이 있다. 하지만 인격의 완성 역시 일을 통하여 이루어진다고 할 수 있다. 소위 가치와 철학은 열심히 흘린 땀에서부터 생겨나며 마음은 일상의 노동을 통해 연마된다. 나는 명품 인생의 비밀을 명작 읽기에서 찾았다. 왜냐하면 우리에게 희망의 증거가 되는 사람들은 모두가 명작 독서를 통해서 그의 가치와 철학과 성취 방법들을 찾은 사람들이었기 때문이다.

리처드 베리(Richard berry)는 "신(神)이 인간에게 책이라는 구원의 손길을 주지 않았더라면 지상의 모든 영광은 망각 속에 묻히고 말았을 것이다."라고 말한다. 이것은 책이 인류 문화의 전달자요, 신(神)을 알아가는 수단으로서의 역할을 해왔다는 말일 것이다. 토마스 바트린은 "책이 없다면 신도 침묵을 지키고, 정의는 잠자며, 자연 과학은 정지되고, 철학도 문학도 말이 없을 것이다."라고 말함으로써 책의 기능을 덧붙인다.

역사를 돌아보면 불의가 세상을 지배했던 것을 더러 볼 수 있다. 그러나 역사는 조용히 시대의 밑줄기를 흐르면서 불의의 횡포가 심해질 때마다 개혁자들이 나타나 그 역사를 뒤바꾸곤 한다. 역사에 정의의 개혁자가 나타날 때마다 그 개혁자들을 일으켜 세웠던 필연적인 동기를 마련해 준 것이 바로 한 권의 책이라는 사실을 기억하자. 왜 그런가? 인간은 상황에 따라 변해도 절대적인 가치를 지닌 책은 변하지 않기 때문이다. 잘 알려진 대로 링컨은 해리어트 비처 스토우(Harriet Beecher Stowe) 부인의 『톰 아저씨의 오두막집(uncle Tom's Cabin)』을 읽고 흑인 인권의 새로운 역사를 이루었고, 종교개혁자 마틴 루터

(Martin Luther)도 구텐베르크(Johannes Gutenberg)에 의해 개발된 인쇄기와 중국의 제지 기술에 힘입어 정의의 성경을 번역하여 중세기의 암흑기를 여명기로 바꿀 수 있었다. 이것이 책의 힘이자 사명이라 할 수 있다.

명작 독서법은 한마디로 명작을 읽고 명품 인생을 살게 하는 독서법이라 할 수 있다. 사람은 '한 권의 책'이라는 말이 있다. 사람은 의식하든 의식하지 못하든 누구든지 자신을 한 권의 책으로 기록해 가는 존재이다. 한 송이의 국화꽃을 피우기 위해서 소쩍새는 봄부터 그렇게 울었듯이 우리는 자신에 관한 한 권의 책을 쓰면서 한평생을 살아간다. 이왕에 책을 쓴다면 누구든 불후의 명작 이야기를 쓰고 싶을 것이다. 오랫동안 읽혀질 책, 누구든 공감하는 감동적인 책을 쓰고 싶을 것이다.

그러면 우리는 이러한 책, 명품 인생의 이야기를 어떻게 하면 남길 수 있을까? 그것은 의외로 간단하다. 입력(input)이 출력(output)을 결정하듯이 명품의 삶을 원한다면 명작을 읽는 데서 그 가능성을 찾을 수 있다.

책 읽기의 목적은 삶을 아름답게 가꾸는 것이다. 책을 읽으며 역사가 남겨 준 인류의 유산을 물려받아 지금 내가 살고 있는 현실세계와 미래세대에 적용하면 아름다운 삶을 살 수 있는 것이다. 그래서 책 읽기는 역사의 유산을 우리에게 전달해 주는 놀라운 소통 방식이다.

우선 명작 독서법은 "책을 왜 읽어야 하는가?"라는 질문에서 시작한다. 한마디로 인문사고를 트기 위함이다. 인문사고란 사람 중심의 사고이다. 독서는 물질문명의 팽배로 인하여 쇠퇴해 가는 인간성 회복의 방법이며, 사회악으로부터 '나'를 구할 뿐만 아니라 모든 사람들이 꿈꾸는 사회에 대한 최선의 방안이어야 한다. 왜냐하면 인문학은 인간의 가능성을 그 대상으로 하기 때문이다. 그러므로 독서는 우리들의 닫혀진 마음에 가능성을 열어 준다. 때론 영감을 주기도 하고, 신념과 긍지를 심어 준다. 시간과 공간을 초월한 건전한 정신을 소유한 인격을 형성하여 덕성을 높이게 하고, 사리판단력을 길러 준다. 사물의 이용을 기술화하고, 인생의 가치를 높여 제각기 맡은 바 임무를 효과적으로 완수하도록 한다. 인간의 마음을 움직인 명작들은 그 가능성을 우리에게 열어 주고 있다.

둘째로 명작들을 어떻게 읽고 내면화하여 어떻게 표현을 할 것인가를 다루었다. 이러한 고민은 우리들만의 고민은 아니었다. 괴테는 "나는 독서하는 방법을 배우기 위해서 80년이라는 세월을 바쳤는데도 아직까지 그것을 잘 배웠다고 말할 수 없다."고 고백하였다. 서애 류성룡은 관악산에서 『맹자』를 읽을 때 전투적으로 읽었고, 남명 조식은 검을 몸에 차고 독서했고, 성호 이익은 사랑하는 어머니와 오랫동안 이별했다가 다시 만난 것처럼 책을 대했고, 아우구스티누스(Aurelius Augustinus)는 스승 암브로시우스(Ambrosius)가 독서할 때에 "그의 눈은 책장을 뚫어버릴 듯했고, 그의 가슴은 두 눈이 읽은 각 구절의 의미를 무서운 기세로 파악하고 있었다."고 술회한다. 천재들은 책을 대하는 모습부터가 사뭇 다르다.

필자는 SQ3R's 독서법의 의미를 확장하고 재해석하여 다양한 장르의 책을 읽는 데 도움이 되도록 하였다. SQ3R's 독서법은 1941년에 로빈슨(Francis Robinson)이 대학생들을 위한 학습 전략으로 개발한 것으로 이미 검증된 독서법 중 하나이다. 이 방법은 사회나 과학 등의 설명문을 읽는 데 유용하다.[1] 하지만 필자는 SQ3R's 독서법을 재해석함으로 문학 독서에도 적용이 가능하도록 했다. 본래의 SQ3R's는 훑어보기(Survey), 질문하기(Question), 읽기(Read), 회상하기(Recite), 재검토하기(Review)의 알파벳 첫 글자를 따온 것이다. 본서는 Survey(명작 세계를 보라), Question(명작적 질문을 하라), Reading(명작을 읽어라), Recite(명작화하라), Review(명작으로 표현하라)로 재해석하여 적용하는데 유용케 하였다.

똑같은 칼이라도 누가 그 칼을 잡느냐에 따라 칼의 용도가 달라진다. 주부가 칼을 잡으면 요리도구가 되고, 군사들이 잡으면 무기가 되고, 도둑이 잡으면 흉기가 된다. 책 읽기도 마찬가지이다. '어떤 목적을 가지고 책을 대하느냐, 또는 어떤 방식으로 책을 대하느냐?'에 따라서 결과는 많이 달라진다.

이 책은 필자가 15년 동안 청소년 독서지도 현장에서 학생들을 지도한 이론과 경험을 중심으로 저술하였다. 책 읽기를 통해서 명품의 삶에 도전하고 싶은 분들이나 학생들을 지도하는 교사들, 학부모들에게 조금이나마 도움이 되기를 바란다.

---

1) 전정재, 『공부에는 황도가 있다』(서울: 한국방송출판, 2004), p.127

명·작·독·서·명·품·인·생

[차 례]

1부 세상 읽기 : 세상을 읽어라

. 꿈꾸는 세상을 위하여 읽어라

. 책 읽기의 비전, 목표, 전략, 전술

. 문사철(文史哲)+경전(經傳) 읽기

Part 1
꿈꾸는 세상을 위하여 읽어라

"그때에 이리가 어린 양과 함께 살며 표범이 어린 염소와 함께 누우며 송아지와 어린 사자와 살진 짐승이 함께 있어 어린 아이에게 끌리며 암소와 곰이 함께 먹으며 그것들의 새끼가 함께 엎드리며 사자가 소처럼 풀을 먹을 것이며 젖 먹는 아이가 독사의 구멍에서 장난하며 젖 뗀 어린 아이가 독사의 굴에 손을 넣을 것이라."(사 11:6-8)

윗글은 구약성경에서 이사야 선지자가 꿈꾸는 나라의 모습이다. 이사야 선지자가 그리고 있는 세상은 자연과 인간이 하나가 되는 이상 국가이다. 오늘날 우리가 사는 문명은 이상적인 세상을 만들기 위해서 수많은 사람들이 바친 열정과 헌신, 눈물과 희생의 산물이라 할 수 있다.

플라톤(Platon)은 『국가(*The Republic*)』에서 이상 국가에 대해서 '국가는 모든 이에게 각자의 것'이라는 정의 아래 개개인이 자신의 능력에 맞는 일을 하고, 그에 합당한 것을 배분받으며, 각자 타고난 능력이 최대한 발휘되는 공동체가 가장 좋은 나라라고 규정함으로써 유토피아 사상의 효시를 이루었다. 예수는 세상을 향한 일성(一聲)은 "회개하라 하나님의 나라가 가까웠다."이다. 예수가 말하는 하나님의 나라는 공간적 의미를 말하는 것은 아니다. 예수는 "하나님 나라는 볼수 있게 임하는 것이 아니요 또 여기 있다 저기 있다고도 못하리니 하나님 나라는 너희 안에 있다."고 말함으로써 하나님의 주권적인 통치를 말했다.[1] 토머스 모어(Thomas More)는 1516년에 출판한 『유토피아(Utopia)』에서 사회조직의 '평등'을 말한다.[2] 그 평등을 구현하는 데 있어서 가장 핵심은 인간을 차별하는 요소들을 배제하는 것이었다. 그중에서도 인간의 재물에 대한 탐욕을 가장 경계한다. 모어의 『유토피아』, 볼테르(Voltaire)의 『깡디드(Candide)』에 나오는 엘도라도, 박지원의 『허생전』에 나오는 섬나라의 공통점은 모두 자본주의의 근본적 부정을 이야기하고 있다는 것이다. 그만큼 사람들의 자본주의적 속성은 그 뿌리가 고약할 정도로 깊다.

프랜시스 베이컨(Francis Bacon)은 1627년 간행한 미완성 작품인 『뉴 아틀란티스(The New Atlantis)』에서 과학자가 지배하는 엘리트 사회를 이상 국가로 제시하며 지식과 과학 기술의 발달을 통해서 인간의 삶이 행복해지는 이상적인 사회를 실감나게 그리고 있다. 그는 과학과 종교가 결합된 바람직한 사회를 추구하고 있었다. 반대로 조지오웰(George Orwell)의 『1984』, 1932년에 출판된 올더스 헉슬리(Aldous Leonard Huxley)의 『멋진 신세계(Brave new wotld)』에 나오는 디스토피아

(dystopia)는 전체주의와 자본주의가 극도로 발달됨으로 인해 나타나는 계층사회를 묘사하고 있다. 문명이 극도로 발달하여 과학이 모든 것을 지배하게 된 세계를 그린 반(反) 유토피아적 내용이다. 아이들은 인공수정(人工授精)으로 태어나 유리병 속에서 보육(保育)되고 부모도 모른다. 그리고 지능(知能)의 우열(優劣)만으로 장래의 지위가 결정된다. 과학적 장치에 의하여 개인은 할당된 역할을 자동적으로 수행하도록 규정되고, 고민이나 불안은 정제(錠劑)로 된 신경안정제로 해소된다. 옛 문명을 보존하고 있는 나라에서 온 야만인(野蠻人)은 이러한 문명국에서 살 수 없어 자살하고 만다.

유토피아에 대한 꿈은 시대마다, 문명마다 각기 다를 수 있고 그것을 실현하는 방법에 대한 제안도 각기 다를 수 있다. 어쨌든 공통점은 지금보다 더 나은 세상, 더 좋은 사회에 대한 전망과 희망이다. 과학 기술은 계속해서 진보하고 있다. 과학 기술은 유토피아에 대한 꿈의 한 부분이기도 하다. 디지털 기술은 인간의 몸을 완전히 바꾸어 놓아서 생물학적 종으로서의 단일성까지도 훼손될 수 있는 위험까지 있다. 수단이었던 기술이 목적이 되어 버렸다. 이는 과학 기술을 통해 우리가 예상했던 사회와 정반대되는 미래가 우리에게 다가오고 있다고 볼 수 있다.

결국 해결책은 인간에게 달려 있다. 아무리 과학 기술과 사회가 발달해도 그것을 만들고 이용하는 주체는 결국 사람이기 때문이다. 어떻게 하면 사람의 본성과 이성을 선하고 좋은 방향으로 선도할 수 있을까? 이러한 질문은 인간에 대한 이해에서 해답을 제시할 수 있다.

그것은 우주의 궁극적인 실체와 인문주의, 과학 기술과 인간의 윤리 도덕이 서로 조화될 수 있을 때 그 해답을 찾을 수 있을 것이다.

그래서 인간이 당면한 문제는 모두 교육에 있다. 교육을 통해서 궁극적인 가치를 발견하고 인간이 원하는 사회를 만들 수 있다. 그것이 기술의 문제이든 종교나 윤리의 문제이든 말이다. 이상적인 삶에 대한 답을 얻기 위해서는 현재 우리가 직면하고 있는 문제가 무엇인지를 배워야 한다. 문제를 찾는 입장에서 볼 때 문제는 이상적인 삶의 대한 목표와 현실 간의 괴리를 말한다. 문제란 것이 알고 보면 별것 아니다. 문제는 이상적인 삶을 추구해 가는 과정에서 생기는 것들이기 때문이다. 그러므로 문제를 찾으려면 우리가 추구하는 이상적인 삶의 목표가 무엇인지 정확하게 정의하는 것이 무엇보다 중요하다.

1) 비전은 문제 속에 있다

비전과 야망, 두 단어는 비슷한 말 같지만 전혀 다른 뜻을 가진다. 모두 미래를 지향하는 언어이지만 그 동기는 전혀 다르다. 비전은 상생으로부터 오지만 야망은 사람의 야심에서 태어나기 때문이다. 그래서 명품의 인생을 위한 책 읽기의 목적은 비전, 즉 인류공동체의 이상적인 삶에서 찾아야 한다.

비전은 어디에 있는가? 비전은 삶과 동떨어진 곳에 있는 것이 아니다. 비전은 삶의 문제 속에 있다. 호랑이를 잡기 위해서는 호랑이 굴에 들어가야 하듯이 비전을 찾기 위해서는 삶의 문제 속으로 들어가야 한다. 위대한 업적을 남긴 사람들은 모두 문제 속에 있었던 사람들이자 문제를 두려워하지 않는 사람들이었고, 문제를 사랑하는 사람들이었다. 그래서 문제를 제대로 볼 수 있는 눈을 가진 사람이 문제를 해결할 수 있는 대안, 즉 비전을 갖게 된다. 그것은 자신의 문제나 가정, 혹은 자신이 속해 있는 기관, 국가와 사회, 인류의 문제까지 포함한다. 그래서 문제의식의 크기는 사람의 크기라 할 수 있다. 김구 선생이 가졌던 독립이나 민족통일과 같은 커다란 문제의식을 가진 사람들과 개인의 일신상의 문제에 매달린 사람들의 크기는 문제의 크기에서부터 다르다.

요즘 교육목표 중 하나가 무엇인가? 문제 해결력, 즉 대안을 찾아 해결하는 능력을 키우는 것이다. 왜냐하면 문제는 시간을 초월해서 삶 가운데 항상 존재하기 때문이다. 우리는 문제 해결 능력을 키우는 것을 '창의력 함양'이라 한다. 문제 해결력, 즉 창의력이란 무엇인가? 먼저 문제를 파악하고, 그것을 분석하여 대안을 제시하는 것이다.

누군가가 비전은 배우는 것이라고 말했다. 어린 학생들은 자신들에게 일어나는 소소한 문제들은 보고 느낄 수 있지만 민족이나 인류의 문제와 같은 큰 문제들을 보거나 체감할 수는 없다. 그들에게 한 개인과 동떨어진 현실인식을 시킨다는 것은 쉽지 않기 때문이다. 개인적인 학습, 가정에서 부모와의 문제, 친구 간의 문제는 자신들이 직면한 현실적인 문제이기 때문에 해결하기 위해서 노력하지만 지역사회 문제, 국가의 헌법 개정, 국가의 대통령 선거 등과 같은 거시적인 문제는 자신의 일로 느끼지 못한다. 이것은 오감으로 느낄 수 없다. 그래서 국가나 민족, 인류가 직면하고 있는 문제가 어떤 문제인지 배워야 한다. 그 문제는 언제부터 시작된 문제인지, 선배들은 그 문제들을 해결하기 위해서 어떤 노력을 해왔으며, 그리고 지금은 어느 정도 발전해 왔는지를 알아야 한다. 나와 거리가 먼 현실은 오감이 아닌 이성으로 느껴야 한다. 이성으로 느끼기 위해서는 적절한 배움이 필요하다. 즉 교육을 받아야 한다. 이러한 문제의식들도 누군가로부터 배우지 않으면 안 된다.

사람은 문제의식을 가지면 그에 걸맞는 준비를 한다. 그 누구도 '성취한 인간'으로 태어나지는 않는다. 한 개인의 역사 역시 도전과 응전의 과정이다. 그것은 누구도 대신해 줄 수 없는 것이고, 스스로 깨달음과 힘이 있을 때만 어디로 갈지를 결정하고 밀고 나갈 수 있는 것이다. 어릴 때 세상을 품고, 사람을 품는 비전을 갖게 하면 그에 걸맞은 준비와 학습을 한다. 그 비전을 이루기 위해서 필요한 재능들을 갖추고 계획을 세운다. 하지만 나이가 들어서 그런 비전을 갖게 되더라도 한계는 있다. 왜냐하면 재능을 갖추고 준비할 시간이 없기 때문이다. 하지만 나이가 들어서 위대한 비전을 가지면 비전을 전달하는 자로서의 역할을 할 수 있다. 대부분 위대한 비전을 가진 사람들이 미래세대 교육을 최후의 사명으로 여기는 이유가 여기에 있다.

문제를 보여 주라

오산고등학교를 다녔던 민족 지도자들은 대부분 민족사랑에 대한 비전을 가졌다. 오산학교는 안창호의 연설을 듣고 감동한 남강(南岡) 이승훈(李承薰) 선생이 민족정신 고취와 인재 양성을 위해 사재를 털어

EBS 방송프로그램 '지식채널e' 중 제731회 '1907년, 오산학교'(2011.5.16 방영),
김 억, 백인제, 김소월, 함석헌, 백 석, 이중섭, 염상섭, 유영모, 홍명희, 조만식, 신채호(왼쪽 상단부터 시계방향)

설립한 학교이다.

"지금 나라가 날로 기우는데 그저 앉아 있을 수는 없습니다. 총, 칼을 드는
사람도 있어야 하겠지만 더 중요한 것은 백성들이 깨어나는 일입니다. 오늘
이 자리에 7명의 학생밖에 없지만 차츰 자라나 70명, 700명에 이르는 날이
올 것입니다. 일심협력하여 나라를 남에게 빼앗기지 않는 백성이 되기를
부탁합니다."

이곳을 거쳐 간 사람들이 수많은 민족 지사들이 되었던 것은 당시
우리 민족이 일본의 식민지 상태에 놓여 있었고, 교사들은 그 문제를
사실 그대로 학생들에게 보여 줌으로 그들이 민족 독립에 대한 꿈을
꾸었기 때문이다.

링컨은 스토우 부인이 쓴 『톰 아저씨의 오두막(uncle Tom's cabin)』
(1852년)이라는 소설을 읽고, 노예 해방에 대한 인식과 각성을 새롭게
했다. 링컨은 노예 제도에 대해서 이렇게 말했다.

"나는 노예 제도가 그 자체로 가공할 불의(不義)이기 때문에 그것을 증오한다. 나는 노예 제도가 우리의 공화적 규범이 전 세계에 정당한 영향력을 미치는 것을 막고, 자유로운 제도의 적들에게 우리들을 위선자라고 비웃을 여지를 주기 때문에 그것을 증오한다."

링컨은 소설을 통해서 노예 제도의 참상을 보았기 때문에 노예 해방이라는 업적을 이룰 수 있었다.

이처럼 비전을 가르친다는 것은 먼저 문제를 보여 주는 것이다. 당면한 문제가 얼마나 우리를 고통스럽게 하는지, 그 문제로 인해 우리가 당할 수 있는 고통의 가능성을 볼 수 있게 해야 한다. 또한 문제를 해결하는 것이 이웃을 사랑하고 궁극적으로 나를 사랑하는 길임을 터득케 해야 한다.

2) 미래를 가르쳐라

우리는 산업 사회 이후 정보화 사회를 살고 있다. 많은 사람들은 현재의 변화와 앞으로 변화될 미래를 이해하지 못한다. 미래를 아는 것은 변화의 시대에 가져야 할 중요한 능력 중 하나이다. 왜냐하면 미래를 알아야 변화에 대한 준비를 할 수 있기 때문이다. 앨빈 토플러(Alvin Toffler)는 그의 책 『제3의 물결』에서 현실을 댐의 비유를 통해 설명하고 있다.

어떤 곳에 대륙을 가로지르는 강이 흐르고 있다. 강을 기반으로 상류와 하류에 각기 마을이 형성되어 있고 두 마을 사이에는 커다란 산맥이 가로막고 있어 교류가 없다. 상류에 사는 사람들이 어느 날 강을 막고 댐을 건설하여 농공용수를 확보하기 위하여 계획을 세웠다. 강 하류의 사람들은 상류에서 무슨 일이 발생하는지 알지 못한 채 어업으로 생계를 꾸려가고 있다. 공사가 진행됨에 따라 강물은 줄어들고 댐이 완성되는 날, 고기잡이로 살아가는 하류의 사람들은 치명적인 타격을 입게 될 것이다.

강 상류가 미래라면 하류는 현재를 의미한다. 미래를 볼 수는 없지만 징조를 알 수 있다는 것이 앨빈 토플러의 주장이다. 즉 하류의 사람들은 흙탕물과 각목 같은 건축자재들이 떠내려오고 점점 물의 수위가 낮아지는 등의 징조들을 통해 어느 날 강물이 완전히 마를 수 있다는 것을 예견할 수 있어야 했다. 미래를 예견하는 사람들은 우물을 파든지 직업을 바꾸든지 대책을 세울 수 있지만 그렇지 못한 사람들은 어느 날 갑자기 삶의 터전을 잃게 될 것이다.

2012년 3월에 핵안보정상회의가 서울에서 열렸다. 회의의 핵심은 한마디로 '핵 테러 없는 세상'을 만들겠다는 실천 방안 논의였다. 이를 위해 1차적으로 핵무기 원료인 고농축 우라늄 및 플루토늄이 누출, 거래되는 것을 차단하는데 논의를 집중했다. 원자력 발전 시설을 테러 집단이 공격, 핵 공포 분위기를 만들려는 것을 차단하면서 지진과 쓰나미 같은 자연재해로부터도 원전의 안전성을 유지하는 방안을 함께 마련하기 위함이다.

토플러는 "과거의 어떤 문화도 이렇게 극심한 기술적, 사회적, 정보적, 심리적으로 충격을 받은 일이 없다. 갈수록 이러한 변화는 가속되고 있다."고 하면서 대부분의 사람들이 미래를 편안하게 받아들이고 있는 것에 대해서 도전을 주고 있다. 실제로 오늘날 1년이 이집트 시대의 4천 년과 맞먹는 변화와 지식의 축적이 가능하다고 한다. 심지어 오늘날 변화의 정도에 대해서 얼마 전에는 30년마다 인류 지식의 배가 된다고 했는데 최근 자료에는 20개월에 배가 된다고 한다.

G.바슐라르(Gaston Bachelard)는 "책은 꿈꾸는 걸 가르쳐 주는 진짜 선생"이라고 말했다. 우리는 책을 통해서 미래를 가르쳐야 한다. 왜냐하면 미래의 변화에 부응하지 못했을 때 생기는 결과가 너무나 고통스럽기 때문이다. 미래를 바르게 보여 주지 못할 때 인류 전체가 어려움을 겪게 된다. 어쩌면 인간이 세운 문명에 의한 인류의 멸망까지도 예상될 수 있다.

3) 인류가 풀어야 할 난제들과 책 읽기 - 7대 Vision

"내 유일한 소망은 백성들이 원망하는 일과 억울한 일에서 벗어나는 것이요, 농사짓는 마을에서 근심하면서 탄식하는 일이 영원히 그치는 것이요, 그로 인해 백성들이 살아가는 기쁨을 누리고자 하는 것이다. 너희들은 내 지극한 마음을 알아 주었으면 한다."

세종의 말이다. 세종은 사람을 진실로 사랑하는 마음이 없는 상태에서 하는 독서는 공부로 인정하지 않았다. 한글 창제도 세종의 이러한 마음의 결과물이라 할 수 있다. 책 읽기는 사람을 사랑하는 마음이 가장 먼저이다. 그래서 책 읽기는 인간이 가지고 있는 문제 해결을 위한 책 읽기여야 한다.

인간이 밝혀내지 못한 세상의 비밀은 아직도 너무 많다. 영국의 물리학자 아이작 뉴턴(Isaac Newton)이 자신을 '진리의 대양에서 매끈한 조약돌을 찾으려는 소년'에 빗댄 것처럼, 과학자들에게 세상은 여전히 수수께끼 투성이다. 미국에서 발행하는 과학저널 『사이언스(science)』 는 창간 20주년 기념으로 현대 과학자들이 너무도 해결하고 싶어 하는 과학적 질문들을 정리했다. 『사이언스』가 '우리가 알지 못하는 것 들'이라는 제목으로 선정한 25개 질문들은 인간들이 많이 안다고 생각하는, 그러나 사실은 모르는 것이 훨씬 많은 각 분야의 도전 목록이다. 이 중 흥미로운 주제들을 뽑아 정리했다.

- 우주는 무엇으로 만들어졌을까?
- 지구의 내부는 어떻게 움직이고 있을까?
- 인간의 유전자 수가 극히 적은 이유는 무엇일까?
- 지구 밖에 생명체가 존재할까?
- 인간 의식의 실체는 무엇일까?
- 인간의 수명은 얼마나 늘어날 수 있을까?
- 온실효과가 극대화한 지구는 어떤 모습일까?
- 석유를 대체할 에너지는 무엇일까?
- 식량 증가가 인구 증가를 따라잡을 수 없다는 '맬더스의 인구법칙'은 계속 틀린 이론으로 남아 있을까?

이러한 주제들은 인간들의 생존문제와 직결된다. 물론 지금 당장 해결해야 하는 문제들이 아닌 것도 많다. 하지만 언젠가는 인류가 풀어내야 할 난제들임은 분명하다.

우주탐사선이 소행성을 명중시키고 인위적으로 만든 배아 줄기세포가 난치병 치료에 대한 기대를 부풀리고 있지만, 인류가 가지고 있

간디는 자신의 노동으로 얻은 부만이 신성하고 값진 것이라고 역설했다.

는 난제들은 과학적인 것들만이 아니다. 인류가 가지고 있는 인류의 생존을 위협하는 사회적인 문제들 또한 많다. 인도의 마하트마 간디 (Mohandas Karamchand Gandhi)는 현대 문명이 가지고 있는 7대 사회악을 말한다.[3] 간디의 지적은 간결하고 명쾌하며 20세기의 사회악 일곱 가지를 정확하게 짚어낸다. 간디의 깊은 통찰력과 예리한 혜안(慧眼)에 놀라지 않을 수 없다. 간디는 세계의 어느 사상가보다도 가장 넓고 가장 깊게, 가장 정확하게 현대 문명의 중대한 병리, 즉 문제를 파헤치는 통찰을 가졌다고 볼 수 있다.

여기에서 우리는 여섯 가지의 사회적인 문제에 대한 이슈들을 제기한다. 우리가 주장하는 책 읽기는 이 난제들에 대해서 대안을 제시하는 것이어야 한다. 왜냐하면 독서의 목적은 물질문명의 팽배로 인하여 쇠퇴해 가는 인간성 회복의 방법이며, 사회악으로부터 '나'를 구할 뿐만 아니라 모든 사람들이 꿈꾸는 사회에 대한 최선의 방안이어야 하기 때문이다.

이러한 문제의식은 인간으로 하여금 호기심을 유발시키고 새로운 해결책을 추구하게 될 것이다. 그리고 전혀 예상치 못한 의외성, 독자성을 발휘하게 될 것이다.

다음은 인류가 안고 있는 난제를 여섯 가지로 나누어 다루어 보자.

(1) 환경문제 - 모두의 것으로 살기

인간은 환경에 영향을 받으며 함께 살아가고 있다. 또한 인간과 환경은 예전부터 현재까지 끊임없는 교류와 영향을 미치며 발전해 왔다. 환경은 우리 인간과 매우 밀접한 관계를 가지고 있고 또 아주 큰 영향력을 끼친다. 우리는 환경의 변화에 매우 민감하게 반응하고 또 그 환경에 대해 적응하며 살아가야만 한다.

인간은 동식물이나 토지, 물 또는 공기와 같은 기본적인 자연환경뿐만 아니라 식생활, 교통, 의복 등과 같은 인공환경, 그리고 내 옆에서 나에게 영향을 끼치는 가족, 친구, 이웃 등 모든 환경과 관계성을 가지고 있다. 인간은 절대로 혼자서 살아갈 수 없는 동물이며, 이렇게 환경적인 요인에 영향을 받아야만 인간의 삶은 지속될 수 있다. 우리는 말 그대로 환경 속에서 살고 있는 것이다. 인간과 환경은 따로 떼어놓고 생각할 수 있는 별개의 문제가 아니라 함께 받아들여야 하는 부분인 것이다.

20세기 현대 문명의 위기를 주장하는 자들은 문명 위기의 원인을 대부분 심각한 환경문제 때문이라고 본다. 환경문제는 인류사회와 함께 시작되었다고 할 수 있지만 현대 이전에는 큰 사회문제가 되지 못했다. 과거의 환경문제는 홍수 범람이나 기근, 풍토병 등 자연현상과 관련되어 발생하는 것이 대부분이었다. 그러나 오늘날의 환경문제는 복잡하면서 그 차원도 다르다. 환경오염은 산업자본주의의 발전과 그 맥을 같이한다. 과학 기술의 발달과 자본주의의 소비원리에 따라 계속 새로운 물질을 생산한 자본주의는 자신의 현재의 이익에만 급급했지 자연에 대한 친화적인 노력은 기울이지 못했다. 그런 까닭에 자연환경은 그 오염문제를 수용할 수 있는 한계를 넘어 버렸다.

환경문제를 발생시키는 요인이 무엇인가 하는 문제는 환경이란 무엇인가 하는 문제와 깊은 연관성을 지니고 있다. 환경은 자연환경, 물리적환경, 사회환경 등 그 내용에 따라 다양하게 분류되며 대체로 생태계와 관련이 있다. 생태계란 생태와 이를 둘러싼 무생물이 긴밀한 의존관계를 가지면서 상호작용하는 공간적 범위를 지칭한다.

환경의 문제는 결국 자연을 정복하고 이용해야 할 대상으로 볼 것인가 아니면 인간을 자연의 일부로 볼 것인가에 대한 질문으로부터 시작되어야 한다. 이 질문은 세계관에 대한 질문이다. 환경 파괴는 결국 자연을 정복하고 이용해야 할 대상으로 보는 시각에서 기인하는 인류의 거대한 재앙의 씨앗을 지니고 있다. 앞으로 지구온난화로 인한 최악의 시나리오의 절반만 현실이 된다고 해도 지금의 세상은 사실상 사라지고 만다. 빙산이 녹고 바다의 수온이 높아지면 해수면이 상승해 세계의 대도시 다수가 물에 잠길 것이다. 한편에서는 가뭄으로 인해 많은 농경지가 사막으로 변하고 있다. 그리고 대기가 불안정한 탓에 거대한 태풍이 수시로 발생해 전세계를 휩쓸게 된다.

환경 파괴로 인한 피해는 여러 세대 동안 극심하게 이어질 것이다. 다시는 원래대로 되돌릴 수 없을 가능성도 크다. 인류의 생존 역시 장담할 수 없다. 따라서 장기적으로 보면 환경문제보다 더 중대한 문제로 고려해야 함이 분명하다. 지구의 모든 생물이 당면한 총체적인 위기를 보면 절대로 국지적인 문제가 아니다. 결국, 이 모든 것이 전 지구적으로 움직인다. 그래서 이상 국가를 실현하고 오늘날 인류가 당면한 문제를 풀어가려면 전 세계의 환경이 건강해져야 한다.

그뿐만 아니다. 화석 연료를 사용함으로 생기는 문제들도 심각하지만 화석 연료가 고갈됨으로 생기는 문제들은 그보다 더 심각하다. 제임스 하워드 쿤슬러(James Howard Kunstler)는 『장기 비상시대-석유 없는 세상, 그리고 우리 세대에 닥칠 여러 위기들(The Long Emergency)』이라는 저서에서 유효기간이 40년도 남지 않은 화석 연료 시대의 종말을 다루고 있다. 석유 없는 삶을 상상조차 못하는 지금의 우리 사회에 경고를 던진다.[4]

그는 머지않은 장래에 일어날 일에 대해서 '세계 석유 생산 정점(global oil production peak)'이라는 개념 속에서 찾을 수 있다고 말한다. 이것은 우리가 이 세상에 묻혀 있는 모든 석유의 절반을 뽑아낸 시점을 뜻한다. 이 절반은 가장 취하기 쉬웠던 절반, 가장 비용이 적게 들어서 생산할 수 있었던 절반, 가장 질이 좋고 값싸게 정유할 수 있었던 절반이었다. 이 말은 양질의 석유 시대, 값싼 석유의 시대가 지나갔다는 것을 의미한다. 양질의 석유를 확보하기 위해서는 지금보다는 몇 배, 아니, 수십 배의 비용을 지출해야 할지도 모른다.

결국 세계 석유 생산 정점은 값싼 에너지에 기초한 현재의 국가 경제에 파탄을 초래할 것이다. 자원을 확보하기 위해서 국경이 달라지고, 군사 분쟁이 발생할 가능성이 커질 뿐만 아니라 초고층 아파트, 건물의 중앙난방이나 엘리베이터, 에어컨, 자동차, 비행기, 모든 생산 원가의 상승, 저렴한 의류, 의료산업, 문화산업 등의 현대인들의 문명생활 지속이 위태로워진다는 것을 의미한다. 항공모함이나 전투기를 비롯한 국방산업들이 지는 전대미문의 혼란의 시대, 경제 위기를 의미한다.

20세기 말의 이른바 '녹색 혁명'은 세계의 곡물 생산량을 250%나 증가시켰다. 이러한 증가는 거의 전적으로 화석 연료의 투입 덕분이다. 천연가스로 만든 비료, 석유로 만든 비료, 석유로 만든 농약, 탄화수소를 동력으로 한 관개 덕분이었던 것이다. 그 결과 세계의 식량 공급은 심각한 타격을 받게 될 것이다. 앞으로 수십 년 동안 많은 사람들이 굶주리게 될 것이며, 그중 다수는 죽게 될 것이라는 이야기다. 그러면 이러한 현실 앞에서 인간이 가질 수 있는 희망은 없는 것일까?

인간은 자연에서 태어나 자연의 혜택 속에서 살고 자연으로 돌아간다. 하늘의 땅과 바다와 이 속의 온갖 것들이 우리 모두의 삶의 자원이다. 자연은 인간을 비롯한 모든 생명체의 원천으로서 오묘한 법칙에 따라 끊임없이 변화하면서 질서와 조화를 이루고 있다. 따라서 인류의 희망은 자연을 삶의 일부로 받아들이는 데서 찾을 수 있다.

이에 대해서 루소(Jean-Jacque Rousseau)는 "자연으로 돌아가라."고 말한다. 루소는 불평등의 기원을 인간이 자연 상태에서의 자유를 잃어버렸다는 점에서 찾았다. 인간 모두에게 속했던 자연 상태의 토지를 인간이 분할 소유하면서 인간은 자유를 상실했다는 것이다. 토지를 나누어 소유하는 사적 재산제도가 생겨나면서 부자와 빈자가 생겨나고, 주인과 노예가 만들어졌다. 부자들은 약자를 보호한다는 명분으로 국가와 법령을 만들어 지배자와 피지배자로 나누는 불평등을 영구화했다. 인간은 자유로운 자연 상태에서 예속과 복종의 상태로 전락한 것이다. 자연도 여기에서 예외일 수 없다. 환경도 인간의 예속과 복종, 정복의 상태로 전락했다.

과학 기술이 아무리 발전해도 인류의 좀더 나은 환경과 평화를 결정짓는 것은 결국 사람이다. 오늘날 생태계 위기의 근본 원인은 인간이 이러한 지배력을 상실한 것에 있다. 우리는 그것을 인정해야 한다. 생태계의 보호와 보존을 위한 여러 가지 운동도 중요하지만 생태계의 파괴와 위기를 초래하는 인간의 이기적인 본성, 자연을 바라보는 세계관을 가지는 것이 더 중요하다.

인간의 가능성을 시험한 좋은 사례가 있다. 레이첼 카슨(Rachel Carson)은 어느 기자와의 인터뷰에서 "자연은 결국 정복하고 이용해야 할 대상이지 않냐?"라는 기자의 질문에 이렇게 대답한다.

"미생물이든 인간이든 모든 생명체는 지구에서 생존할 가치와 권리가 있습니다. 누구라도 힘으로 이것을 밀어내면 안 됩니다. 인간이 자연을 상대로 전쟁을 벌인다면 자연은 언젠가 인간을 상대로 더 참혹한 전쟁을 벌일 겁니다."

레이첼 카슨의 저서 『침묵의 봄(Silent Spring)』은 사람들이 벌레를 죽일 때 흔히 쓰는 살충제의 유독성을 까발리며 그것이 벌레뿐 아니라 새와 물고기와 다른 동물과 인간까지 죽인다는 충격적인 내용을 다루었다.[5] 『침묵의 봄』이 세상을 바꾸는 데는 10년이 채 걸리지 않았다. 이 책은 환경운동의 시발점이 되었을 뿐 아

니라 1972년부터 미국에서는 DDT를 더 이상 사용할 수 없게 되었다. 그 책을 읽고 충격을 받은 미국 케네디 행정부는 1963년 환경문제 자문위원회를 백악관에 설치했고, 1969년 미 의회는 국가환경정책법안을 통과시켰다. 카슨의 외침은 '지구의 날'이 제정되는 결정적인 계기가 되기도 했다.

앨버트 슈바이처(Albert Schweitzer)는 "인간은 미래를 예견하고 그 미래를 제어할 수 있는 능력을 상실했다. 지구를 파괴함으로써 그 자신도 멸망할 것이다."라고 말했지만 우리는 새로운 세상을 향한 꿈은 꿀 수 있다. 세계의 운명은 인간의 태도에 달려 있다. 인간을 포함한 자연을 이루고 있는 요소들은 물과 불, 흙과 바람, 즉 수풍지화(水風地火)로 이루어져 있다. 인간을 포함한 자연물들의 질료는 흙이다. 마침내 생령을 떠나 삶을 마감할 때, 창조주는 "너는 흙이니 흙으로 돌아갈

지니라."(창 3:19)라는 명령으로 우리 생명의 고향을 일깨워 준다. 여기에서 인류가 직면한 환경의 문제 해결에 동기가 있다. 즉 인간의 삶이 우주의 생태적인 자연환경 속에서 조화와 공명의 소통적 관계 속에, 새롭게 자리매김되어야 한다는 것이다.

문명과 자연의 이분법적 대립관계 속에서 자연은 막무가내로 창조질서를 훼방하여 문명을 일구려는 인간 세상에 온갖 재난과 재해로 응답했다. 그 대립관계가 호혜적인 소통을 이루지 못했을 때 꽉 막힌 장벽으로 인해 이 둘은 서로 폭력으로 응대했다.

이제는 창조의 질서를 회복해야 한다. 이사야 12장의 평화로운 풍경처럼 젖 먹는 아이가 독사의 구멍에서 장난하며, 젖 뗀 어린 아이가 독사의 굴에 손을 넣는 세상, 생명세계의 소통적 질서가 이루어지는 세상을 우리는 꿈을 꿀 수 있어야 한다. 이리가 어린 양과 함께 사는 세상, 표범이 어린 염소와 함께 누우며 송아지와 어린 사자와 살진 짐승이 함께 있어 어린 아이에게 끌리는 세상, 암소와 곰이 함께 먹으며 그것들의 새끼가 함께 엎드리며 사자가 소처럼 풀을 먹는 세상을 건설하는 꿈 말이다.

(2) 전쟁문제 - 약자와 함께 살기

앨빈 토플러는 『전쟁과 반전쟁(*War and Anti-War*)』이라는 책을 쓰는 과정에서 인류에 전쟁이 없는 날을 계산해 보니 일주일이 채 안 된다고 했다. 어떤 기준을 사용했는지, 또는 언제부터 역사의 시작으로 시작했는지는 모르겠지만 중요한 것은 우리 인류의 역사는 전쟁의 역사라 해도 과언이 아니라는 것이다. 만약에 질문이 "역사가 다음 전쟁을 막을 수 있을까?"라면 대답은 분명 "아니요."가 될 것이다.

지금 이 순간에도 지구촌에서는 전쟁이 벌어지고 있다. 대부분의 전쟁은 역사적 문제에 뿌리를 둔다. 이스라엘과 팔레스타인 전쟁과 같이 먼 과거에서부터 온 깊은 갈등이 원인이다. 이라크 전쟁과 같이 일부는 비교적 최근의 사건 때문에 벌어진다.

만약에 인류가 전쟁이 나쁜 일임을 역사로부터 확실히 배웠다면, 그 소름끼치는 대가를 분명히 보았다면 왜 지난 수백 년간 전쟁의 강도와 빈도가 줄기는커녕, 갈수록 광폭해지는 전쟁을 여기저기서 벌여왔단 말인가? 이러한 점에 비추어 보았을 때 사람들이 역사를 통해 실제로 배운 것은 '전쟁이 그렇게 나쁜 일은 아니라는 것'이나 최소한 '미래에 반드시 피해야 할 만큼 아주 나쁜 일은 아니라는 것'이 아니었을까.

'파괴는 건설의 어머니'라는 말이 있다. 고정관념과 전통만을 고집해서는 변화와 현실 적응이 어렵다는 말이다. 변화를 맛보려면 과감하게 파괴하라는 말이 된다. 인류는 전쟁의 대가가 인류가 또다시 전쟁을 감행할 엄두를 내지 못할 만큼 대단하지는 않았나 하는 아이러니에 빠져 있는지도 모른다.

전쟁은 세계관 간의 충돌이다. 전쟁의 원인에 관한 학설은 생물학적·심리학적 요인에 의한 설명과 사회관계 및 제도에 의한 설명 등 대략 두 종류로 구별된다. 그런데 어느 학설을 믿느냐에 따라 전쟁 예방은 비관적일 수도 있고 낙관적일 수도 있다. 이것 또한 세계관의 문제라 할 수 있다.

전쟁이 인간의 천성적인 내적 충동에서 비롯된다는 학설은 동물의 행동을 관찰하여 이것을 인간에게까지 유추·해석하는 동물행동학자·심리학자·정신분석학자에 의해 제기되었다. 동물행동학자들의 전쟁이론은 동물들의 싸움을 통해 인간들의 전쟁도 이해할 수 있다는 설득력 있는 관점에서 시작된다. 또한 전쟁의 주원인을 인간의 심리학적 측면에서 찾으려는 학설이 등장했다. 이러한 심리학적 접근 방법은 2차 세계대전을 일으킨 히틀러(Adolf Hitler)나 임진왜란을 일으킨 도요토미 히데요시(Toyotomi Hideyoshi), 스탈린(Joseph Vissarionovich Stalin)과 같이 국가의 정책결정자들 또는 지도자들이 심리적 부적응 상태에 빠져 있거나 잘못된 고정 관념이나 열등감을 갖고 있을 경우 심각한 결과가 초래될 수 있다는 점을 강조한다.

19세기 영국의 경제학자 존 스튜어트 밀(John Stuart Mill)의 저서 『자유론(On Liberty)』(1859년)에서 비롯된 자유주의 정치철학에 따르면 전쟁은 평화를 희망하는 국민의 의사를 무시하는 독재 정부에 의해 일어난다고 주장했다. 따라서 전쟁은 보통선거를 도입하여 방지할 수 있었다. 자유주의자들과는 달리 사회주의자들은 국가의 사회경제제도를 전쟁의 주요원인으로 생각했다. 19세기 독일의 철학자 카를 마르크스(Karl Heinrich Marx)는 전쟁의 원인은 국가의 행동이 아니라 사회의 계급구조라고 주장했다.

한편 일부 사상가들은 전쟁의 원인을 민족주의와 특수이익집단의 탓으로 돌린다. 사실 민족주의는 전쟁을 유발시키고, 타협이나 패배의 인정을 어렵게 만든다. 전쟁을 유발하는 특수이익집단 가운데 가장 위험한 것은 군(軍)이며, 첨단기술 분야에 종사하는 생산업자들도 국가의 군비 수준을 결정하는 데 상당한 영향력을 행사한다. 그러나 전쟁이나 평화를 선택하는 최종 결정자는 정치인이라는 점에서 이들의 영향력이 절대적이라고는 할 수 있다.

건설을 위한 파괴는 생명에 대한 모독이다. 전쟁은 인류 모두를 죽일 수 있다. 전쟁은 그 수행에 있어서 악한 사람을 학살하는 일은 없다. 6·25 전쟁에서 보듯이 언제나 힘이 없고 선량한 사람만을 학살한다. 우리는 전쟁 역사를 통해서 전쟁의 속성이 무엇인지를 알아 전쟁이 없는 세상, 그래서 모두가 더불어 살아갈 수 있는 세계를 구축해야 한다는 꿈을 보여 주어야 한다.

우리는 유엔(UN)에 대한 기대가 있다. 유엔의 임무는 국제 평화 및 안보의 유지이다. 유엔 헌장에는 서로 관련된 세 가지 평화 유지 방안이 들어 있다. 첫째, 대화를 통한 평화적 해결이고, 둘째, 집단안보이며, 셋째, 군비축소이다. 집단안보는 여러 국가가 협정을 체결하여 침략자로 규정된 국가에 대항해 집단행동을 취함으로써 평화를 유지하는 국제적인 장치이다

외교, 지역적 통합, 국제법, 유엔 등과 같은 국제적 평화 유지 장치의 실효성에는 한계가 있으므로 많은 사상가들은 전쟁을 방지하는 유일한 방법은 범세계적인 세계 정부를 수립하는 것이라고 주장한다. 그들은 세계 정부는 반드시 만들어야 하며 결국 그렇게 될 것이라고 믿고 있으며, 세계 정부를 실현하기 위한 최상의 방안을 모색 중에

있다. 세계 단일 정부 또한 위험한 일이다. 그 지도자가 히틀러 같은 인물이라면 누가 제어하겠는가?

함석헌은 간디에게서 경험한 비폭력을 주창한다. 간디의 비폭력, 불복종 운동의 효과는 인도에서 대영제국을 피 한 방울 흘리지 않고 쫓아내는 것을 보았기 때문이다. 침략 문명을 상징하는 기계에 반대하여 물레로 실을 잣고 신식 옷 대신 흰색 천을 몸에 두르고 둥근 안경을 쓴 간디의 모습은 영국의 지배에서 벗어나려는 인도 민중의 상징이었다. 그리고 이런 간디의 모습과 함께 다가오는 것은 그가 주창한 비폭력, 불복종 운동이다. 간디의 영향을 받은 마틴 루터 킹 목사도 "인도에 머물면서 나는 비폭력 저항의 방법이야말로 정의와 존엄을 위해 투쟁하는 억압받는 사람들이 지닐 수 있는 가장 강력한 무기라는 것을 굳게 확신하게 되었습니다."라고 주장한다.

또한 함석헌은 역사가의 시각에서 개인에 의한 모든 혁명은 무력적이었고 그 혁명은 모두 실패한 것을 상기했다. 나폴레옹(Napoléon), 이성계, 박정희, 레닌(Vladimir Il'ich Lenin), 모택동(Mao Zedong)까지 다 그렇다는 것이다. 그는 학생들이 모택동 사상에 대해서 한창 심취할 때도 비판했다. 현실적으로 작은 폭력으로 큰 폭력을 당할 수 없다는 점도 지적한다.

성경은 이에 대해서 칼을 쳐서 보습을 만들고, 창을 쳐서 낫을 만들라고 말한다. 파괴의 무기를 생산도구로 바꾸라는 것이다. 죽임의 무기들을 생명 살림의 도구로 만드는 것이다. 나아가 모든 전쟁을 위한 연습과 훈련을 모두 중지하라고 한다. 모든 전쟁의 종식, 진정한 평화의 정착과 유지는 적대간 무기 경쟁에 있지 않다. 상대의 칼 한 자루가 나를 위협할 때, 나의 평화를 지키기 위해 나도 칼 한 자루를 손에 쥐는 것으로 상대의 무력 도발을 막을 수 있는 것이 아니다. 비록 상대의 무력 도발이 잠시 멈추고 주춤거린다고 해서 평화가 정착된 것도 아니다. 모든 죽임을 위한 전쟁의 무기들을 없애는 것만이 평화를 시작하는 첫걸음이다. 그리고 이 모든 죽임의 무기들을 살림의 도구들로 만드는 일만이 평화를 앞으로도 계속 유지해 나갈 수 있는 유일한 길임을 성경은 우리에게 가르치고 있다.

(3) 빈곤의 문제 - 가난한 자와 함께 살기

"가난이 싸움이다."라는 속담이 있다. 모든 싸움의 원인이 가난에 있다는 뜻으로, 가난하면 작은 이해를 놓고도 자연히 서로 다투게 되어 불화가 된다는 말이다. "가난이 소 아들이라."라는 말도 있다. 이 속담은 소처럼 죽도록 일해도 가난에서 벗어날 수 없음을 이르는 말일 것이다.

> "어느 날 어머니는 나에게 말했다. '너희들은 엄마를 잘못 두어 이 고생이다. 아버지하고는 상관이 없단다.' 어머니는 장남인 나에게만 말했다. 외할머니에게 들은 말을 나에게 전한 것이다. 천 년을 두고 우리의 조상은 자손들에게 이 말을 남겼다. 그러나 나는 알고 있었다. 아버지도 씨종의 자식이었다. 할아버지의 아버지 대에 노비제도는 사라졌다. 증조부 내외분은 아무것도 몰랐다. 나중에서야 해방을 맞았다는 것을 알았으나 두 분이 한 말은 오히려 '저희들을 내쫓지 마십시오.'였다. 할아버지는 달랐다. 할아버지는 유습에서 벗어나려고 했다. 늙은 주인은 할아버지에게 집과 땅을 주었다. 그러나 쓸데없는 일이었다."[7]

가난은 개인의 문제에 국한되는가? 아니면 역사와 사회를 초월한 문제인가? 조세희의 『난장이가 쏘아올린 작은 공』은 1978년 6월 초판이 발행된 이래 1996년 4월 100쇄를 돌파하기까지 장장 18년간 40만 부가 팔린 책이다. 왜 이 엄청난 독자들의 반향을 불러일으켰을까? 이는 가난에 대한 처절한 인간의 문제를 사실적으로 다루고 있었기 때문이다. 그러면 이 가난의 문제를 어떻게 인식할 것인가? 인간이 스스로에게 닥친 인지(認知)상의 부조화를 해결하는 방법은 두 가지다. 대항해 싸우거나, 눈을 감거나.

우리는 세계의 기아에 대해 얼마나 알고 있을까? 우리가 아는 것은 아마도 막연한 숫자뿐일 것이다. 110억 명이 먹고도 남을 식량을 생산해 내는 이 지구에서 하루에 10만 명이, 그리고 5초에 1명의 어린이가 배고픔으로 죽어간다. 약 44억 명의 인구가 저개발국에 살고 있다. 그중 5분의 3의 인구에게는 기본적인 위생 설비가 부족하다. 3분의 1의 인구는 깨끗한 물을 마시지 못한다. 4분의 1은 집이라고 할 만한 곳이 없다. 5분의 1은 병원에 가지 못한다. 전 세계 아이들의 5분의 1은 초등학교를 끝까지 다니지 못한다. 5분의 1은 단백질 부족 등의 영양 결핍으로 질병에 시달린다. 그리고 매년 한 명의 영국 아이가 잘 지내는 대가로 저개발국의 가난한 아이 한 명이 죽는다. 그 긴급성과 끔찍함을 따져볼 때 빈곤만큼 중대한 문제는 없다. 빈곤은 인류에게 있어 재앙이다. 이런 빈곤은 어디에서 오는가? 빈곤을 보는 사람들의 시각도 가지각색이다.

장 지글러(Jean Ziegler)의 『왜 세계의 절반은 굶주리는가?』(*World*

Hunger Explained to My Son?)」라는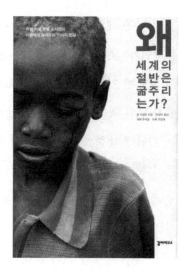
책은 유엔의 식량특별조사관으로
활동한 장 지글러가 자신의 아들
에게 들려 주는 기아의 진실을 담
고 있다. 많은 이들은 기아의 문제
가 환경문제, 즉 홍수라던가 가뭄,
혹은 내전 등 각국의 정치문제라고
생각하는 경향이 있다. 하지만 장
지글러는 식량을 둘러싼 인정하고
싶지 않은 불편한 진실을 알려 준다.

현재 부자나라에서 생산되는 식량은 가난한 나라의 모든 국민
을 먹여 살릴 수 있을 만큼 충분하다. 1984년 유엔 식량농업기구인
FAO(Food and Agriculture Organization)에 따르면 당시 농업생산력으로 생
산된 식량의 양은 120억 명을 먹여 살릴 수 있는 생산량을 보여 주었
다. 금융과두제란 소수의 금융자본가 집단이 중요한 경제 부문을 모
두 장악하고 한 나라의 경제기구와 정치체제까지도 지배하는 체제
이다. 식량의 가격을 일정하게 유지하기 위해서 금융과두제(Financial
Oligarchy)[8]가 움직인다. 그리하여 식량 생산을 억제하거나 심지어 생
산된 식량을 태우거나 바다에 버리는 일이 비일비재하게 일어나는 것
이다. 바로 자본주의적 식량생산의 가격을 유지하기 위한다는 명목으
로 말이다. 심지어 생산된 식량이 사람에게 가는 것이 아니라 부자나
라의 국민들이 소비할 소고기, 돼지고기를 생산하기 위한 가축 사료

로 사용되기도 한다. 바로 얼마 전에 쌀값이 폭락하자 이명박 정부가 쌀을 소와 돼지 사료로 사용하겠다고 말했다가 욕을 바가지로 얻어먹기도 했지만 실상은 이런 상황은 부자나라들에서 비일비재하게 일어나는 일이기도 하다.

유엔을 위시한 국제회의에서 기아대책을 위해 부자나라의 식량이 가난한 나라에 지원되는 상황도 그렇게 아름답지 못하다. 유엔 기아대책위원회 또한 한정된 예산을 사용해야 하기 때문에 모든 어려운 나라를 지원해 주기는 어렵다. 가령 동유럽의 가난하고 내전이 끊이지 않는 국가와 아프리카의 만성 기아국이 존재한다면 유엔 기아대책위원회는 두 나라 중 한 곳을 지정하여 한 곳만을 지원해 줄 수 있을 뿐이다. 심지어 이렇게 지원된 구호품이 내전을 일으키고 국민을 괴롭히고 살상하는 반군, 혹은 정부군 손에 들어가 오히려 국민을 괴롭히는 반군, 혹은 정부군을 유지시켜 주는 아이러니가 발생하기도 한다.

고전적인 의미로 "가난은 나라님도 못 막는다."거나 "부자는 하늘이 내려 준 축복이다."라는 운명론적 해석이 있는가 하면 오늘날의 가난은 "개인의 노력보다 사회적인 정책이나 제도가 만든 결과'로 보는 사람들도 있다. 사실 일할 의욕이 없거나 일거리가 있어도 게을러서 가난해지는 '자초한 가난'이야 당연한 업보겠지만 일자리가 없거나 열심히 일해도 가난을 벗어나지 못하는 경우까지 개인에게만 책임을 지우는 것은 무리가 아닌가?

또한 좀더 넓은 영역에서 어떤 나라는 부유하고, 어떤 나라는 가난하다. 그 까닭은 무엇인가? 그 원인을 밝히는 이론에는 인종·환경·문화를 각각 근거로 삼는 세 가지 결정론이 있다. 첫째로 인종에 따라 지능지수의 성격과 차이가 있어서 빈부의 차이가 난다는 것이다. 둘째로 환경론, 즉 자연환경과 사회환경이 빈부의 차이를 유발한다는 것이다. 가령, 열대 지방은 더위 때문에 경제개발을 할 수가 없다는 이론이 꽤 설득력이 있어 보인다.[9] 셋째로 그 지역문화가 어떤 문화를 가지고 있느냐가 빈부를 결정한다는 것이다.[10] 막스 베버(Max Weber)는 "특히 많은 수의 부유한 도시들은 16세기에 프로테스탄트로 개종했으며, 그 결과 프로테스탄트는 오늘날에도 경제적 생존 경쟁에서 유리한 상태에 있게 되었다. 프로테스탄트는 매우 잘 먹기를 바라며, 가톨릭은 편히 자기를 바란다."는 오펜바허의 말을 인용하여 두 문화를 대비하여 설명한다. 프로테스탄트의 이런 경향은 자본의 긍정적 기능을 인정한 칼빈 신학에 연유한 것임을 그는 시인하고 있다.

또한 개발 저항적 문화를 기반으로 하는 공산주의나 가톨릭교 국가는 가난하고, 개발 지향적 문화를 기반으로 하는 개신교 국가는 부유하다는 것을 확실한 논거로써 입증하였다. 공산주의 국가가 가난하다는 것은 이미 다 알려진 사실이다. 이탈리아·스페인·포르투갈·남미의 여러 라틴계 가톨릭 국가들이 가난한 것은 개발 저항적 문화 때문이라고 보았다. 가톨릭 국가인 프랑스가 부유하긴 하나 영국에게 주도권을 내어 준 것은 가톨릭의 개발 저항적 문화 때문이라는 것이 마리아노 그론도나(Mariano Grondona) 교수의 분석이다. 이 이론에 따르면, 힌두교와 불교 국가도 개발 저항적인 문화를 주축으로 하고 있으며, 하나같이 부유하지 못하다.[1] 이러한 근거로 볼 때 인간의 유전적, 환경적 요인이 인간의 능력과 행·불행, 빈·부의 격차를 드러내는 데 상당한 영향을 준다. 하지만 그보다 중요한 요인은 문화라는 것이 더 설득력이 있어 보인다.

이처럼 빈곤, 특히 '근로빈곤'의 문제는 개인의 문제로 국한시키는 것은 무리이다. 노동시장과 복지정책, 금융정책이 맞물리는 구조적인 사회적인 문제보다 문화적인 문제가 더 크다. 꿈 많은 소년 소녀에게 고통과 좌절감을 안겨 주는 가난이 없는 세상을 만들 수는 없을까? 정직한 부자나 국가는 축복받아 당연하다. 그러나 오늘날의 가난이 부자들의 지나친 탐욕이나 그들과 손잡은 권력이 만든 결과로 나타나는 경우라면 말이 달라진다. 가난한 사람들이 누려야 할 당연한 권리. 그것은 부자들이 만든 국부(國富)의 공적 못지않게 중요하고도 귀하다. 우리는 가난한 자들과 더불어 살아갈 수 있는 세상, 가난한 자들이 점차 줄어드는 세상, 가난해도 행복하게 살 수 있는 세상을 꿈꿀 수 있도록 비전을 가져야 한다.

성경은 약대가 바늘귀로 들어가는 것이 부자가 하나님의 나라에 들어가는 것보다 쉽다고 말한다. 또한 예수는 영생에 대한 질문을 가지고 자기를 찾아온 부자 청년에게 "네가 온전하고자 하느냐? 그러면 가서 네 소유를 팔아 가난한 자들을 주라."고 말한다. 왜냐하면 원래 부자가 가지고 있는 돈은 가난한 사람들의 것이었기 때문이다. 카네기는 "사람이 부자인 채로 죽는 것은 가장 불명예다."라는 명언을 남김으로 부자란 모름지기 돈을 벌 때와 부를 환원하는 때가 분명해야 한다는 뜻을 전달했다. 돈이란 잘 버는 것도 중요하지만 그보다 잘 쓰는 것이 훨씬 중요하다. 재화는 한정된 것이다. 원래의 자리, 원래의 주인에게 돌려 주는 것이 지혜라는 것이다. 이 말은 재화는 개인의 것이 아니라 우리 모두의 것이라는 뜻을 담고 있다. 여기에 빈곤에 대한 근본적인 해답이 있다. 이에 대한 문화와 교육이 필요하다.

(4) 교육문제 - 능력이 부족한 사람과 함께 살기

수세기에 걸쳐 수많은 독재자들은 대중들이 문맹일 때 가장 다스리기 쉬운 집단으로 남는다는 것을 알고 있었다. 그들은 책 읽기 기술의 경우 한 번 익혔다 하면 절대로 원위치로 되돌릴 수 없다는 것을 알고 있기 때문이다. 그래서 그들이 선택한 차선책은 읽기의 범위를 제한하는 것이었다. 그렇기 때문에 인류가 만든 다른 어떤 것들보다 책은 독재자들의 통치에 맹독(猛毒)으로 작용해 왔다. 그들은 백성들에게 다양한 의견이 담긴 도서관 대신 독재자의 말만으로도 충분해야 했다. 그래서 프로타고라스(Protagoras)의 저작물들은 BC 411년에 아테네에서 불태워져 한 줌의 재가 되었다. BC 213년에는 중국의 진시황이 자신의 왕국 내 모든 책들을 불태움으로써 책 읽기에 종지부를 찍으려 했다. 또 로마는 BC 16년에 예루살렘에 있던 유대인 도서관을 마카베오 전쟁의 와중에 교묘하게 파괴하였다. AD 303년 디오클레티아누스 황제도 그리스도교 책들을 몽땅 불태우도록 명령했다.[12]

위에서 제시한 독재자들뿐만 아니라 네로, 히틀러, 스탈린, 김일성과 같은 독재자들도 책들을 불태웠던 지도자들로 유명하다. 그들이 이러한 악행을 범한 이유는 간단하다. 이들은 모두 독서의 힘을 믿는 사람들이었다. 노예 소유자, 가령 독재자들, 전제군주들, 그리고 다른 불법적인 권력 소유자들은 책의 힘을 절대적으로 맹신하는 사람들이라는 점에서 패러독스하다. 그들은 노예에게 글 읽기를 배우는 것은 자유를 얻는 패스포트라 여겼다. 그래서 그런 압제자들은 그들을 속박하기 위해서 문자를 배우거나 책을 읽지 못하도록 철저하게 교육의 장을 막았다.

독서 교육은 우리가 원하는 사회를 만들게 하는 데 그 목적이 있다. 모든 사람들이 읽고 쓰는 것을 배워야 하고 기본적인 기술들을 익혀야 한다는 것에 대해 의문을 제기하는 사람은 없을 것이다. 일본인들도 강점기에 조선인을 지배하기 위해서 초등학교를 세웠다. 황국신민이 되기 위해서는 최소한의 사칙연산과 문자인식이 필요하다고 생각했던 이들은 글을 읽고 쓸 줄 아는 사회와 그렇지 못한 사회가 어떤 결과를 낳고 있는지는 분명하게 알고 있었다.

문맹은 나쁜 것이며 모든 사회 구성원들이 글을 읽고 쓸 줄 알아야 한다는 생각은 역사적 유서가 깊다. 역사적 흔적은 시나이반도 지역에서 출현했다. 이스라엘 민족이 시내산에 도착하자마자, "모세는 야훼를 만나려고 산으로 올라갔고, 주께서 그를 불러 말씀하셨다. '너는 야곱의 후손인 이스라엘 백성에게 이렇게 말하여라. … 너희는 나에게 제사장의 나라가 될 것이다."(출 19:3-6) 이 이야기는 출애굽기 19장에 등장하는 것으로 모세가 십계명을 받게 된 사건보다 앞선다. 당시만 해도 글을 읽고 쓸 줄 아는 사람은 제사장들을 제외하면 소수였다. 야훼의 메시지를 전달하기 위해서는 백성들이 문자를 읽을 줄 알아야 했다. 이러한 문명이 오늘날 유대 문명을 낳게 했던 것이다. 우리나라도 문맹이 퇴치된 역사는 몇 십 년이 안 된다. 4-50년 전만 해도 군대에 간 아들에게서 편지가 오면 그 편지를 읽을 줄 아는 사람이 마을에서 몇 안 되었다. 그런데 시내산 사건은 지금부터 대략 3,500년 전의 역사이다. 실제로 유대인들은 3,000년 동안이나 거의 모든 백성들이 글을 읽고 쓸 줄 알았다.

유대인들이 교육의 힘에 대해서 어떻게 인식했는지 가늠할 수 있는 좋은 사례가 있다. 랍비 요하난 벤 자카이(Yohannan ben Zakkai)는 유대 민족이 아주 큰 위험에 닥쳤을 때 정신적으로 유대 민족을 구한 지혜로운 랍비이다. 이스라엘이 로마군에 의해 짓밟힐 때 자신의 몸을 관에 넣어 로마군 사령관을 만나는 지혜를 발휘해 유대 민족이 영원히 살 수 있는 길을 찾아냈다. 서기 70년, 로마인들이 유대 성전을 파괴하고 유대인을 멸종시키려고 했을 때 요하난은 비둘기파, 즉 온건파에 속해 있었다. 그러므로 그는 항상 매파, 즉 강경파의 감시를 받고 있었다. 요하난은 유대 민족이 영원히 살아남을 길을 궁리하느라 여념이 없었다. 마침내 그는 로마 장군과 만나 직접 담판을 시도할 수밖에 없다는 결론에 이르렀다.

제자들은 스승을 관에 넣어 가까스로 전선을 빠져나가는 데 성공했다. 요하난은 로마 사령관에게 부탁했다. 랍비의 부탁이란 이런 것이었다.

"헛간이라도 좋으니 열 명의 랍비가 머물 수 있는 학교를 하나 지어 주시오. 그리고 그 학교만은 절대로 파괴하지 말아 주시오."

랍비는 조만간 예루살렘이 로마군에게 점령되어 파괴될 것을 미리 알고 있었으며, 대학살이 감행될 것도 충분히 예측하고 있었다. 따라서 그는 학교 하나만이라도 무사하면 유대인의 전통은 살아남을 수 있을 것으로 판단했던 것이다.

사령관은 사소한 부탁을 쾌히 승낙했다. "알겠소. 고려해 보겠소."

그 후 얼마 안 가서 로마 황제가 죽고 이때의 사령관이 황제의 자리에 올랐다. 새 황제는 로마 군사들에게 "내가 지어 준 작은 학교 하나만은 절대로 손대지 말라."고 엄명을 내렸다.

이렇게 해서 그 작은 학교에서 살아남은 학자들이 유대인의 지식과 전통을 수호했다. 그리고 전후 유대인들의 생활양식도 바로 이 학교가 계승·발전시켜 나갔다. 서기 100년경 이곳에서 열린 유대인 랍비 모임에서 히브리어 성서가 최종적으로 확정될 정도로 유대 민족을 이끌어가는 정신적 뿌리가 담긴 곳이 되었다.[13] 칼보다 교육의 힘을 강조한 요하난은 항상 유대인들을 가르치기 위해 가르침의 내용이 담긴 성서를 연구하고 이것이 끊임없이 이어지도록 노력했다. 제자들에게 설교를 할 때에도 성서에 담겨 있는 내용을 뛰어난 방법으로 해석하여 제자들에게 삶의 지표로 삼게 했다.

그러나 기독교 세계는 유대교의 이러한 전승을 이어받지 못했다. 종교개혁가 마르틴 루터가 태어나기 전만 해도 성경은 라틴어로 쓰여 있어 일반 성도들이 읽을 수 없었다. 사제들만의 성경이었다. 루터는 중세의 교회가 타락한 이유를 교회가 성경을 독점하는 데서 찾았다. 1521년 보름스국회에서 신성로마제국 황제 카를 5세(Karl V)의 명령에 정면으로 도전한 루터는 그후 바르트부르크 성에 몸을 숨겼다. 그는 바르트부르크에서 '융커 게오르크'로 행세하면서 수염을 기르고 몸집을 불린 채 작업을 시작했다. 그것은 성서를 독일어로 번역하는 일이었다. 『신약성서』는 불과 열한 주만에 번역을 마치고 1522년에 출간되었다. 이러한 성경 번역 작업이 종교개혁의 기초가 되었다.

루터의 종교개혁 성공은 루터가 태어나기 30년 전에 발명한 인쇄술이 결정적인 전환점이 됐다. 그래서 루터의 독일어 성경 번역은 독일 민족과 그리스도교에 준 가장 위대한 공헌으로 꼽힌다. 인쇄술은 루터가 자신의 새로운 독일어 역(譯) 성경을 모든 독일의 프로테스탄트 가정에 보급할 수 있도록 해주었다. 로마 가톨릭이나 정교회에서는 한 번도 벌어진 적이 없었던 일이다. 루터는 프랑스와 영국을 포함한 북부유럽에서 식자층(識者層)의 급속한 확산을 가져왔다. 그 결과 계몽주의와 민주주의 이론의 전개를 촉진시켰다. 이와 같이 글을 읽고 쓸 줄 아는 능력과 교육의 힘, 그리고 시민권과 참정권 사이에는 역사적이라고만 할 수 없는 연관성이 분명히 존재한다.[14]

세종은 조선이 삼강오륜(三綱五倫)을 통해서 덕치국가, 법치국가, 부국강병의 나라에 대한 꿈이 있었다. 그러기 위해서 누구나 소통할 수 있는 문자가 필요했다. 그래서 결국은 문자를 만들게 되고 만든 책을 배포하기 위해서 인쇄 활자를 개발하는 일에 착수하였다. 그동안에는 목판본을 사용했는데 세종 때에 금속활자 경자자, 후에는 갑인자를 개발했다. 목판본인 계미자로는 하루에 3-4장을 인쇄할 수 있었으나 금속활자인 경자자는 하루에 20여 장을 인쇄할 수 있었고, 갑인자는 하루에 40여 장을 인쇄하기에 이른다. 인쇄 활자 개발이 성공함으로써 세종의 책 사랑은 실질적인 열매를 맺게 된 것이다. 세종은 자신이 책을 통해 배웠던 많은 것들을 백성들에게 돌려 주기를 원했다. 백성들의 마음과 행실을 바르게 하기 위해서 『삼강행실도』를 편찬하였으며, 부모에게 효도하는 마음을 일깨우기 위해 역대 효자들의 언행을 기록한 『효행록』을 편찬하였고, 농사짓는 법을 익혀 실생활에 도움을 주기 위해 『농사직설』을 편찬하여 부국강병의 기초를 세웠다.[15]

조선 시대의 부흥을 구가한 최고의 임금이 세종과 정조라는 데는 대부분 동의할 것이다. 두 사람은 공통점이 있다고 말한다. 이들은 어렸을 때부터 인문독서에 광적으로 몰입했다. 왕과 신하들이 인문독서를 하고 토론하는 경연을 열었다. 이들은 각각 학자를 양성하고 학문을 연구하며 도서관 기능을 하는 집현전과 규장각을 세웠다.

책의 문화가 융성할 때 나라가 부강해진다. 세종의 책 사랑과 지식 욕구가 조선을 문화 중흥의 사회로 만들었다. 21세기에 들어 그토록 부르짖는 '지식 경영사회'의 표본을, 이 탁월한 지도자는 이미 550년 이전에 훌륭하게 마련해 놓고 있었다.

특권층, 기득권층의 지식 독점은 안 된다. 어떤 집단이 버림받는 집단(outcaste)의 수준을 전혀 넘어설 수 없는 계급 사회를 유지하기를 원한다면 모르지만 말이다. 소수층만 특권적인 지위와 과거의 독점적인 권력을 지니기를 바라는 사람들 또한 대중교육을 반대할 것이다. 하지만 소수층 역시 그런 정책이 결국에는 기술적인 낙후와 궁핍 그리고 다른 반갑지 않은 결과를 초래할 수도 있기 때문에, 사회적인 이유에서 다수의 교육받은 인재들이 필요하다는 것을 깨달을 수도 있다.

그리고 또 하나의 문제는 선진국의 지식의 독점이다. 장하준 교수는 『사다리 걷어차기』에서 선진국들은 자신들이 경제 발전을 도모하던 시기에는 보호 관세와 정부 보조금을 통해 산업을 발전시켜 놓고, 정작 지금에 와서는 후진국들에게 자유 무역을 채택하고, 보조금을 철폐하라고 강요한다고 말한다. 과거 자신들은 여성, 빈민, 저학력자, 유색 인종에 대해서는 투표권조차 주지 않았으면서 지금은 후진국들에게 민주주의가 제대로 자리 잡지 못하면 경제 발전도 되지 않는다고 주장한다. 자신들은 다른 나라의 특허권과 상표권을 밥 먹듯이 침해했으면서도 이제는 후진국들에게 지적 재산권을 선진국 수준으로 보호하라고 압력을 넣는다. 장하준은 이러한 선진국들의 횡포들에 대해서 "사다리 걷어차기"라는 말로 표현한다. 이는 사다리를 타고 정상에 오른 사람이 그 사다리를 걷어차 버리는 것은 다른 사람들이 그 뒤를 이어 정상에 오를 수 있는 수단을 빼앗아 버리는 행위로, 선진국들의 교활한 방법들을 날카롭게 지적하고 있는 것이다.[16]

교육은 백년지대계를 넘어서 천년지대계라 할 만한 씨를 뿌리는 일이다. 서로가 다른 사람끼리는 물론 서로 다른 피조물들끼리도 어우러져 화합하고 상생하는 평화의 길이어야 한다. 상처받고 소외되고 연약하여 병든 자들이 인간 존엄성을 인정받고 인간의 본래의 모습이 향기롭게 피어나는 교육의 대안적 미래가 있어야 한다. 굴절된 모든 인간사의 지형을 평탄케 마름질하면서 대로를 내는 선택이어야 한다. 자신의 기득권을 과감하게 내려놓고 삶의 궁극적인 관심사로부터 다시 시작함으로 모든 사람이 구원받는 삶이다. 교육은 다음세대의 삶, 곧 영원을 꿈꾸면서 오늘의 성공에 도취되지 않고 내일의 실패에 두려워하지 않는, 부단히 도전하고 개척하는 여정이다.

(5) 질병의 문제 - 모두가 건강하게 살아가기

질병이 없는 세상은 인류가 태고적부터 꿈꾸어 온 이슈일 것이다. 질병은 어디로부터 오는가? 질병은 사회와 문명이 만든다는 말이 있다. 당뇨병, 광우병, 아토피, 삼성백혈병, 새집증후군, 화학물질 과민반응증, 공기오염과 천식…. 내 몸에 생긴, 원인을 알 수 없는 질병은 사회체제의 변혁이나 문명과 어떤 관계가 있을까? 질병의 원인을 잘 모른다면 질병이라 정의할 수 없거나 괴질이라고 판단하게 된다. 그러므로 과학 기술이 발달할수록 질병의 원인을 더 정확하게 판단하고 병명을 붙일 수 있으므로 사회와 문명이 만든다고 할 수 있다.

병을 앓는 사람을 지칭하는 한자어 '환자(患者)'에 있는 '환(患)'은 벌레 두 마리를 통해 '마음(心)'에 꼬챙이가 찔려 있는 모양새를 하고 있다. 질병의 고통은 외부적 요인(벌레)과 내부적 요인(마음)이 합쳐져 생기는 것이란 암시로 보인다. 여기서 병을 앓는 사람은 '근심하는 사람'이 된다. 환자를 뜻하는 영어 단어 'patient'는 '견디어낸다'는 뜻에서 유래한 것이다. 질병의 고통은 일방적으로 가해지는 외부적 충격일 뿐 아니라 그것을 경험하는 인간의 주체적 반응을 포함한다는 뜻으로 읽힌다. 질병은 잘못된 생활에서 비롯된 것으로 그동안 본인의 음식(飲食), 마음가짐(心), 행동(行動), 배변(排便), 수면(睡眠), 생활(生活)을 통해 나타나는 거울로서 잘못된 습관들이 반복되어 나타나는 메시지이다.

1949년, 세계인권선언에서 "모든 인간은 건강할 권리를 가지고 있다."고 하면서 건강은 권리로서 인식되고 있다. 요즈음 학계 일각에서는 식민지 시대에 대한 재평가가 활발하게 이루어지고 있다. 이들의 이러한 주장에는 일본이 통치하던 식민지 시대에 경제적인 성장이 이루어졌다거나 근대화가 상당 정도 이루어졌다는 것이다.

대표적인 근거로 그들이 들고 있는 것이 사망률 감소와 인구의 증가이다. 대체로 일본의 식민통치 기간에 사망률은 크게 감소했으며 한국인의 인구가 크게 증가했다. 일본의 식민통치 35년간 한국인의 인구가 무려 1,000만 명 이상 늘었다. 이처럼 인구가 크게 증가한 것은 출생률이 상당히 높은 수준에서 유지되거나 완만하게 낮아진 반면, 사망률이 상대적으로 급하게 낮아졌기 때문이다. 식민통치 35년 동안 갓 태어난 아이의 평균 수명이 1906-1911년에 남자 22.6살, 여자 24.4살이던 것이 1942년에는 남자 42.8살, 여자 47.0살로 늘어났다. 이렇게 평균 수명이 크게 늘어난 데에는 영유아 사망률의 감소가 가장 크게 기여했다. 영유아 사망률은 1932년에 18.7명이던 것이 1935년에는 16.1명, 1938년에는 12.5명으로 떨어진 것으로 추계된다. 일제강점기 이전에 두드러진 인구 변화가 없었음을 고려할 때 이런 변화가 얼마나 대단한 것인가는 의문의 여지가 없다. 그럼에도 불구하고 양심이 없는 그들에게도 "돈이 있거나 없거나 환자들을 치료하는 것이 의사들의 사명이다."라는 히포크라테스(Hippocrates)의 사명은 유효했다.

① 조작된 허명(虛名)

1917년의 볼셰비키 혁명 이후 소련은 국가에서 운영하는 의료 서비스를 실시했다. 공짜로 모든 진료 서비스, 모든 비용은 세금으로 받는 것은 국민의 권리였다. 비록 그 기준이 균일하게 높지는 않았다 하더라도, 이것은 굉장한 도약이었다. 독일도 나름대로 노동자를 위해 국가의 통제 하에 비스마르크식 의료보험제도를 계속 실시했는데, 영국처럼 자발적인 협회나 고용자의 프로그램을 통해 관리했다. 국가의 혜택에서 제외된 일부 중산층은 개인보험 또는 직장보험을 통해 의사에게 선금을 지불했다. 프랑스에서는 국민의료보험제도를 통해 환자의 진료비를 환급해 주고, 환자가 자유롭게 의사와 병원을 선택하게 했다.

그러나 미국에서는 의료보험이 계속해서 정치적 흥정거리가 되었다. 미국의사협회는 처음에 선택의 폭을 넓게 열어 놓았으나, 제2차 세계대전 후에 독일과 소련 것이라면 무조건 헐뜯고 보는 맹목적 애국주의 속에서 완고한 태도로 변해 반대 입장으로 돌아섰다. 뉴욕 시의 다섯 개 자치구 중 한 구인 브루클린의 한 의사는 이렇게 말했다.

"강제적인 의료보험제도는 비 미국적이고, 불안전하고, 비경제적이고, 비과학적이고, 불공정하고, 부도덕한 종류의 법안으로…오도된 성직자와 병적으로 흥분한 여성만이 지지한다."

『미국의사협회지(Journal of the American Medical Association)』는 그러한 의료보험은 미국인을 자동인형으로 전락시킬 것이라고 우려했다. 더욱 보수적인 입장으로 돌아선 미국의사협회는 산모와 아동의 건강을 위해 연방보조금을 지급하자는 셰퍼드-타우너 법안(Sheppard-Towner Act)에 반대했고, 1924년에 설립된 재향군인병원에도 반대했다. 두 가지 모두 개인 의사들에게서 빵을 빼앗아 갈 것이라면서 말이다.

그 결과, 의료보험이 거대 산업으로 성장하게 되었다. 1940년 이래 20년 동안 개인의료보험이 폭발적으로 증가했고, 그 모형은 미국의 민간 병원과 개인 의사들의 마음에 쏙 들었다. 중산층 가족이나 때로는 그 고용주가 보험 제도를 통해 1차 진료비와 입원비를 지불했고, 의사와 병원은 증가 추세에 있는 고객을 끌어들이기 위해 경쟁을 벌였다.

다음의 히포크라테스의 선언문을 보면 세계화 시키려는 미국의 의료보험제도는 히포크라테스의 선언문과는 양상이 변질되어도 한참 변질되었다는 것을 발견할 수 있다.[17]

"내가 사용하는 치료법은 환자의 유익을 위해서만 사용할 것이며, 그들을 상하게 하거나 해치는 데는 결코 쓰지 않겠습니다. 환자를 치료할 때나 환자의 치료와 관계없는 일이라 할지라도 사생활에 관한 한 무슨 일을 보든 듣든 신성한 비밀인 것처럼 침묵을 지키겠습니다."

그리스 신화 속의 아스클레피오스가 사용한 뱀 지팡이는
지금도 세계 보건기구와 각국 의사 단체들이 상징 문양
으로 사용하고 있다.

② 생명자본주의로 전환하라

이어령 교수는 "자본주의라는 배에 물이 들어오고 있다. 차가운 금
융자본주의에서 생명자본주의로 패러다임을 전환해야 한다."고 주장
했다.[18] 이 교수는 "의료 · 교육 · 문화 · 양육같이 생명을 키워내는 데
투자해야 한다."고 강조해 왔다. 생명자본주의에서는 물품이 아니라
공간과 감동이 상품이 된다. 세계인을 감동시킨 한류 문화 콘텐츠가
대표적인 예다. 이 교수는 "경제 영역에서 버려졌던 문화 · 인류학적
요소를 끄집어내 자본으로 만들어야 한다."고 말하면서 이를 위해서
는 인문학적 상상력을 발휘해야 한다."고 주장한다.

그리스 신화 속의 '반신반인'인 아스클레피오스는 의술로 수많은
사람을 구했다. 얼마나 대단했는지 그가 병자를 치료하자 저승의 신
하데스가 할 일이 없을 정도였다. 이를 안 제우스가 격노해 그를 죽이
고 말았다. 그때 아스클레피오스가 사용한 뱀 지팡이는 지금도 세계
보건기구(WHO)는 물론 미국 · 영국 · 한국 등 각국 의사 단체들이 상
징 문장으로 사용하고 있다. 여기에 생명의 가치를 옹위하는 의술의
신성성이 함축돼 있다고 믿기 때문이다.

물론 이 신성성의 이면에는 숱한 의료 선각자들의 탐구와 고뇌가 있다. 병자의 피를 바꿔 질병을 치료하고자 했던 무모한 시도는 수혈의 시작이 되었고, 두개골을 쪼개거나 심장을 바꿔 죽은 사람을 살려내려 했던 시도는 뇌과학의 출발이었다. 이런 시도가 더할 수 없이 신성했던 것은 당시의 질병관과도 무관하지 않다. 동·서양을 막론하고 질병의 실체를 몰랐던 암흑의 시대에 모든 병은 천형(天刑)이었기 때문이다.

의료가 천박한 상업주의에 결박되면서 신성성의 자리에는 보란 듯이 '돈'과 '퇴행적 권위의식' 그리고 '조작된 허명(虛名)'이 똬리를 틀고 있다. 언제부턴가 의사들은 자신들을 '선생님'이라고 부르던 환자들과 멀어졌고, 의학의 진보는 그 지점에서 발목이 묶이고 말았다.

(6) 종교문제 - 소외된 사람들과 함께 살아가기

종교는 모든 문명의 어머니이다. 종교의 가치는 영원한 생명을 목적으로 한다. 영생(永生)이란 시간적인 의미가 담겨 있든 공간적인 의미가 담겨 있든 그것을 초월해서 모두가 함께 사는 것을 가치로 한다. 그래서 종교(宗敎)는 '宗(마루 종)', '敎(가르칠 교)'로 가장 으뜸이 되는 가르침이다.

라틴어로는 Religio에서 출발하였다. 그 뜻은 '다시 묶어 매다'이다. 죄로 인해서 단절된 하나님과 인간의 다시 만남이 종교라 정의할 수 있다. 그러나 성 아우구스티노(Augustine)는 '다시 선택하다(Re+Eligio)'에서 왔다고 주장하였다. 유기된 인간이 하나님으로부터 다시 선택된 신분을 말한다. 이렇게 볼 때 종교란 우주를 창조하고 질서를 주신 하나님의 존재를 인정하고 그분의 세상을 다스리는 법도와 인간이 지켜야 할 계명을 지키는 것이 영생을 얻는 방법이라는 의미를 담고 있다. 그래서 하나님과 인간과의 관계는 서로 사랑의 관계라고 말할 수 있다. 하나님의 실체를 인정하여 사랑하고, 이웃이라는 실체를 인정하고 내 몸과 같이 사랑하는 것이 이것이 가장 근본이 되는 가르침, 으뜸된 가르침이라는 것이다.

그럼에도 불구하고 종교 간의 갈등은 인류가 겪어온 갈등 중에 으뜸이다. 지금도 해결되지 않는 이 갈등은 인류의 시민들에게 뿌리 깊은 편견과 오만의 씨앗을 심어 놓았다. 기독교인이 가지고 있는 이슬람에 대한 적대감, 반대로 이슬람이 가지고 있는 기독교에 대한 반감, 자연 과학이 가진 기독교에 대한 경멸감, 현대사상이 가진 종교에 대한 무시, 학교교육에서의 종교교육의 배제 등 이 모든 것들이 종교 간의 갈등 때문에 생긴 상호 반목이요, 나아가 비종교인들의 종교에 대한 무시이다.

사실 고등 종교의 최종 목표는 평화의 상태에 이르는 것이다. 이 평화에 이르는 길에는 정의와 사랑이 있는데 이 둘은 상호 대립적이어서 정의를 주장하면 사랑이 무너지고, 사랑을 주장하면 정의가 무너질 때가 많다. 그래서 법치체제에서는 정의를 주장하고, 종교체제에서는 사랑을 주장한다. 그러면 이런 지고의 가치를 가진 종교들이 왜 상호간에 갈등과 반목을 가지고 살아왔을까?

첫째, 종교인들이 자신들의 진리를 실천하는 것에 관심을 갖기보다 그 진리를 논증하는 교리와 제도를 수호하려 했기 때문이다. 교리란 시대적인 입장을 반영하고 정치적인 입장, 지역적인 이기성을 반영할 수밖에 없다. 오늘날, 스스로를 근본주의 혹은 복음주의라고 생각하는 교회 안에서조차도 교리에 대한 강조는 최소한의 수준에 머물고 있는 실정이다. 교리는 중요한 삶의 문제와 관계없다든지 혹은 교리는 대부분의 사람들과는 관계없다는 주장이 나오고 있다. 교리적 진리는 그리스도의 바로 그 모습에서 발견할 수 있다. 그리스도에 대한 참다운 사랑이 불타고 있는 심령이라 함은 정확한 교리에 대한 참다운 사랑으로 불타고 있음을 의미하는 것이다. 또한 제도란 진리를 전파하고 교리를 지키기 위한 최소한의 기준이다. 그런데도 이를 수호하려고 한 것은 그것을 지키므로 기득권을 누리라는 것이 아니라 실천하기 위한 기준이어야 한다.

둘째, 정치가 종교를 이용하여 정권을 수호하는 데 사용했고, 종교인들은 다시 이것을 정치적 이데올로기로 이용하여 종교를 확장시키는 수단으로 사용했기 때문이다. 종교는 정화력에 있고 이데올로기는 물들임에 있다. 그렇다면 정화해야 할 자리나 물들지 않은 자리를 찾아서 본래 진면목을 찾아 주는 것이 종교의 사명이다. 그런데 종교가 그 본분을 잃고 종교의 입지를 확대하고자 하는 데에만 급급하거나 교리 자체가 인간의 본래 자리를 회복시켜 주려는 의도가 아니라 뭔가 다른 생각이 있다면 이미 종교는 타락성의 전파일 뿐이다. 그런데 종교가 이데올로기가 되어 타고난 본성을 걷어 버리고 외적으로 무엇인가를 주입시키는 행위는 삶을 살아가는 데 있어서 필요한 지식을 기르는 것과도 다른 백해무익한 영혼의 무지를 자초하는 행위이다. 종교적 물들임은 아무 쓸모없는 집단광기일 뿐이다.

이러한 일은 모든 종교에서 공통적으로 나타났다. 기독교를 로마의 콘스탄틴 황제가 수용하였고 불교를 아소카 왕이 수용하였으며 공자의 사상을 중국의 정치가들이 수용한 것들이 대표적인 예이다. 이들이 종교를 수용한 이유는 무엇인가? 종교가 정치적인 목적을 달성하는 데 유용했기 때문이다. 종교인들 입장에서 종교의 가치가 확산되는 데 매우 유용한 통로가 바로 정치였다. 이 과정에서 종교인들은 진리를 중심으로 움직이는 것이 아니라 세력을 늘리는 데 주력을 하게 되고 그 결과는 진리에 충실한 사람들의 권고를 무시하거나 이단으로 규정하여 처단하게 되는 것이다.

셋째, 지(智)의 가치를 가진 종교들이 반목과 갈등의 요인되는 이유 중 하나가 자신들이 믿어온 진리가 역사의 흐름 속에서 삶의 정황에 재해석되지 못하여 교리가 왜곡되었기 때문이다. 이것은 종교뿐 아니라 인간의 모든 생각이나 가치마저도 역사의 흐름 속에서 재해석되지 않으면 변질될 수밖에 없다. 경전은 시대에 따라서 끊임없이 재해석하는 과정이 필요하다. 종교가 이 기능을 제대로 하지 못하면 진리가 왜곡되어 화석화될 수밖에 없다.

인문학의 기초는 철학과 신학이고 철학과 신학은 인류의 정신 유산인 다양한 고전들에서 길어 올린 샘물이다. 고전의 한복판에는 유대교와 그리스도교의 경전인 신구약성경이 자리 잡고 있다. 이 성경 본문을 다양한 지역의 신앙 전통에 맞춰 옮겨 놓은 고대 번역본들, 성경의 배경이 된 고대 근동 문헌, 성경을 풀이한 유대교 랍비 문헌, 동방 그리스도교 문헌, 정경화 과정에서 성경과 경합을 벌인 외경 문헌, 성경과 유다이즘을 반영한 쿰란 문헌 및 요세푸스(Flavius Josephus)와 필론(Philon)의 작품들이 성경의 주변을 감싼다. 이 고전이 유대교와 그리스도교의 원천을 이룬다.

성경은 단순히 해석을 기다리는 정체된 걸작이 아니다. 해석이 계속되며 끊임없이 역동적으로 자라나는 결과물이다. 역사적으로 이해하기 어려운 구절들로 마태와 누가의 예수의 유년기이야기, 세례, 유혹, 변모이야기(마 3:13-4:, 11; 17:1-9과 병행구절들)를 '미드라쉬'라고 부를 수 있다. 예수의 유년기이야기 전체가 구약성경 구절을 인용해서 발전되었음을 수긍한다면, 하이네만이 '창조적 역사 기록'이라고 정의한대로, 랍비들이 성경을 해석하는 근본 원칙에서 시행되었다고 볼 수 있다. 역사 기록 속에 있는 성경 인용구들은 아직 알려지지 않은 역사를 재구성하는 데도 도움이 된다. 이러한 성화 본문들의 핵심은 성경말씀이 예수를 통해 실현된다는 것이지, 사건 경과를 구체적으로 기술하는 것은 아니다.

『카라마조프 가의 형제들』에서 도스토예프스키(Fyodor Mikhailovich Dostoevskii)는 철학적 무신론자인 이반을 통해 수사(修士)인 동생 알로이시오에게 교회의 많은 부조리와 모순을 고발하고 있다. 그것은 러시아 정교회를 비롯한 로마교회 그리고 그리스도교 모두에게 해당되는 내용이다. 도스토예프스키는 그런 종교재판을 통해 교회의 현주소를, 교회의 기원(起源)을 되묻고 있다.

서기관(the Scribes)들과 성서 주변의 책들

서기관들	설 명
율 법 사	여호와의 율법을 연구하고, 준행하며, 가르치기로 결심하였던 에스라의 정신을 본받아 율법을 연구하는 자
랍 비	여호와의 율법을 연구하고, 준행하며, 가르치기로 결심하였던 에스라의 정신을 본받아 율법을 그대로 실행하며 백성에게 가르치는 자들로 모세의 율법을 이론적으로, 실천적으로 발전시켰다.
탄 나 임 (Tannaim)	구전율법을 발전시킨 자들이다.
아모라임 (Amoraim)	'말하는 자들'이란 뜻을 가지고 있으며 랍비 여후다의 미쉬나를 주석하는 자이다.

성서 주변의 책들	설 명
할라카 (Halakah)	행위규범이라는 의미를 가지고 있으며 소위 구전율법(Oral Torah, '유전', 막 7:3). 이는 성문 율법인 모세 율법과 동등시 한다.
미쉬나 (Mishna)	반복이라는 의미를 가지고 있으며 AD 200년경 랍비 여후다 (Jehuda)에 의해 '미쉬나'로 성문화 되었다.
게마라 (Gemarah)	'완성된 것'이란 뜻으로 미쉬나를 해석한 것이다.
탈무드 (Talmud)	'가르침'이란 의미를 가지고 있다. "미쉬나"와 "게마라"를 합친 것이다. * 팔레스틴 탈무드 (AD 4세기경) * 바벨론 탈무드 (AD 6세기경)-팔레스틴 탈무드의 약 4배나 된다.
토세프타 (Tosephta)	'부록'이란 의미를 가지고 있다. '미쉬나'에 들어가지 못한 할라카로 역사적 가치로는 미쉬나와 동등하게 여긴다.
미드라쉬 (Midrash)	'해설'이란 뜻으로 할라카를 주석한 것이다. '할라카'적인 것만 아니라 '학가다'(Haggadah, '해설'이란 뜻)도 포함되어 있다.
학가다 (Haggadah)	실제적이고 설교적인 예화집으로서, 일반 성경 주석이다.
메킬타 (Mekilta)	출애굽기 12-23장에 대한 주석이다.
시프라 (Sifra)	레위기 주석이다.
시프레 (Sifre)	민수기 5-35장과 신명기의 주석이다.
미드라쉬 라바 (Midrash Rabbah)	5경과 5축(아가, 룻, 애가, 전도서, 에스더서) 주석이다.

서기관들은 또한 백성 사이에 율법 문제가 생겼을 때 율법을 가지고 법적인 판결을 하였으며, 유대인의 최고 재판 기관인 '산헤드린'의 한 구성원이었다.

에스파냐의 화가 프란시스코 고야(Francisco Jose de Goya Y Lucientes)의 '종교재판소'

16세기 스페인의 세빌리아를 찾아온 예수는 자기 특유의 품성과 미소로 백성들의 벗이 되고 백성들의 요구를 들어 주며, 그들의 고통에 함께하면서 작은 기적을 베푼다. 그래서 백성들은 예수를 따르고 환호하며 감사와 찬미의 노래를 부른다. 이런 장면을 목격한 90여 세의 종교재판장 추기경은 예수를 붙잡아 투옥시킨다. 그리고 한밤중에 예수를 찾아가 이야기한다.

"예수님, 당신이 지금 이렇게 오셔서 활동하면 우리는 어떻게 하나요. 당신은 교회에 모든 것을 위임하지 않았습니까? 당신 없이도 교황, 추기경, 주교, 사제 등 교계제도를 통하여 교회가 잘 움직여지고 있는데 당신이 불쑥 나타나시면 방해가 됩니다. 자, 제발 빨리 사라지십시오. 그리고 다시는 오지 마십시오."

대충 이런 내용으로 엮어진 이야기 끝에 예수의 대답을 재촉하는 추기경에게 예수는 뚜벅뚜벅 앞으로 가서 그의 입에 입을 맞출 뿐 아무 말도 하지 않았다. 추기경은 일종의 전율을 느꼈다. 침묵의 예수, 침묵의 키스, 이것은 분명 하나의 수수께끼이며 신비이다. 그래서 신학자들은 예수의 이 입맞춤을 하나의 신비라고 표현했다.

대부분의 종교가 참된 진리, "이웃을 내 몸과 같이 사랑하라."는 의미를 상실했다. 사랑이 없는 경건은 율법주의와 가식에 빠지며, 사랑이 없는 보수는 종교적으로 은폐된 이기주의에 불과하다. 따라서 기득권을 지키려다 보니 정치권과 결탁한 종교는 타종교를 억압하게 되고 그 갈등의 뿌리는 끊임없이 역사를 두고 내려오게 된다. 그 결과, 역사 이래 발생한 전쟁에 종교가 개입되지 않은 전쟁이 없을 정도이다.

예수는 희망을 앞세워 군중을 선동하거나 집단무의식을 이용하여 정치적 야욕을 채우지 않았다. 대신 그는 가장 낮은 자리에서 물질적, 정신적, 영적 필요에 부응하여 목민적 생활정치에 최우선적으로 관심을 두었다. 그의 일상적 활동은 주로 병든 사람들을 고치고 위로하여 회복시키는 생명사역이었다. 아직도 대부분의 종교들은 자신들의 유전자 속에 스며든 이 암적인 유전자를 구분하지 못하고 있는 경우가 많다. 이제 종교는 종교의 본질, 으뜸의 가르침으로 돌아가서 사랑을 통해 정의를 이루고, 이루지 못한 정의는 용서와 화해를 통해서 평화의 나라로 나아가도록 해야 한다.

(7) 모두가 함께, 더불어 살아가는 세상

지금까지 언급한 문제들 중에 더 중대한 문제가 무엇인지 따질 수는 없다. 이 모든 문제들은 인간이 직면한 가장 심각한 문제이며 모두 해결책이 필요하다. 더 나아가 이들은 줄을 세워서 하나씩 대응해야 할, 분리할 수 있는 문제도 아니다. 원인과 결과가 상호 연결되어 있어 떨어질 수 없게 연관되어 있다. 한꺼번에 통합적으로 대응해야 하는 문제라는 이야기다.

예를 들어 에이즈는 종종 낙후된 생활환경과 교육의 부재로 초래되었다. 이것은 둘 다 가난이 가장 큰 원인이다. 그리고 가난은 환경 문제의 영향을 직접적으로 받는다. 특히 빈민 중에서도 가장 가난한 사람들은 기후변화로 인한 환경 재앙에 그대로 노출되어 있다. 해수면이 상승하면 방글라데시 저지대의 빈민굴이 가장 먼저 바다에 잠긴다.

이제는 자원전쟁시대이다. 석유를 확보하기 위해서 다양한 전략을 세워 접근한다. 확보한 석유는 헤아릴 수 없는 환경문제를 유발시킨다. 이러한 환경의 문제는 교육의 문제, 가난의 문제요, 가난의 문제는 지식을 독점하려는 교육의 문제와 직결되어 있다.

우리가 모두 함께 더불어 살아가는 일상 속의 일들이 복잡하고 어렵게 생각하면 힘들다고 생각될 것이지만 그렇다고 피할 수 있는 것도 아니다. 저 밤하늘의 수많은 별들도 총총히 모여 저마다 빛을 내고 함께 살고, 들판의 풀들도 옹기종기 함께 모여 살며, 계절을 따라 제각기 아름다움을 자랑하는 초록빛 수많은 나무들도 제각기 다함께 모여 살아가지 않는가? 작은 빗방울들은 모이고 모여서 시냇물을 만든다. 시냇물도 여기저기 섞여 모여 때로는 급하게, 때로는 천천히, 때로는 쉬어가면서도 흘러흘러 한 폭의 강을 이루는 일을 포기하지 않는다.

모두가 함께 그리고 더불어 살아가는 세상의 대표적인 노력들이 수없이 있어 왔다. 그 중에서 마틴 루터 킹 목사의 인류공동체를 향한 비전이 담긴 연설문을 보자.

나는 꿈이 있습니다(I have a dream)

"언젠가 이 나라가 모든 인간은 평등하게 태어났다는 것을 자명한 진실로 받아들이고, 그 진정한 의미를 신조로 살아가게 되는 날이 오리라는 꿈입니다. 언젠가는 조지아의 붉은 언덕 위에 예전에 노예였던 부모의 자식과 그 노예의 주인이었던 부모의 자식들이 형제애의 식탁에 함께 둘러앉는 날이 오리라는 꿈입니다. 언젠가는 불의와 억압의 열기에 신음하던 저 황폐한 미시피 주가 자유와 평등의 오아시스가 될 것이라는 꿈입니다. 나의 네 자녀들이 피부색이 아니라 인격에 따라 평가받는 그런 나라에 살게 되는 날이 오리라는 꿈입니다."

1963년 8월 28일, 워싱턴 내셔널몰의 드넓은 광장은 25만 명에 가까운 평화 행진 참가자들로 인산인해를 이루고 있었다. 링컨의 노예 해방 선언 100주년을 기념해 미 전역에서 몰려든 사람들의 '워싱턴 평화 행진'이었다. 그리고 그 중심에는 위대한 비폭력 인권 운동가 마틴 루터 킹(Martin Luther King Jr.) 목사와 흑백평등에 대한 간절한 소망과 결연한 의지를 나타내는 위대한 그의 연설이 있었다. 이 연설문에 담긴 흑인 인권운동가인 마틴 루터 킹 목사가 꿈꾸는 세상은 세상을 향한 우리의 꿈이다. 우리가 꿈꾸는 세상은 모두가 함께 살고자 하는 소망이 담긴 세상이다.

지금까지 우리가 살고 있는 세상에 사회적 난제들을 크게 여섯 가지로 나누어 보았다. 이 문제는 역사 이래로 난제였고, 지금도 난제이고, 앞으로도 해결과제들이다. 공자는 인(仁)을, 석가는 자비(慈悲)를 가르쳤다. 예수는 모든 사람을 사랑을 통해서 인류를 하나로 통합하려 하였다. 인류 역사상에는 그런 숭고한 사상을 본받으려 했던 적지 않은 사람들이 있는가 하면, 증오·저주·전투·살인의 악행을 저지른 사람들도 많다.

① 인류 난제 해결을 위한 책 읽기

지금까지 우리가 살펴본 인류가 직면한 난제들은 우리가 해결해야 하는 과제들이다. 책 읽기는 이러한 문제들을 위한 책 읽기여야 한다. 왜냐하면 책 속에, 특히 인문고전에는 숨겨진 답들이 있기 때문이다.

금은 모래에서, 진주는 진흙에서, 다이아몬드는 흑탄에서 찾는다. 해답은 문제 속에 있다. 세상의 위인들은 문제에서 답을 찾은 사람들이다. 모래에서 사금(砂金)을 찾은 사람들이고, 진흙에서 진주를 찾은 사람들이며, 탄광에서 다이아몬드를 찾은 사람들이다. 1798년, 에드워드 제너(Edward Jenner)는 천연두로 죽어가는 사람들을 보고 젖소에서 천연두의 면역성을 가진 우두를 발견했다. 제너가 문제의식이 없었다면 그들은 인류에게 공헌한 우두를 찾을 수 없었을 것이다. 제너는 인류의 재앙인 천연두라는 진흙에서 우두라는 진주를 찾은 사람이다.

인류가 직면한 사회악의 치료책이 무엇이냐를 말하기 전에 무엇이 잘못되었는가에 대한 질문이 먼저이다. 인간이 서야 할 자리에 인간의 욕심, 욕망으로 인한 돈이 자리하고 있다는 것을 먼저 발견해야 한다. 돈을 위한 교육, 종교, 과학, 상업, 정치가 되어 버린 것이다. 인간이 빠진 세상이 된 것이다.

사람과 사람 사이에 돈이 개입되면 그것으로 인해 사회는 망한다. 물론 돈이 불필요하다는 것이 아니라 사람보다 돈이 우선되면 위험하다는 것이다. 사람과 사람 사이에 존재하는 것은 돈이 아니라 인간애(人間愛), 사랑이 우선되어야 한다. 그래야 비로소 인간(人間)이 되는 것이다. 사람(人)이라 하면 될 것을 왜 인간(人間)이라 했는가? 사람과 사람 사이에 존재하는 그 무엇이 있어야 인간이 되는 것이다. 털옷이 따뜻한 이유는 털실과 털실 사이에 공간이 있어 그 공간에 따뜻한 공기가 머물기 때문이란다. 그래서 털옷이 따뜻한 것처럼 사람과 사람 사이에 사랑이 있어야 사회가 희망이 있는 것이다.

그러면 인간에게 주어진 난제들의 치료책은 어디에서 찾을 수 있는가? 필자는 인문학에서 그 가능성을 찾는다. 왜냐하면 인문학 자체가 인간의 가능성을 대상으로 하는 학문이기 때문이다. 예로부터 많은 현인들이 지적해 오듯이, 인문학을 통한 상상력은 인간의 근원적인 능력의 하나이다. 상상에 의해 우리는 현실의 여러 가지, 질곡(桎梏)을 떠나 의식세계에서는 무한한 자유의 세계를 누리게 된다. 이와 같은 상상력을 현실에 적용할 때, 현실로부터의 '도피'나 현실의 '개혁'

이 생긴다. 이를 바꾸어 말하면 전자를 '공상', 후자를 '이상'이라고 부를 수 있다.

'이상'은 끊임없이 현실에 작용하여 현실의 개혁을 의도하지만, '공상(空想)'은 현실을 방치해 둔 채 의식 속에서 하늘 높이 날아올라 현실은 괄호 속에 묶어 두고 마땅히 이루어져야 할 사회를 만들어 놓는다. 이상을 갖게 하는 것, 이것이 문학의 힘이다. 이러한 의미에서 '공상'은 일체의 현실성과 절연되어 있다. 그러나 현실을 괄호 안에 가둬 두고 그 현실로부터 도피해 버리는 것은 전혀 현실과 관련이 없는 것은 아니다. 적어도 현실을 탈출하기 위한 현실비판이 그 근원을 이루고 있는 점에서 이 도피는 소극적인 안일이 아니라 적극적인 초극(超克)을 꾀하고 있는 것이다.

인간의 현실적 제도나 조건은 어떤 선한 의도에도 불구하고 지루해지거나 억압적이기 쉽다. 하지만 주체(인간)와 객체(현실)가 뒤바뀌면 인간은 더 나은 생명 자유, 즉 대안적 가능성을 추구하게 한다.

우리는 이 문제를 인문학적 질문 던지기를 통해서 통찰을 얻을 수 있다. 소크라테스는 질문 던지기를 통해서 대화 상대를 진리로 인도할 수 있다고 생각했다. 그 이유는 간단하다. 그는 진리란 이미 우리 안에 있다고 믿었기 때문이다. 또한 Education(교육)의 어원 구조에서 그 정당성을 찾아볼 수 있다. e(=ex=outside)+duc(=duct or lead)+at+ion(=suffix)로서, 안에 있는 것을 밖으로 끄집어내는 행위가 교육이다. 교사는 열린 마음(Open Mind)이 되도록 안내(Guide/Coach) 기능을 담당하는 사람이다. 교사의 역할은 무엇인가를 채워 주는 것이 아니라 무엇인가를 말하게 하는 역할을 담당한다. 가령 이러한 질문들이 가능하다.

- 우리가 직면한 문제들은 어떤 것들이 있는가?
- 그러한 문제들이 발생한 이유는 무엇이며 언제부터 생긴 것일까?
- 그러한 문제들을 해결하기 위한 방법에는 어떤 것들이 있을까?
- 우리는 이런 일들에 대해서 어떻게 대처해 왔는가?

인문고전들은 주로 이러한 문제들을 다룬다. 왜냐하면 현실이 없는 인문학은 존재하지 않기 때문이다. 또한 우리가 인문독서를 할 때는 주인공의 모습과 성격, 그가 처한 상황을 상상하면서 읽는다. 한 권의 문학 속에 이 세상에는 존재하지 않는 또 하나의 세계가 전개되는 셈이다. 그렇게 축적된 기억들은 상상력의 원천이 된다.

아인슈타인(Albert Einstein)은 "지식은 제한적이지만 상상력은 세계를 품어 안는다."고 했다. 상상력이란 이미지를 형성하는 능력이다. 고정된 이미지가 아닌, 자유롭게 변형될 수 있는 이미지를 그릴 수 있는 능력이다. 그것은 지금 이 세계가 아닌 다른 이미지 속으로 우리를 해방시키는 힘이라 할 수 있다.

② 인간은 양인가, 이리인가?

우리가 꿈꾸는 세상을 이루기 위해서는 '인간은 어떤 존재인가?'라는 질문에서 시작되어야 한다. 왜냐하면 수많은 난제 앞에 서 있는 것이 인간이고 그 결과를 가지고 있는 것도 인간이기 때문이다. 이에 대해서 인류는 수많은 연구를 거듭해 왔다. 여기에서 해답이 있다. '인간은 양인가 이리인가? / 천사인가 악마인가?' 맹자는 사람의 본성이 선하다는 성선설(性善說), 순자는 그에 맞선 성악설(性惡說), 고자(告子)는 악도 바르게 고칠 수 있다는 개선설(改善說)을 주장하였다. 또한 본유관념(本有觀念) 이론의 데카르트(René Descartes)는 인간이 선악의 본성을 타고나는 것으로 보았고, 로크(John Locke)나 칸트(Immanuel Kant), 에라스무스(Desiderius Erasmus) 등은 사람은 누구나 백지 상태(tabula rasa)로 태어난다고 했다. 프랑스의 물리학자·수학자·사상가인 파스칼(Blaise Pascal)은 그의 사색록 『팡세(Pensées)』에서 인간은 천사와 악마 사이를 오가는 이중적 존재라고 썼다.

이광수 같은 이상주의 문학가는 인간을 성자(聖者)나 천사로 그려 보였다. 반면에 졸라(Emile Zola)나 김동인 같은 자연주의 문학가는 인간을 추악한 동물로 그렸다.

인간이란 진실로 어떤 존재인가? 유대인 600만 명을 학살한 히틀러와 나치 당원들, 한국인과 중국인 수백만 명을 고문하고 죽이기를 일삼은 일본 군국주의자들의 악행에 우리는 경악하지 않을 수 없다. 공산 혁명의 지도자 스탈린은 4,500만 명, 마오쩌둥은 6,300만 명 이상을 학살했다.[19] 이른바 '문화 대혁명'(1966-1975) 때 홍위병들의 난동으로 100만 명의 사생아가 생겼다. 그들은 사람의 손톱을 뽑고, 껍질을 벗기고, 인두로 살갗을 지졌다. 채찍과 몽둥이로 때리고 칼로 찌르며 도끼나 톱으로 시신을 토막내었다. 총을 쏘거나 가스실에 가두고 질식시켜 죽었다. 1917년 난징(南京)을 침략한 일본군은 수많은 중국인을 학살했다. 사람을 산 채로 생매장하였고, 심지어 산 채로 목만 나오도록 땅에 묻은 다음 칼로 목을 쳐서 죽였다. 당시의 한 종군 기자는 일본군의 만행 가운데 한 장면을 이렇게 전한다.

> 오늘 하루 난징에서 1,000명의 중국 여성이 일본군에게 강간을 당하였습니다. 학교에 난입한 일본군은 사람들을 마구 죽였습니다. 임신 7개월 된 임산부를 구타하고 칼로 찔러 유산케 했으며, 어린 소년을 일곱 군데나 찔렀습니다. [20]

이는 픽션이 아닌 사실 보도의 일부다. 인간이 어느 정도까지 잔인 해질 수 있는지, 인간의 본성에 대한 환멸을 금치 못하게 하는 장면이다. 앞에서 본 여러 장면에 등장하는 인간은 한갓 야수요 악마다. 그러나 인류 역사에는 선(善)과 정의(正義), 사랑을 위하여 자기의 재산과 생명을 내어놓은 봉사와 희생의 성인(聖人)들도 적지 않았다.

여러 개의 박사 학위 취득자이면서도 세상의 온갖 영예를 뿌리치고 아프리카 람바레네로 들어가 평생토록 흑인을 위하여 헌신한 의사 앨버트 슈바이처 박사, 아우슈비츠 수용소에서 한 유대인을 대신하여 죽은 막시밀리안 콜베(Maximilian Kolbe) 신부, 태평양의 한 나환자촌에 들어가 스스로 환자가 되는 불행을 무릅쓰고 헌신하다가 죽은 다미앵(Pater Damiaan) 신부, 아들을 죽인 공산주의자 청년을 양자로 삼은 손양원 목사, 일제의 신사 참배를 반대하다가 온 발바닥을 못에 찔려서 순교한 주기철 목사, 빈민의 어머니 테레사(Saint Teresa of Ávila) 성녀 등 많은 성인들의 이름은 청사(靑史)에 길이 빛나고 있다.

선(先) 지식이 후(後) 지식을 지배한다. 즉 먼저 습득된 지식은 단순히 여러 가지 지식 중 하나의 지식으로 자리하는 데 그치는 것이 아니라 후에 습득되는 지식을 판단하는 문지기, 경찰 역할을 한다. 따라서 우리가 먼저 읽어야 할 책은 슈바이처의 『나의 생활과 사상에서』, 링컨 전기인 『백악관을 기도실로 만든 링컨 대통령』, 김용기·장기려의 전기 등일 것이다. 그에 앞서 성 아우구스티누스의 『참회록(Confessiones)』, 성 프란체스코 신부·테레사 성녀(聖女)·한경직 목사의 전기부터 읽어야 할 것이다.

여기서 우리가 문학작품 읽기를 위주로 하여 이야기하는 것은 체험적 실상을 중요시하기 때문이다. 먼저 이광수의 『사랑』과 『흙』, 심훈의 『상록수』, 이무영의 『제1과 제1장』, 미우라 아야코(Miura Ayako)의 『살며 생각하며』, 쉘 실버스타인(Shel Silverstein)의 『아낌없이 주는 나무(The Giving Tree)』, 폴 플라이쉬만(Paul Fleischman)의 『작은 씨앗을 심는 사람들(Seedfolks)』 등을 중심으로 하여 봉사·희생·사랑으로 아로새겨진 삶의 실상을 체험해야 한다. 그리고 나서 다른 책을 접하는 것이 중요하다.

독서의 목표는 인류사 가운데서 가르쳐야 한다. 위에서 제시한 6대 난제는 너와 나의 문제가 아니라 우리의 문제이다. 이 문제들이 우리의 운명을 위협하는 문제들을 인식하도록 교육해야 한다. 우리는 그 문제를 자신들의 문제로 수용하는 데서 시작한다. 인류의 문제를 자신의 문제로 받아들이게 하려면 우리 교육의 패러다임이 하나의 인류공동체적 관점에서 재편성되어야 한다. 이미 유럽은 유럽 역사를 공통교과서로 만들었다. 우리는 세계사를 통해 인류에 접하지만 이제

인류사가 우리 가운데서 가르쳐져야 한다.

민족주의가 인류의 중심 사상이었던 때가 있었다. 모든 민족들이 자기 민족의 우월성과 생존만을 주장하면서 전 세계가 전쟁의 도가니로 빠졌던 때를 우리는 기억한다. 물론 밑바닥에 자본주의라는 암적 존재가 인간의 이기심을 자극하였다. 이제 정보화시대로 인해 민족이라는 틀이 인류라는 틀을 대체할 수 없음을 알게 되었다. 오래지 않아 인류를 중심으로 교육과정이 재편될 때가 올 것이다. 만약 이러한 마음을 다음 세대들에게 갖게 하지 않는 이상 인류는 언제까지나 자신에 대한 편견과 자아에 대한 오만에 빠져 살게 될 것이다. 우리 모두가 인류에 대한 문제를 중심으로 함께 비전을 품는다면 정말 가까운 날에 우리는 함께 더불어 사는 세상을 볼 수 있지 않을까?

4) 다산형 리더십-통섭형 인재

우리는 좋은 세상, 모든 사람들이 꿈꾸는 평화의 세상을 해치는 문제들과 그 원인 그리고 그 가능성을 어느 정도 찾은 셈이 아닐까? 환경오염, 전쟁, 기근, 종교 갈등, 빈부 격차 등의 문제들은 인간의 불완전성, 지식과 과학 기술의 발달을 통해서 인간의 삶이 행복해지는 이상적인 사회의 도래를 꿈꾸는 데서 생긴 문제이다.

인류가 당면한 문제들은 사람들이 어릴 때부터 어떻게 교육을 받느냐에 따라 나타날 수도 있고 그렇지 않을 수도 있다는 말이다. 물론 이미 나타난 문제들은 어쩔 수 없고 그동안 과거로 인해 우리의 집단의식 속에 묻힌 문제들을 하루아침에 처리할 수는 없다. 그렇다면 이

정약용은 불과 열 살 때 첫 책을 쓴다.

러한 문제를 해결할 수 있는 미래의 인재상은 어떤 인재상일까?

21세기형 인재가 지녀야 할 요건을 한마디로 요약하자면 다산(茶山)형 인재상에서 그 가능성을 찾아볼 수 있다. 흔히들 다산을 목민심서, 경세유표, 흠흠신서 등 주옥 같은 책을 저술한 학자이며, 조선 후기의 실학사상을 완성한 문과(文科)적 인물로 알고 있다. 그러나 다산이 더욱 위대한 이유는 후대에 길이 영향을 미친 문과(文科)적 능력이 뛰어난 인물이었을 뿐 아니라 한강에 배다리(주교 · 舟橋, 부교 · 浮橋) 건설, 수원 화성(華城) 설계, 거중기 발명, 의학서 저술(麻科會通) 등의 업적을 남긴 위대한 과학자였기 때문이다. 즉 다산은 철학, 윤리, 과학, 의학, 문학, 음악, 서화 등 모든 부분에서 높은 수준의 식견을 지닌 균형 잡힌, 현대 말로 통섭형 지성인이었던 것이다.

목민심서에 실려 있는 글을 읽다 보면 그의 중심 사상을 엿볼 수 있다. 그가 유배지에서 저술한 500여 권의 저술들은 정약용이 추구했던 사상과 꿈꾸었던 나라, 이상적인 나라에 대한 동경이 배어 있다. 유배지에서 오로지 글을 쓰는 데에 전념하며 현실을 부정하기보다는 문제 해결을 위한 방법을 목민심서를 통하여 제시하고 있다. 목민심서는 그렇게 마음의 글로써 목민관뿐만이 아닌 오로지 애민(愛民)사상에 근거한 것이다. 다산 정약용의 마음속에는 온통 백성을 위한 나라, 백성들이 모두 잘사는 나라를 꿈꾸는 마음뿐이었다.

요컨대 다산형 인재란, 사람과 사회를 이해하는 문과적 재능과 자연을 알고 응용할 수 있는 이과적 재능을 겸비한 통섭형 인간을 일컫는다. 이렇듯 한국 지성사의 최고봉이라 불리는 다산과 같은 다산형 인재가 바로 21세기에 필요한 인재이다.

인문계에 진출해 있는 사람들이라도 컴퓨터를 비롯한 첨단 과학 기술에 관심을 갖고 꾸준히 공부해야 하며, 이공계에 진출한 사람들도 과학 기술 이외의 법률, 행정 등 다양한 분야에 대한 지식도 충분히 갖추도록 노력해야 한다는 것이다. 이보다 먼저 갖추어야 할 덕목은 말할 것도 없이 인간애이다. 따라서 인류를 향해 시대적 사명을 다하기 위해서는 어느 한 부분에 편중되지 않고 균형 잡힌 지식을 습득하기 위해 정진해야 할 것이다.

(1) 우선 넓게 파라

프리고진(Ilya Prigogine)이라는 노벨상 수상자가 오래전에 서울대학교에 와서 "이제 그만 쪼개서 보고, 전체를 보자. 나무만 보지 말고 숲 전체를 보고 그 변화를 보자. 세월 따라 변하는 모습, 계절 따라 변하는 색깔, 이런 것들을 모두 볼 줄 알아야 한다. 하나만 파고들어서 되겠느냐."라고 했다. 이 말은 문제들을 해결하기 위해서는 이제 세상을 복잡계라는 시각에서 바라보라는 것이다. 우리가 직면한 문제들은 서로 얽혀 있다. 단순하지가 않다. 이것은 복잡계의 변동, 역동적인 내면성을 포착하지 않으면 해결할 수 없다는 의미이다.

18세기 프랑스 계몽주의자 달랑베르(Jean Le Rond d'Alembert)는 학문을 분류하면서 인간의 이해에는 기억의 축, 상상의 축, 이성의 축이라는 세 가지 축이 있다고 했다. 기억의 축을 대표하는 학문이 역사(歷史)이고, 이성의 축을 대표하는 학문이 철학(哲學)이라면, 상상의 축을 대표하는 학문이 바로 시학(詩學)이다. 다시 말해서 창조적인 상상력을 말할 때 가장 기본이 되는 것이 시, 소설, 디자인, 음악과 같은 것들이다. 이는 동양에서 말하는 문사철(文史哲), 문학, 사학, 철학 독서 사상과 들어맞는다.

21세기는 관계 기술이 중요하다. RT(Relations Technology)는 관계기술이다. 다시 말하면 풍부한 상상력과 뛰어난 심미안, 그리고 지혜를 바탕으로 전체를 아우르는 총괄조정자를 일컫는 디지그노(designo)형 인재가 필요하다. 디지그노 인재는 분산된 것을 융합해서 더 큰 부가가치, 더 역동적인 힘을 끌어내어 아름답게 꾸미는 지혜와 심미안(審美眼)을 의미하는 통섭형 인재로도 불릴 수 있다.[21]

여기에서 말하는 통섭(統攝)이란 지식의 대통합을 의미한다. 통섭이라는 단어는 생소한 말이었지만 진화생물학자 에드워드 윌슨(Edward Wilson)의 1988년 저서 『통섭, 지식의 대통합(Consilience : the unity of knowledge)』을 통해 확산되기 시작했다. 윌슨이 사용한 '통섭(Consilience)'의 의미는 인문학이 자연 과학에 흡수되는 통합을 의미하

는 것이다.[22]

철학자 화이트헤드(Alfred North Whitehead)는 그의 저서 『교육의 목적(*The Aims of Education and Other Essays*)』에서 '단지 박식함에 그치는 인간은 이 지상에서 가장 쓸모없는 인간'이라 일축한다. 교육에 있어 이론의 주입보다는 이론을 발판으로 실천할 줄 아는 인재의 양성을 강조했다. 그가 강조하는 교육받은 인간은 관점을 반성적으로 음미할 줄 알고 이를 구체적 상황에서 응용할 수 있으며, 생활과 경험의 많은 영역에서 서로 연관시켜 볼 줄 아는 인간을 말하고 있다.[23] 이는 아리스토텔레스(Aristoteles)가 『니코마코스 윤리학(*Ethica Nicomachea*)』에서 말하는 실천적 지성과 일치한다.

많은 사람들이 생각하는 교육의 목적은 학생의 지적 수준을 높이는 것이고, 그렇게 해서 전문적인 직업에 종사하게 하는 것이라고 생각한다. 물론 전문적인 지적 능력을 갖춘 엘리트를 양성하는 것이 공동체의 발전에 큰 도움이 되는 것은 부인할 수 없다. 그러나 우리가 여기서 반드시 명심해야 할 것은 전문적인 엘리트들에 의해서 공동체가 발전하는 것이 아니라는 것이다. 엘리트들 이전에 공동체가 먼저 존재한다. 인간이 환경에 영향을 주고 자신의 문화를 만들어내는 것은 공동체에 의한 것이지 전문화된 개개인의 힘에 의한 것이 아니다.

또한 전문적인 능력이란 것도 한 개인의 탁월함에서 나오지 않는다. 왜냐하면 전문적인 능력은 전문적인 직업집단의 문화와 연구에 의해서 이루어질 뿐만 아니라 그것이 사회 공동체로부터 이해되고 뒷받침될 수 있을 때 비로소 전문성은 인정될 수 있기 때문이다. 따라서, 교육이란 전문적인 지적 능력을 갖춘 개인이 아니라 협력하는 능력을 갖춘 구성원들을 양성하는 것이 목적이어야 한다. 협력하는 능력은 디지그노 사고에서 시작된다.

(2) 정상에서 바라보라

학문이란 무엇인가? 진리를 탐구하는 것이 학문이라고 통상적으로 말할 수 있지만 결국은 '나는 누구인가?'를 설명하는 체계이다. 문학을 통해서나 물리학이나 생물학 또는 자연 과학을 통해서도 인간 전체를 설명할 수가 없다. 요즈음 심리학이 각광을 받고 있는 이유도 다른 학문으로 인간을 다 설명할 수 없는 부분을 심리학이 감당하고 있기 때문이다. 이렇게 학문의 한 분야로는 '인간은 어떤 존재인가?'를 설명할 수가 없다. 그래서 '인간'이라는 존재를 보려면 전체로 통합적으로 바라볼 수 있어야 한다. 즉 높은 의식 수준이 필요하다.

인간을 통합적으로 보기 위해서는 정상에서 볼 수 있어야 한다. 산 중턱에서는 산 전체가 보이지 않는다. 산 정상에 올라가면 360도 시야가 확 트이며 세상이 한눈에 보이듯이, 주인의 마음으로 세상을 바라보면 내 것도, 내 것이 아닌 것도 없다. 나는 세상의 일부이며, 세상과 나는 하나이다.

몸 전체가 심장 소유가 아니라고 해서 심장이 불평불만을 늘어놓으며 제 역할을 다하지 않는다면 몸은 어떻게 되겠는가? 그렇게 해서 몸이 건강을 잃으면 결국에는 심장인들 온전할 수 있겠는가? 몸 전체가 심장의 것은 아니지만, 몸과 심장은 하나로 연결되어 있는 것이다.

심장이 기능을 잘 해주어 몸 전체가 건강해지면 그 결과가 다시 심장에게 돌아오고, 심장이 제 역할을 하지 못해 몸 전체가 건강을 잃으면 그 결과도 마찬가지로 심장에게 돌아오는 것이다.

전체완성을 통한 개인완성의 원리를 알고 전체를 바라보는 의식에 있으면, 그 사람이 곧 진정한 전체의 주인이 되는 것이다. 내가 곧 주인이므로, 내가 만나는 모든 것이 내가 책임져야 할 일이고 내가 해야 할 일이라는 것이다.

왜 우리는 넓게 파고, 정상에 올라가야 하는가? 피터 드러커(Peter Ferdinand Drucker)는 이렇게 말했다. "배가 순항할 때는 선장의 역할이 없다. 그러나 좌초하고 풍랑을 맞고 파선할 때는 누군가 하선 명령을 내려야 하지 않겠는가?" 그러니까 위기 상황이 아닌 태평성대 시대 때에는 태상부지유지(太上不知有之), 임금은 있는 듯 없는 듯, 아랫사람들이 잘 모르는 게 제일 좋은 것이다. 그럼에도 불구하고 임금은 열심히 노력하고, 융합의 관점에서 많은 것을 알고, 특히 비전을 제시해야 하기에 과학 기술이 얼마나 발달하고 세상이 어떻게 변하는지 잘 알고 있어야 한다. 그래야 장애물을 만났을 때 문제를 해결할 수 있기 때문이다.

특히, 위정자들이 국민에게 희망을 주고 꿈을 주려면 미래사회가 어떻게 달라질지 알아야하지 않겠는가? 과학 기술의 진보에 대한 지식은 물론이고, 사회 전체를 아름답게 꾸며가야 하니까 디지그노를 알아야 하고, 인(仁)을 알아야 하고, 이웃을 사랑할 줄 알아야 한다. 따뜻한 가슴이 없는 냉혈적인 사람이 우리의 지도자가 된다고 생각해 보라. 얼마나 끔찍한 일인가? 사랑할 줄 알아야 지도자이지, 아는 것이 많은 것만으로 지도자가 될 수는 없다.

(3) 미래의 트렌드를 읽어라

조벽 교수는 글로벌시대가 요구하는 인재의 특성을 전문성, 창의성, 인성을 우리 고유의 가치관인 '삼재천지인(三才天地人)'으로 풀이한다.[24] 전문성이란 땅(地)같이 단단한 전문적 기반을 뜻하고, 창의성이란 하늘(天)같이 활짝 열린 사고력을 뜻하며, 인성이란 남과 함께 더불어 사는(人) 능력으로 본다. 조벽 교수가 말하는 창의력은 어디에서 나오는가? 바로 미래형 리더십의 트랜드인 통섭형 리더십에서 발현한다.

과거 대량생산체제가 산업 화두였을 때는 제너럴리스트(generalist)가 요구되었다. 그 후 기술발달로 제품이 다양해지며 다품종 소량 생산시대가 열리자 스페셜리스트(specialist) 전성기가 도래했다. 1990년대부터는 해당 분야에 대한 전문성 및 전반적인 지식과 균형 감각을 갖춘 T자형 인재가 중용되었다. 한때 카이젠(改善)이니 칸반(看板)이니 하는 도요타시스템이 세계적인 경영의 성공사례로 관심사를 끌 때가 있었다. 도요타시스템 중에서 칸반은 JIT(Just in Time)이라는 적시생산 시스템으로 발전했다.

카이젠은 도요타식 인사개혁의 상징이라 할 수 있는 'T자형 인재'라는 개념을 만들어냈다. T자의 세로선은 한 분야에서의 전문 지식 또는 능력을 의미하며, 가로선은 자신이 맡은 분야의 전후 공정에 대한 지식 또는 통상 업무를 운영할 수 있는 능력을 뜻하는 것이다. 한 분야에서의 전문지식이나 능력만 가지고는 전문가는 될 수 있어도 공정에 대한 지식이나 업무운영능력을 가지고 있지 못하다면 프로가 되지 못한다는 의미에서 전문가 이상의 전문가인 프로라고 정의하고 그것을 지향하도록 한 것이 도요타식 인사개혁의 요체였다.

지금 도요타가 심각한 위기에 처한 것은 사실이지만 T자형 인재상 자체가 문제가 되지는 않을 것이다. 아니, 오히려 전문성과 함께 다른 분야에 대한 커뮤니케이션 능력을 가진 'A자형 인재'를 강조하는 안철수 교수와 같은 철학과 사고는 더욱 강조되고 있는 것을 알 수 있다.

이건희 삼성그룹 회장도 자신의 분야에만 능통한 '독수공방형' 인재보다는 다양한 분야의 지식과 경영 마인드를 가진 T자형 인재를 선호하고 있는 것으로 알려져 있고, 아시아인 최초로 아이비리그 총장 자리에 오른 미국 다트머스대학교 김용 총장 역시 한국이 노벨과학상 수상자를 배출하지 못하고 있는 것과 관련, "대학이 인문학과 교양학을 통해 학생들에게 다양한 지식과 경험을 제공하지 못하고 있기 때문"이라고 지적하는 등 비슷한 입장을 보이고 있다.

이러한 흐름은 최근 수년간 강조되고 있는 이른바 '통섭학'의 흐름과 그로부터 도출되고 있는 퓨전형 인재상과도 일맥상통한다. 의학박사이자 컴퓨터 바이러스 백신 기업 안철수 연구소의 창업자, 그리고 지금은 서울대에서 교수로서 후학 양성에 힘쓰고 있는 안철수 교수야말로 그 자신이 통섭학이 말하는 퓨전형 인간이며, T자형 인재가 지향하는 '전문가 이상의 전문가'이며, 스스로 말하고 있는 'A자형 인재'

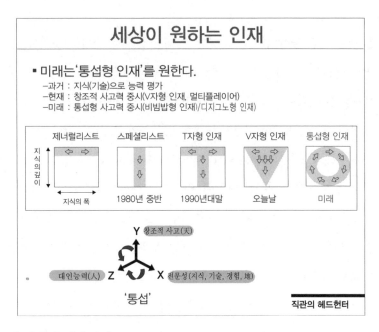

가 아닐까 생각된다.

지금은 박지성 선수처럼 멀티플레이어가 요구된다. 이를 V자형 인재 혹은 창의적 인재로 부른다. 창의적인 생각으로 복수의 전문성을 발휘하면서도 전체적인 균형 감각을 잃지 않는 인재를 말한다.

그리고 미래는 한걸음 더 나아가 통섭형 인재를 원할 것이다. 인문학과 자연 과학의 결합뿐 아니라 모든 지식과 경험이 서로 통합되면서 상승작용을 일으키는 인재가 주목받게 된다. 통섭형 인재는 온갖 재료를 창의적으로 버물려서 만들 수 있는 비빔밥 같은 인재, O자형 인재를 말한다. 하지만 O자형 인재는 맛있는 비빔밥이 나올 수도 있고 재료만 낭비하고 맛없는 비빔밥도 나올 수 있다는 위험성도 존재한다. 마찬가지로 위력적인 역할로 기업과 사회에 기여하는 통섭형 인재가 나올 수도 있지만, 에너지만 과다하게 소모하는 통섭형 인재도 예상된다. 머지않아 멀티플레이어가 한 단계 업그레이드된 통섭형 인재가 요구된다고 할 것이다. 시대의 변화를 직관적으로 통찰해 본다면 새로운 트렌드를 인식할 수 있다. 통섭형 인재가 되려면 새로운 지식을 끊임없이 빨아들이는 인문학과 사회과학, 그리고 자연 과학을 아우르는 통섭형 독서학습 능력이 요구된다.

(4) 우리의 모델은 다산이다

요즘 이공계 기피 현상이 이공계만의 문제가 아닌 나라 전체의 문제로 부각되고 있다. 카이스트는 이러한 이공계 기피 현상을 탈출하기 위해 학생들에게 다양한 커리어를 개발해 주려는 노력을 하고 있다. 다산형 인재를 기르기 위해 과학적 지식 이외의 법률, 행정, 기업가 정신 등을 고양할 수 있는 수업 및 제도를 마련하려고 한다. 이러한 제도 하에서 학생 개개인의 가치를 향상 시킬 수 있도록 돕고자 하는 것이다. 다방면의 균형 잡힌 지식을 습득한 사람의 가치는 매우 높아질 것이다.

미래 사회에는 어떤 리더가 필요한가? 창의력 전문성이 중요하다. 하지만 우선, 자신을 안다는 게 가장 중요하다. 모든 것은 자신에게서 시작되기 때문이다. 다산은 "성현의 가르침에는 원래 두 가지 길이 있으니, 하나는 사도(司徒)를 두어서 만백성을 가르치고 수신하게 하는 것이며, 다른 하나는 대학에서 국자(國子)를 가르치고 각기 수신하여 백성을 다스리도록 하는 것"이라 했다. 따라서 군자의 학문이란 반은 수신하는 것이고 반은 목민하는 것이다. 전문성도 목민하는 마음이 없다면 오히려 해가 될 수 있다. 미국의 존 F. 케네디 대통령(John F. Kennedy)도 연설에서 "국가가 너희에게 해줄 것을 묻지 말고, 너희가 국가를 위해 무엇을 할 것인지 물으라."고 했다. 국민에게 주권이 있는 것은 분명하지만, 그렇다고 해서 권한만 있는 것이 아니라 의무와 책임도 있다는 것이다. 남에게 요구하고 기대하는 것도 좋지만, 내가 누구인지, 무엇을 할 수 있는지를 알아야 남을 이해하고 설득할 수 있다. 지식이 쌓인다고 해서 훌륭한 일을 할 수 있는 것이 아니다. 몸소 실천하고 남의 경험을 얻어서 깨우쳐서 사회와 미래 세대에게 대안을 제시하는 리더가 필요하다. 미래 세대는 이러한 다산형 인재상을 기다리고 있다.

(5) 세 가지 유형의 인재상

훌륭한 인재를 양성하기 위해 먼저 인재들을 분류해 보자. 분류는 기준에 따라 여러 가지가 있을 수 있으나 인재들의 '영향력'과 '역할'이라는 기준에 맞추어 사상가적 인재, 지도자적 인재, 전문가적 인재로 나누어 볼 수 있다.

인류사에 가장 영향이 큰 인재는 역시 '사상가적 인재'이다. 새로운 시대를 열어 주는 위대한 사상가는 이전 시대에서 넘겨받은 세계관의 한계를 깨뜨리고 다음 시대를 위해 새로운 세계관을 제시한다. 데카르트가 "나는 생각한다. 고로 존재한다."라고 인간의 주체성에 대해서 말했다면, 정약용은 "하늘이 인간에게 주체적 결정권으로서의 자유의지를 부여하였다."라고 말하였다. 인간은 자유의지에 따라 선을 행할 수도, 악을 행할 수도 있다는 것이다.

인간이 주체적 결단을 할 수 있다는 이러한 사상은 인간의 윤리성, 책임감을 강조하는 것이다. 결국 인간의 자유의지라는 사상적 혁신성과 독창성은 그의 창조적 사유에서 나온 것이고, 이것이 새로운 시대를 열어가는 밑거름이 되어 정약용은 인간의 자율성과 도덕성에 대한 신뢰를 바탕으로, 온 나라 사람들이 평등하고 행복하게 되는 이상적인 사회 질서를 꿈꾸었다. 사회 내의 갈등이 심화되고 있는 오늘날, 인간과 인간의 사랑, 그리고 개인의 책임감으로 완성되는 사회를 꿈꾼 그의 사상은 새롭게 음미될 필요가 있다.

두 번째는 '지도자적 인재'이다. '지도자적 인재'는 행동하는 사람이자 한 가지를 위해서 순교하는 사람들이다. 정치가, 운동가, 사회봉사가 등이 여기에 속한다. 이들은 많이 움직여야 하기 때문에 학자나 사상가의 도움을 받아 그것을 실현하는 사람들이다. 국내적으로 현직 정치가, 역사에 남을 수 있는 정치가를 비롯하여 종교계 지도자, 사회운동권의 지도자들이 있고, 역사적인 지도자들도 대체로 정치, 종교, 사회를 중심으로 구성된다. 요즈음 추구하는 글로벌 인재는 인류의 번영과 국가·사회에 봉사할 지도자적 인재이다. 진리와 봉사정신을 이해하며, 10대 청소년부터 자신의 재능을 일찍 발견하고 대학 입학 후 이를 키워 나가 사회, 국가, 인류에 기여할 준비가 되어 있는 인재다.

대체로 '사상가적 인재'는 우리 교육환경에서 양성하기가 어려웠다. 하지만 지도자적 인재는 나라의 미래를 위해서 왕자들을 가르치기도 했고, 국가의 중대사를 맡기기 위해서 필요한 기관들을 세워서 지도자를 키우기도 했다. 중세의 대학, 오늘날 프랑스의 그랑제꼴[25], 조선시대의 성균관, 독서당은 국가를 이끌어 갈 지도자적 인재를 양성하는 기관이었다. 예전에는 도제 교육, 혹은 지도자의 임명을 통해서 지도자적 인재가 길러졌지만, 오늘날은 모든 사람들에게 그 길이 열려져 있다. 즉 지도자의 특성을 갖춘 사람들이 국민들의 지지를 받아 세워지는 형식이다. 아마 이 두 가지 제도는 잘 병합되어 사용되어야 할 것이다.

세 번째로 '전문가적 인재'이다. 학자나 전문가는 한 분야에 뛰어들어 깊이 있는 연구를 하는 사람들이다. 전문가적 인재는 깊이 있는 지식을 추구한다. 경영학의 대가인 피터 드러커 교수(Peter Ferdinand Drucker, 1909~2005)는 3년 정도를 주기로 관심이 있는 특정 분야를 집중적으로 연구한다고 한다.

최근 삼성전자가 우수 인력 확보와 연구 개발에 투자한 결과 연구 인력이 3만을 넘어섰다. 거기에 박사급 인력이 3천 명이다. 삼성 전체 직원이 8만 3천 명인데 그중 37%, 즉 10명 중 4명이 연구 인력이다. 세계에서 삼성의 입지가 높아진 이유를 찾는다면 여러 요인이 있겠지만 그중에서 전문가 인력의 확보는 매우 중요한 근거가 될 것이다. 한 집단에 소속된 고급 인력, 우수한 인재의 숫자가 그 집단의 능력이 된다.

우선 사상가적 인재는 인문학을 그 학문적 대상으로 한다. 인문학은 삶의 나침반이요 등대이다. 다양한 상황의 항로에서 인문학이라는 나침반과 등대 없이 바른 인생을 제시할 수 없다. 지도자적 인재는 사회학을 그 학문적 대상으로 한다. 인간 사회를 어떻게 이해할 것인가와 어떻게 살아야 할 것인가를 실천의 차원에서 냉철한 머리와 뜨거운 가슴으로 추구하는 것이다. 전문가적 인재는 자연 과학을 그 학문적 대상으로 한다. 자연 과학은 수학적 연역과 실험을 통해 자연의 여러 가지 현상을 연구하는 학문이다. 이를 일반적으로 과학이라고도 한다. 자연 과학이라고 하는 것은 한마디로 '삶의 틀'을 바탕으로 하여 물질세계에 대한 새로운 정보들을 담아내는 '앎의 체계'라 할 수 있다.

한 시인은 그 당시의 세태를 빗대어 시를 썼다. 이 시는 물질적 가치에 예속된 현대인의 삶과 참다운 삶을 찾기 위해 노력하는 자세를 노래하고 있다. 작품에서 보이는 부정적인 세계와 그 속에 살면서 그 세계를 냉정하게 바라보는 태도 사이의 기묘한 마찰에서 시적 효과를 보이고 있다. 이것은 우울한 풍자로 나타난다. 시인은 현대에서 아무런 힘도 갖지 못한 것을 풍자하지만, 그 우울의 힘은 삶과 역사와 시인 자신에 대해 반성하게 한다.

묘비명(墓碑銘)

김광균

한 줄의 시는커녕
단 한 권의 소설도 읽은 바 없이
그는 한평생을 행복하게 살며
많은 돈을 벌었고
높은 자리에 올라
이처럼 훌륭한 비석(碑石)을 남겼다.

그리고 어느 유명한 문인이
그를 기리는 묘비명을 여기에 썼다.
비록 이 세상이 잿더미가 된다 해도
불의 뜨거움 꿋꿋이 견디며
이 묘비는 살아남아
귀중한 사료(史料)가 될 것이니
역사는 도대체 무엇을 기록하며
시인은 어디에 무덤을 남길 것이냐.

[미주]

1) 누가복음 17:20-23

2) 토머스 모어의 유토피아는 '어느 곳에도 없는 곳'이라는 뜻처럼, 인간이 추구해야 되는 이상적인 국가로서가 아니라 반어적 의미로서 조롱하기 위해서 유토피아를 구상했다고 주장하는 비평가들도 다수 존재하는 모양이다. 그런데 이 책의 원 번역자인 폴 터너는 이 책이 집필되었던 16세기 초반의 영국이 어떤 나라였는지 기억할 필요가 있다고 서문에서 강조한다. 그 당시 영국은 수많은 사람이 굶어 죽고 단지 음식을 훔쳤다는 죄목으로 교수형에 처해지고 있던 상황이었다는 것이다. 따라서 토머스 모어는 그러한 터무니없는 사회의 부정의를 타파하기 위해서는 일정한 수준에서의 개인에 대한 자유의 제한이 필요하고, 인간에 대한 최소한의 기본적인 복지가 구현될 수 있는 공산주의와 닮아 있는 사회를 유토피아로 기술했다는 것이다.

3) 간디 묘소의 비문에는 간디의 어록이 새겨져 있는데 간디가 평소에 말했던 7대 사회악이 새겨져 있다. ① 원칙이 없는 정치(politics without principle) - 원칙과 철학이 없으면 정치가 타락하고 이어 부패한 정치인이 나타나는 것이라고 설명했다. ② 도덕이 없는 상업(commerce without morality) - 이윤 추구가 목적인 상업이지만 원칙은 반드시 존재한다고 했다. 사람들이 배고픔으로 죽어 가도 더 비싼 값을 받기 위해 식량을 방출하지 않는 부도덕한 기업과 이윤만 추구하고 사회에 그 이익을 환원하지 않는 기업이 바로 큰 사회악이라며 최근 강조되는 기업의 사회적 책임을 이미 강조했다. ③ 인격이 없는 교육(education without personality) - 인격 향상을 위한 지식에 목적을 둬야 할 교육이 대학입시 등의 특성 없는 지식을 전달하는 교육으로 전락해서 교권이 무너지고, 그로 인해 남을 배려할 줄 모르는 이기주의자들의 양산은 결국 사회를 병들게 하는 매우 중요한 요소라고 언급했다. ④ 인간성 없는 과학(science without humanity) - 과학은 인류의 보다 나은 미래를 위해 존재해야 하는데 오히려 과학이 인류에게 해를 끼치는 방향으로 발전하면 큰 죄악이 아닐 수 없다고 하며 과학의 올바른 사용법에 대해 강조했다. 인간에 대한 애정 없는 과학은 인류를 결국 파멸로 몰고 갈 것이라고 우려했다. 그래서 과학자들은 생명에 대한 엄격한 윤리가 강조되고 과학자들은 자신의 일이 인류를 위해 정말 이로운 것인지 수시로 되물으라고 했다. ⑤ 노동이 없는 부(property without labor) - 자신의 노동으로 얻은 부만이 신성하고 값진 것이라고 역설했다. 열심히 일하고 노력하는 자가 잘사는 사회야말로 가장 이상적인 사회며, 합리적이지 못한 불로소득을 얻고자 하는 자들에 의해 사

회가 타락하고 이들은 사회악의 원인 제공자라고 꼬집었다. ⑥ 양심이 없는 쾌락(pleasure without conscience) - 가치관의 상실로 인한 부도덕한 쾌락을 뜻하며 윤리와 도덕이 땅에 떨어진 사회는 미래가 없다고 했다. 자기 절제를 통한 도덕적 인격을 쌓아야만 그 사회는 희망으로 갈 수 있다고 제시했다. 술, 담배, 이성 관계, 놀이문화, 사이트, 게임놀이 투기, 놀음, 각종 놀이문화 등등에서 인간의 존엄과 법이 존중되는 나름대로의 위계 법질서, 특히 도덕적 양심의 질서가 무너지고 있다. 쾌락도 어느 정도의 위계질서가 유지되지 않으면 나라는 쾌락으로 망할 것이다. ⑦ 희생이 없는 신앙(worship without sacrifice) - 종교는 많은 이들의 이익과 행복을 위해 존재해야 한다고 했다. 그런데 종교가 본래의 역할을 망각하고 오히려 만인 위에 군림하거나 종교를 위해 인류의 행복을 빼앗아 간다면 종교의 존재 이유는 상실된 것이라 했다.

4) 제임스 하워드 쿤슬러는 『장기 비상시대-석유 없는 세상, 그리고 우리 세대에 닥칠 여러 위기들』에서 미래의 위기 상황을 사우디아라비아 속담을 들어 한마디로 정의하고 있다. "내 아버지는 낙타를 탔고, 나는 롤스로이스를 타고, 내 아들은 제트기를 타고, 아들의 아들은 낙타를 탈 것이다." 또한 그는 대체 연료들 또는 대체 에너지들은 어떤 식의 조합으로도 지금 우리가 석유 체제 하에서 익숙해져 온 방식의 일상생활을 유지해 줄 수 없다고 근거를 들어 경고한다. 기존에 알려진 석유의 대체물 중에는 천연가스와 석탄, 타르샌드(역청모래), 혈암유, 에탄올, 핵분열, 태양광, 풍력, 조력, 메탄하이드레이트가 있지만 그것들이 지금 우리가 공급받는 석유의 고갈을 메워 주진 못할 것이다. 화석 연료가 아닌 에너지원은 모두가 그 기반이 되는 화석 연료 경제에 일정 부분 의존하고 있다고 주장한다.

5) 레이첼 카슨, 『침묵의 봄』, 1940년대 미 농무부는 불개미 등의 해충을 없애려 DDT를 대량 살포했다. 그러나 해충들은 점차 내성이 생겨 오히려 끈질기게 살아남았고 애먼 새들이 죽었다. 나무에 살충제를 뿌리면 그것이 묻은 나뭇잎을 다른 벌레들이 먹고, 그 벌레를 새들이 먹고, 그 새가 병들거나 죽는 것이다. 또한 살충제는 흙에 스며들고 강이나 바다에도 흘러들어가 먹이사슬을 통해 결국 생태계 전체를 파괴한다. 레이첼 카슨은 방대한 자료 수집과 인터뷰, 치밀한 분석과 연구를 통해 이를 고발했다. 농무부와 살충제 제조기업 간에 긴밀한 관계가 있다는 것을 그녀는 몰랐다. 대중도 몰랐다. 독립적인 연구를 하는 줄 알았던 과학자들이 살충제 기업에 고용된 연구원들이고 그 기업 출신 정부 관료들이 그들과 손잡고 있다는 것을. DDT 제조사들은 출판사와 카슨을 고소하겠다고 협박했다. 그 회사들에서 연구 보조금을 받은 대학의 학자들도 '입 닥쳐라, 카슨 양' 운운하는 과격한 글들을 발표했다. 심지어 농무부 장관은 대통령에게 카슨이 서구 자본주의를 파멸시키려는 공산주의자인 것 같다는 편지를 보내 빨갱이 음모

론을 내세우기도 했다.

6) 라파엘 젤리히만(Rafael Seligmann)이 지은 『독일인의 애국(愛國)이 독재자를 낳았다』는 엽서 그림을 그려 생계를 유지하던 오스트리아 출신의 화가 지망생 히틀러에게 전(全) 독일이 열광한 이유를 분석한 책이다. 저자는 히틀러가 제1차 세계대전 패배 후 의욕 상실과 무기력증에 빠져 있던 독일 국민들에게 그들이 겪고 있는 고통의 책임을 떠넘길 속죄양을 구체화해 주었기 때문에 맹목적인 지지를 얻을 수 있었다고 설명한다. 히틀러가 제시한 고통의 원흉은 제1차 세계대전의 모든 책임을 독일에 전가한 베르사유조약 그리고 유대인이었다. 히틀러는 "열등한 유대 민족이 혁명과 항복을 사주했으며 나라까지 착취하려 든다."면서 "독일 국민들은 유대인과 그들을 돕는 자들을 제거한 후에야 고통에서 해방될 수 있다"고 주장했다.

7) 조세희, 『난장이가 쏘아올린 작은 공』(서울: 이성과 힘, 2000). 가난에 대해서는 1970년대 우리 인문주의와 심미적 이성의 한 절정을 보여 준 한국문학의 대표작품에 나오는 말이다.

8) 소수의 거대한 금융 자본이 한 나라의 경제와 정치를 지배하는 일. 마르크스 경제학에서 제국주의 단계의 자본주의에서 반드시 나타나는 현상의 하나로 보았다.

9) 몽테스키외(Baron de La Brède et de Montesquieu)는 『법의 정신(King of Thevagabond)』에서 "심한 더위는 사람의 힘과 용기를 위축시키고, 추운 풍토는 사람에게 어렵고 위대하고 대담한 행동을 가능케 하는 육체적, 정신적 힘을 길러 준다.'고 역설하였다.

10) 남미 출신 마리아노 그론도나(Mariano Grondona) 교수는 동아시아의 한국과 일본의 유교 문화도 개발에 긍정적인 것으로 보고 있다. 『문명의 충돌』의 저자인 사뮤엘 헌팅턴이 『문화가 중요하다』라는 책에 이 논문을 실어 그의 이론을 지지했다. 마리아노 그론도나 교수의 이론은 막스 베버(Max Weber)의 『프로테스탄티즘의 윤리와 자본주의 정신』의 내용을 발전시킨 것이다.

11) 최근 공산주의 · 힌두교 · 가톨릭 국가인 BRICS, 즉 브라질 · 러시아 · 인도 · 중국의 경제 개발은 그러기에 주목할 만한 사건이다.

12) 알베르토 망구엘(Alberto Manguel), 『독서의 역사(History of reading)』(서울: 세종서적, 2002), p.407.

13) 얌니아 회의(Council of Jamnia)는 기원후 90년경에 있었던 회의로 생각된다. 성경의 원류에 해당하는 유대인의 성경 타나크는 대략 BC 1500~400년대 사이에 오랜 세월을 거쳐 바벨론, 블레셋, 이집트 등의 지역에서 낱권들로 기록된 경전들을 모아 놓은 것으로서, 오랜 세월을 거쳐 한 권의 책으로 만들어졌는데, 본 얌니아 회의를 통해 현재의 분류가 확립되었다는 전승이 정설로 받아들여진다.

14) 지원용, 『말틴 루터』(서울: 컨콜디아사, 1991), p. 150.

15) 김정진은 그의 책 『독서불패』에서 세종 시대에는 역사서 · 유교서적 · 법률서 · 문학서 · 정치서 · 지리서 · 천문역학서 · 의학서 · 어학서 · 음악서 · 민속가요집 · 악보 등 모든 분야에 걸쳐 수많은 서적이 저술 · 편찬 · 간행되어 한국 출판 역사상 최고의 황금시대를 이룩하게 되었으며, 세종의 나라가 성공할 수 있었던 이유는 정보 공유에 있었다고 주장한다.

16) 장하준 교수는 『사다리 걷어차기』(서울: 부키, 2004)에서 지식을 독점한 결과 정보화 사회 역시 가난한 사람은 점점 더 가난해지고 부자는 점점 더 부유해지는, 빈익빈 부익부 현상이 발생하고 있다고 했다. 자본의 독점과 마찬가지로 정보의 독점 현상도 여전히 존재할 것이라는 것이다. 과연 지식과 관련해서 우리는 소유를 보호해야 하는 것일까? 아니면 나눔과 소통을 보호해야 하는 것일까? 지금의 자본주의 사회를 지배하는 것은 지식소통권이 아니라 지식소유권이다. 본래 지식이라는 것이 공동의 것일 수밖에 없다. 최근의 기술들이 더욱 그 공동의 나눔을 쉽게 만들어 주고 있는데, 언제까지 이것의 독점과 사유재산권 행사를 법적으로 강제해야 하나? 이것은 먼저 선점한 자들의 횡포이자 기득권이라 할 수 있다.

17) 전창환 외 편, 『미국식 자본주의와 사회민주적 대안』(서울: 당대, 2001), p. 102.

18) 이어령, 김성영, 임만호, 민영진, 서미원, "성서에 근거한 생명자본주의", (서울: 창조문예 제15권 제2호 통권169호, 2011), pp. 14-34. 이어령 교수가 주장하는 생명자본주의(Vita Capitalism)란 생명이 생산과 창조의 근간이 되는 자본주의다. 이제는 한계를 드러내고 있는 산업자본주의 · 금융자본주의에 전환점이 필요하다는 것이다. 지금까지의 자본주의가 삶의 수단을 얻기 위한 자본주의였다면 생명자본주의는 삶의 목적, 즉 행복을 얻기 위한 자본주의다.

19) Paul E. Kauffman, *Confucious, Mao and Christ*(Hong Kong: Asian Outreach Ltd,. 1975: 김영국 역), 공자 · 모택동 · 그리스도(서울: 생명의 말씀사, 1980), p. 177 참조.

20) EBS, 다큐멘터리 "일본군", 2002. 3. 1.

21) 고미숙, 문용린, 『인문학 콘서트1』(서울: 이숲, 2010), p. 81.

22) 최재천 · 주일우, 『지식의 통섭 학문의 경계를 넘다』(서울: 이음, 2007). 본래 휘웰(William Whewell, 1794-1866)이 만든 중요한 개념으로 '귀납적 과학철학(The Philosophy of the Inductive Sciences, 1840)'에서 나온다. 휘웰은 귀납법을 새로운 사상의 형성에 따라서 사실들을 함께 묶는 것으로 보았다; 귀납법이 합체가 되어서 함께 통일된, 단순한, 일관된 이론이 만들어지면, 우리는 귀납법의 통섭을 갖게 되는 것이고, 이런 발전에 있어서 신뢰할 만한 개념의 완전한 효력을 얻

는 것이다. 최재천 교수는 통합과 융합, 통섭의 차이점을 들며 통섭이란 단어를 설명하고 있는데, 통합이란, 물리적으로 이질적인 것들을 그냥 한데 묶어놓은 것이고, 융합은 하나 이상의 물질이 함께 녹아서 화학적으로 서로 합쳐지는 것, 그리고 통섭이란, 통합, 융합을 넘어서 뭔가 새로운 게 만들어지고, 번식하는 것을 말한다고 하였다. 간단하게 말해서 무언가를 합쳤는데 새로운 게 만들어지면 그 것이 통섭이라는 것이다. 그는 미래에 통섭된 학교가 나온다면, 인지과학대학, 융합공학대학, 우주과학대학, 예술미학대학, 인간정보과학대학, 생명과학대학 등 지금의 대학교와는 분류가 달라지게 될 것이라고 말한다.

23) 알프레드 노스 화이트헤드, 『교육의 목적』(서울: 궁리, 2004) 교육의 방법론과 목적성을 명확한 관점과 철학적인 시각으로 해설하는 교육학 개설서이다. 그는 "과학 기술, 종교와 예술은 삶의 토대다."라고 했다. 사실 그 네 가지 활동 영역들은 삶의 토대만이 아니라 인간 문명의 토대를 이룬다. 그런데 그 가운데 두 개, 즉 종교와 예술은 인문학의 영역이고 두 개는 크게 과학의 영역이다. 인문학영역들과 과학 기술의 영역들이 함께 문명의 토대를 이룬다면 그 토대들 사이에 접합 · 교섭 · 대화가 없을 수 없다. 종교 · 예술 · 과학 · 기술은 문명의 토대인 동시에 인간을 인간이게 하는 인간적 활동의 최고급 알갱이들이다. 종교는 철학 · 역사와 함께 대표적으로 성찰적 행위의 영역에, 예술 · 과학 · 기술은 창조적 행위의 영역에 속한다. 이렇게 보면 인간을 인간이게 하는 활동들은 '성찰과 창조'라는 두 축 위에 전개된다. 문명이란 인간이 이룩한 업적의 총체인데, 그 업적은 쉽게 말하면 성찰과 창조의 축 위에 서 있는 것이다. 이는 서로가 분리할 수 있는 영역이 아니다. 분류가 되어 있다고 해도 상호 연결되어 있다. 따라서 미래의 리더십은 접근하는 방식이 포괄적이어야 한다.

24) 조벽, 『조벽 교수의 인재혁명』(서울: 해냄출판사, 2010). 조벽 교수가 제시하는 글로벌 시대의 인재상은 '천지인'이다. 천은 하늘을 향해 활짝 열린 사고, 즉 창의력이며, 지는 창의력의 단단한 바탕이 되는 지식과 전문성, 인은 다른 이들과 더불어 살아갈 수 있는 능력, 즉 인성이다. 이 책은 교육이라는 이슈를 마치 옆에서 설명해 주듯이 쉽고 친절하게 소개한다. 또한 인재교육의 방향을 보다 구체적으로 보여 주기 위해 교육학 및 심리학, 뇌과학 등 다양한 분야의 최신 이론들을 풍부하게 제시하며, 저자가 세계 곳곳을 오가며 목격한 다양한 사례들을 소개했다.

25) 프랑스의 고유 학제로 일종의 대학이지만 졸업 후 석사학위가 나오는 특혜가 주어진다.

Part 2
책 읽기의 비전, 목표, 전략, 전술

뜬금없어 보이기는 하지만 이번에는 군대 용어 이야기를 꺼내보려고 한다. 군대를 갔다 온 사람들은 대부분 전략과 전술의 차이점을 알 것이다. 전략과 전술을 제대로 구분하지 못하는 지휘관은 자격이 없다는 이야기도 있다. 그런데 비즈니스 세계에서도 이 전략과 전술이라는 용어를 자주 사용한다. 특히 비전, 목표, 전략, 전술을 함께 이야기하는 경우가 많다. 보통 잘나가는 기업이라면 회사의 궁극적 비전이 있고, 비전을 달성하기 위한 연간 목표가 있으며, 그 목표를 달성하기 위한 제품을 새로 개발한다든지, 새로운 시장을 개발한다든지 하는 전략이 있을 수 있고, 그 전략을 수행하기 위한 최종적인 영업 현장에서 고객을 어떻게 다룰 것인지 등 전술을 수립한다.

헤르만 헤세(Hermann Hesse)는 "목적이 없는 책 읽기는 인생을 좀먹는 행위다."라고 말했다. 여행의 목적지가 둘이 될 수는 없다. 일단 여행하는 목적-가족과의 교제든, 학술탐방이든, 어떤 사업을 위한 것이든-이 만들어지면 그 목적을 위한 하나의 목표를 향해 떠나야 한다. 거기에 자신의 모든 것을 걸어야 한다. 책 읽기에 있어서 단 하나의 목적이 무엇인가? 그 목적이 생기면 그것은 당신의 모든 것을 걸고 승부를 걸어야 한다. 그것이 투쟁이어야 하며, 인생의 주제여야 한다. 책 읽기는 그 자체가 목적일 수 없다. 책 읽기는 어떤 목적을 위해 하는 것이며, 수단이며 과정이다. '목적'과 '과정'이 일치하지 않으면 안 된다는 사실이다. 목적과 과정이 일치하는 책 읽기 방법을 모른다면 책 읽기에서 가장 중요한 노른자를 빼먹는 것이다.

명작 독서법에서 책 읽기의 목적은 명품 인생을 사는 것이다. 그렇다면 독서의 목표는 명작을 읽는 것이다. 그러면 명작을 어떻게 읽을 것인가? 분야별로 읽을 것인가? 주제별로 읽을 것인가? 저자 중심으로 읽을 것인가? 1년에 50-100권을 읽겠다라든지, 아니면 10년 독서계획, 평생 독서계획을 세울 수 있을 것이다. 이러한 것들이 책 읽기의 전략이 될 수 있다.

그다음으로 책을 활용하는 방법론이 전술이 될 수 있다. 인생에서 우리가 배워야 할 가장 중요한 것 중 하나는 책을 활용하는 방법이다. 책과 소통하는 방법을 알게 된다면 세상에서 가장 현명한 사람들과 소통하게 된다. 왜냐하면 '책은 사람'이기 때문이다. 즉 인격을 갖춘 인격체라는 것이다. 그들과 온전한 소통을 통해 자신의 삶을 명품 인생을 살게 할 것이다. 정말 가치 있는 투자는 바로 사람에게 투자하는 것이고 사람들과의 진정한 소통은 책을 통해 이루어진다.

1) 사람은 곧 그가 읽은 책이다

독일의 문호 마르틴 발저(Martin Walser)는 "사람은 자기가 읽은 것으로 만들어진다."고 했다. 독서를 하는 사람들 대부분이 이 말에 깊이 공감한다. 책을 읽지 않는 사람들은 듣는 것으로 만들어진다. 듣는 것도 없으면 보는 것으로 만들어진다. 그래서 좀더 좋은 정보를 듣고 보기 위해서 좋은 대학이나 문명을 선호하고, 좀더 많은 것을 보기 위해서 여행을 하거나 해외로 유학을 가기도 한다.

영국 작가 러디어드 키플링(Joseph Rudyard Kipling)이 인도에서의 체험을 소재로 1894년에 펴낸 작품으로 알려진 『정글북(The Jungle Book)』이라는 고전적인 소설이 있다. 이야기의 주인공인 소년은 어릴 때 인간 사회에서 완전히 유리되어 정글에서 늑대에게 키워진다. 소년은 커가면서 동물들의 정글 지도자가 되지만 점차 자신이 그들과 다른 인간임을 깨닫고 인간 사회에 귀화한다는 내용이다. 하지만 현실세계에서 정말 그런 일이 가능할까?

동물들은 거의 본능이 지배하는 삶을 살기 때문에 어릴 때 어미를 떠나서 다른 동물들에게 키워진다고 해도 정체성이 흔들리는 법이 없다. 하지만 사람은 적당한 시기에 적당한 정보를 수용하지 못하면 정체성에 큰 혼란을 가져온다. 실제로 1920년 12월, 인도의 자알 싱그라는 사람이 가축을 잡아먹던 호랑이를 사냥하러 갔다가 동굴 속에서 늑대 새끼 무리에 끼어 있던 7, 8살로 보이는 여자아이 둘을 발견한다. 여자아이들은 짐승이 울부짖는 소리를 내며 네 발로 기어다녔고 마치 늑대 새끼인양 싱그 씨 등을 물려고 했다.

그는 아이들을 자신이 운영하던 고아원으로 데리고 가서 아말라와 카말라라는 이름을 지어 주고 사회 적응 훈련을 시켰다. 하지만 급격한 환경 변화에 적응하지 못한 아말라는 곧 죽었고, 카말라는 인간의 옷을 입고 두 발로 걷는 등 꽤 적응된 모습을 보여 주었으나 1929년 17살 정도의 나이에 사망했다고 한다.

이 사례는 "사람은 정보를 능동적으로 수집하고 가공하여 유통하는 존재"임을 보여 주는 좋은 사례이다. 좀더 구체적으로 말하자면 인간은 시각과 청각, 후각, 미각, 촉각 등 오감을 통하여 정보를 받아들여서 자신의 관심과 필요, 가치관이라는 필터로 가공한 다음, 말과 글, 행동, 삶으로 표현하는 순환과정 속에서 살아가는 존재라는 것이다. 우리가 매일 먹는 음식의 종류와 질, 그리고 양이 육체적 건강에 지대한 영향을 미치는 것과 마찬가지로 자신이 매일 유통하는 정보의 종류와 질 그리고 양은 정신 건강에 결정적인 영향을 미칠 수밖에 없다.

『월든(*Walden : or, the Life in the Wood*)』의 저자 헨리 데이비드 소로 (David Henry Thoreau)는 최고의 예술은 자신의 삶을 걸작으로 만들어 가는 것이라고 했다. 사이토 다카시(Saito Takashi)는 "책은 왜 읽어야 하는가?"라는 질문에 "자신을 만드는 최고의 방법이기 때문"이라고 대답한다. 자신이 읽은 책이 자신의 세계관이나 가치관을 형성하고 자신의 세계를 만들어 가는 것이다. 인간은 읽는 것, 듣는 것, 보는 것에 의해 인격과 가치가 형성된다. 그런데 읽는 것, 듣는 것, 보는 것 중에서 가장 영향을 미치는 행위는 읽는 행위라는 것이 가장 보편적이다. 왜냐하면 누구나 말은 할 수 있지만, 말을 하는 모든 이들이 글이나 책을 쓸 수 있는 것은 아니기 때문에, 일반적으로 책이라는 텍스트는 다른 매체보다 지적으로 우수하기 때문이다.

일찍이 정범모 교수는 『가치관과 교육』에서 가치관 교육의 중요성을 강조한 바 있다. 그에 따르면, 가치관이란 '인간 문제에 관하여 바람직한 것, 또는 해야 할 것에 관한 일반적인 생각 또는 개념'이라고 정의하였다.

그러면 그 가치관은 어떻게 형성되는가? 가치관은 그가 읽은 책이나 그가 들은 정보에 의해서 형성된다. 책이나 사람에 의해서 형성된 가치관은 인간 행동의 결정에 중요한 구실을 한다. 가치관은 행동의 동기와 포부의 결정에 큰 영향을 끼칠 뿐만 아니라 사물·장면·상황을 느끼고 해석하는 관점을 형성하게 한다. 그리고 가치관은 인생에서 만족과 의의를 얻는 준거가 되고 인생의 참다움·거짓됨·아름다움·추함·정당함·부당함 등을 판단하는 기준을 제공한다.

명작 독서법에서는 명품 인생을 사는 것이 책 읽기의 목적이다. 명작 독서법의 책 읽기의 비전은 명작의 세상, 명품의 인생을 구현하는 것이어야 한다. 그래서 책을 읽는 비전, 즉 목적은 명품의 인생을 살기 위한 자신만의 업(業)을 발견하고 그 길을 찾기 위함이다.

2) 자기만의 독서법을 개발하라

이제 목표가 세워졌으면 전략을 수립해야 한다. 전략은 책 읽기의 비전과 목표와 밀접한 관련이 있다. 비전이나 목적에 따라서 인문학,

사회 과학, 자연 과학을 분야별로 번갈아 가면서 한 권씩 읽겠다든지, 시대별, 세계사별, 한국사별 문학 읽기를 시도한다든지, 철학사를 중심으로 철학서를 읽는다든지, 교양도서 30%, 전문도서 70% 비율을 정해서 읽겠다든지…. 이러한 것들이 책 읽기의 전략이 될 수 있다.

세계적인 인물 뒤에는 숨은 독서 전략가들이 있다. 처칠(Winston Leonard Spencer Churchill), 케네디(John Fitzgerald Kennedy), 네루(Jawaharlal Nehru), 루스벨트(Franklin D(elano) Roosevelt) 가(家) 등이 여기에 해당한다. 처칠은 역사책을 즐겨 읽고 외국어로 독서하는 습관을 키우라고 조언한다. 그는 『로마제국 쇠망사(*The History of the Decline and Fall of the Roman Empire*)』를 평생 즐겨 읽고 필요할 때마다 책의 내용을 연설문 등에서 활용했다. 케네디 가의 독서 교육은 어머니의 힘이었다. 신문으로 세상을 보는 안목을 기르고 식탁에서 토론을 함으로써 네 자녀 모두를 대통령이 될 능력을 갖춘 인물로 만들어내 미국 최고의 가문으로 일군다.

네루 가(家)는 딸을 총리로 만들었다. 200통의 편지로 독서 교육을 하면 자식을 큰 인물로 만들 수 있었다. 문제 해결을 중시하는 현실 참여적인 실천학문으로 성리학의 쌍벽을 이루었던 조선 최고의 명문가인 이율곡 가(家)는 신사임당의 독서 교육이 만든 결과이다. 그는 과거 시험에서 연이어 아홉 번이나 장원급제를 한 인물이었다. 실학의 산실 박지원 가(家), 독서로 위대한 작가가 된 헤세(Hermann Hesse) 가(家), 노블레스 오블리주의 대명사인 버핏(Warren Edward Buffett) 가(家)와 자선사업의 원조 철강왕 카네기(Andrew Carnegie) 가(家), 이들의 공통점은 모두 그들만의 독서 전략을 가지고 있었다는 것이다. 특히 루즈벨트 가(家)는 미국의 2위 가문이다. 눈에 보이는 독서 전략은 "역할 모델을 정하고 그의 독서 리스트까지 모방하라. 무엇을 읽느냐보다 읽은 내용을 소화하게 하라."는 말이다.[1]

다음으로 자기만의 독서법을 책 읽기에 적용하는 단계를 전술단계로 말할 수 있다. 가령 요약을 전제로 한 책 읽기, SQ3R독서법, 필사독서법, 세종대왕이 적용한 백독백습 등이 하나의 전술이 될 수 있다. 미분적분학의 원리를 발견한 라이프니츠(Gottfried Wilhelm Leibniz)는 독학을 한 사람이다. 어린 시절부터 독학으로 라틴어를 배운 것을 비롯 모든 분야에 걸쳐 방대한 양에 이르는 책을 읽었다고 한다. 그 라이프니츠의 독서법은 몇 번이고 같은 책을 읽는 재독법(再讀法)이었다. 그는 "나는 열심히 구멍이 뚫릴 정도로 꿰뚫어 보았다. 잘 이해되지 않는 대목에 크게 신경 쓰지 않고 이것저것 골라 읽으며, 전혀 뜻을 알 수 없는 곳은 뛰어넘고 읽었다. 몇 번이고 이런 읽기를 계속하여 결국 책 전체를 읽어 내려, 얼마 동안 시간이 지난 다음 같은 작업을 되풀이해 가면 이전보다 훨씬 이해가 잘되는 것이었다."라고 털어놓고 있다.

그는 그의 독서법을 소년 시절에 이미 터득했다고 한다. 그래서 그러한 독서법에 의해 그는 철학, 수학, 물리학, 언어학, 역사, 법률 등 갖가지 분야에서 걸출한 공적을 남긴 것이다. 책을 읽어 가노라면, 가끔씩 자신의 지금까지의 지식으로서는 이해할 수 없는 대목이 나오는 때가 있다. 이렇게 읽다가 이해가 안 되는 대목도 되풀이해서 읽음으로써 끝내는 반드시 이해되기에 이른다.

'독서백편의자현(讀書百遍義自見)'이라는 말은 백 번 읽으면 뜻을 자연히 알게 된다는 말이다. 이와 같은 뜻인 '위편삼절(韋編三絶)'은 공자가 주역(周易)을 너무 여러 번 읽어 책을 맸던 가죽끈이 세 번이나 끊어졌다는 고사에서 나온 말이다.

자기만의 독서법을 갖는 것은 아무리 강조해도 지나치지 않다. 위대한 업적을 이룬 사람들은 모두 읽기에 대한 자기만의 전략들을 가진 사람들이라 할 수 있다. 시중에는 독서법에 대한 이론서들은 많다. 이 책은 SQ3R 독서방법론을 제시한다. 어떤 독서법이든지 한 독서법을 선택했으면 내 몸에 익혀질 때까지 훈련하는 것이 중요하다.

3) 평생 독서계획을 세워라

우리는 어떤 목적을 가지고 목표와 전략을 계획할 것인가? 그것은 전적으로 계획을 세우는 사람의 가치관에 달려 있을 것이다. 여기에서는 이율곡의 독서관(讀書觀)을 소개하고자 한다. 이이는 "배우는 사람은 항상 마음을 잘 보존하여 사물이 이기지 못하게 한다. 그리고 이치를 궁리하여 선을 밝힌 뒤에야 마땅히 행할 도가 앞에 있어 나아갈 수 있게 된다."고 하였다. 그리고 독서의 순서를 다음과 같이 자상하게 일러 주고 있다.

공부하는 사람은 먼저 『소학』을 읽어 부모를 섬기고 형을 공경해야 한다. 임금에게 충성하고 웃어른에게 순종해야 한다. 스승을 높이고 벗과 친하는 도리를 하나하나 자세히 음미해야 한다. 그 다음에는

『대학』을 읽어서 이치를 깊이 연구하고 마음을 바르게 한다. 몸을 닦고 사람을 다스리는 도리를 하나하나 참으로 알아내어 이를 실천해야 한다. 그 다음에는 『논어』를 읽어서 인(仁)을 구한다. 다른 사람의 이목을 위한 것이 아니라 자신을 위한 학문의 본원을 함양하는 공부를 하나하나 자세히 생각하여 깊이 깨달아야 한다.

다음에는 『맹자』를 읽어서 의리를 맑게 분별한다. 그리고 인욕(人慾 : 사람의 욕심)을 막는다. 하늘의 이치를 보존하는 설을 하나하나 밝게 살펴서 이를 넓혀 가득히 채워서 완전하게 하여야 한다. 다음에는 『중용』을 읽어서 성정의 덕과 미루어 헤아리는 공력과 위육(位育)의 묘를 하나하나 음미하여 그 뜻을 찾아내어야 한다. 그 다음에는 『시경』을 읽어서 성정의 그릇됨과 올바름과 선악을 가려 표창하고 경계함을 하나하나 깊이 생각하여 감동하고 분발함으로써 이를 징계하여야 한다. 다음에는 『예경』을 읽어서 하늘의 이치와 사람이 지켜야 할 법도에 하나하나 그 이치를 깊이 생각하여 서는 바가 있어야 한다. 다음에는 『서경』을 읽어서 요 · 순 임금과 우왕 · 탕왕 · 문왕 · 무왕이 천하를 다스린 대경륜과 큰 법에 하나하나 요령을 얻고 그 근본을 소급해서 구할 것이다.

다음에는 『주역』을 읽어서 길흉 · 존망 · 진퇴 · 성쇠의 기미를 하나하나 관찰하고 음미하여 연구해야 할 것이다. 다음에는 『춘추』를 읽어서 성인이 착한 것은 상을 주고 악한 것은 벌하여 어떤 이는 억누르고 어떤 이는 드높여 준다는 것을 알고 조종하는 은근한 말과 심오한 뜻을 하나하나 정밀히 연구하여 간절히 깨달아야 한다.

이상과 같이 오서(五書)와 오경(五經)을 돌려가면서 널리 읽음으로써 사리를 깨달으면 의리가 나날이 밝아질 것이요, 송나라 때의 선현들이 지은 『근사록 近思錄』·『가례』·『심경 心經』·『이정전서』·『주자대전』·『주자어류 朱子語類』와 같은 성리학 관계서적들을 틈틈이 정독하여 의리가 항상 내 마음을 적시고 끊임없이 주입되도록 해야 한다. 남은 힘으로는 역사를 읽어 고금의 역사적 사건의 변천을 통달하여 식견을 기를 것이요, 잠시라도 이단이나 잡되고 옳지 못한 서적을 보아서는 안 된다고 하였다.

율곡과 같은 조선 후기 실학자들은 조선조 주자학자들의 보편주의적인 학문 경향과는 대비되는 실천적 학문을 추구하였다. 그들의 책을 읽고 공부하는 자세는 기존의 양반 사대부들과는 대조적이었다. 독서에 대해서 새로운 관점을 가지게 되었다. 조선 후기 실학시대에 와서 독서에 대한 새로운 관심이 제기된 것은 대략 두 가지 이유에서였다.

첫째는 당시까지 양반 사대부와 그 자제들의 공부하는 방향이 과거 급제를 목표로 한 것이었기 때문에, 현실사회나 민생의 문제를 해결하는 데에는 직접적으로 도움을 줄 수 없는 시와 부(賦) 위주의 사장지학(詞章之學)으로 흘러 많은 문제점이 드러나기 시작하였다는 점이다. 둘째는 조선조 성리학자들이 그들의 관념적 사상체계인 주자학에 너무 집착하였다. 그래서 다른 사상과 학문들에 대해서는 폐쇄적이 될 수밖에 없었고, 그래서 독서 범위가 좁아지게 되는 폐단이 생기게 되었다는 점이다. 이러하듯 현실적 적합성을 잃어버리고 실속은 없고 범위마저 좁아진 독서 경향에 대해서 실학자들은 매우 비판적이었다.

독서계획에 대해서는 1960년 처음 출간된 이후 50여 년간 꾸준히 사랑받아 온 『평생 독서계획』을 빼놓을 수 없다.[2] 이 책은 18세부터 81세까지의 독자를 위해 '평생 독서계획'을 세워 준다. 4부로 나누어 평생에 걸쳐 꼭 읽어야 할 고전을 133인의 작가 중심의 짧은 논평으로 소개하고 있다. 고전에 대한 풍부한 정보에다가, 작가와 그의 작품 세계에 대한 해설까지 절묘하게 담아냈다. 동·서양 문명이 깃든 위대한 고전을 읽어 나가면서 광대하고 풍성한 세계 문학을 탐험하도록 흥미진진한 길라잡이가 되어 준다. 저우예후이가 쓴 『내 아이를 위한 일생의 독서계획』이라는 책도 자녀들을 둔 부모들에게 유익한 책이다. 이 책은 0세부터 19세까지 내 아이를 위한 체계적인 독서계획을 제안하는 책이다. 아이의 성장과 발달 과정에 따라 어떻게 독서계획을 세워야 하는지를 가르쳐 준다. 0~7세까지는 책 향기로 가득한 어린 시절, 8~13세까지는 즐거운 독서, 건강한 성장, 14~16세까지는 성숙한 책 읽기 단계로 나아가기, 17~19세까지는 순간의 흥미를 평생의 애착으로 바꾸기 등으로 나이별 독서목표와 전략, 전술들을 다루고 있다.

책은 무작정 많이 읽는 것보다는 한 권을 읽더라도 자신의 정보로 만드는 것이 중요하다. 또한 닥치는 대로 읽는 것보다는 책 읽기의 궁극적인 비전과 나이별, 또는 주제별로 분명한 목표와 전략을 가질 때 효과가 크다고 말할 수 있다. 이는 개인에게만 국한되는 것이 아니다. 기업, 특히 대학과 같은 곳은 더더욱 그렇다. 시카고대학교를 한 예로 살펴보자.

시카고대학교는 그 당시 소위 말하는 돈 많고 공부 못하는 학생들이 가는 삼류 대학교였다. 그런데 1929년부터 2000년까지 시카고대학교가 배출한 노벨상 수상자는 무려 예순여덟 명에 달한다. 노벨상 수상과 독서프로그램과의 관련성을 100% 인정하기는 어렵다고 하더라도 '시카고 플랜'이 끼친 영향력이 상당했을 것이다. 이 '시카고 플랜'은 1929년 취임한 로버트 허친스(Robert Maynard Hutchins) 총장이 처음 도입했다. 그 프로그램은 고전철학 100권을 학생들에게 소개해 주고 세 가지의 과제를 낸 뒤 졸업 전까지 읽게 하는 것이었다.

1. 모델을 정하라 : 너에게 가장 알맞은 모델을 한 명 골라라.
2. 영원불변한 가치를 발견하라 : 인생의 모토가 될 수 있는 가치를 발견하라.
3. 발견한 가치에 대하여 꿈과 비전을 가져라.

시카고대학교의 독서프로그램은 세상에 알려지게 되었고, 삼류대학에서 일류대학이 되는 계기가 되었다고 한다. 시카고대학교의 고전 100권 읽기 프로그램은 존 스튜어트 밀의 독서법에서 그 뿌리를 찾을 수 있다. 『자유론(On Liberty)』으로 유명해진 밀은 독서법으로도 유명하다. J.S 밀은 영국 공리주의 지도자였던 아버지 제임스 밀로부터 독서 교육을 받은 뒤 천재적인 두뇌를 갖게 되었고, 20대 중반에 천재 사상가의 반열에 오르게 된다.

4) 평범한 아들 J. S. 밀과 그 독서 후예들

J.S 밀의 독서법은 초등학교 때부터 플라톤, 아리스토텔레스, 키케로, 데카르트 같은 천재 사상가들의 작품을 열심히 읽고 소화해서 그들의 위대한 사고능력을 자신의 것으로 만드는 방식이었다. 밀은 매일 고전을 읽고, 아침마다 아버지와 깊이 있게 토론했다. 밀 가(家)의 독서법을 살펴보는 것이 유익할 것 같다.

(1) 아버지와 자녀가 같은 서재에서 공부하라

J.S 밀의 아버지 제임스가 아들을 가르친 방식은 둘이 함께 한 방에서 각자 자기 공부를 한 뒤 공부한 것을 설명해 보는 식이었다. "아버지는 밀이 스스로 문제와 씨름하도록 내버려 두었다." 평소 독서를 싫어하거나 좋아하지 않는 아이에게 무작정 독서를 하라고 강요한다고 해서 아이가 독서를 좋아하게 되지는 않는다. 그리고 독서도 어떻게 하느냐에 따라 그 학습 능력도 많은 차이가 난다.

(2) 학자로 키우려면 고전과 철학 중심으로 독서를 이끌어라

고대부터 서양의 귀족과 상류 계층은 고전과 철학 중심의 독서법을 자녀 교육에 활용해 왔다. 밀이 『자유론』과 같은 걸작을 쓸 수 있었던 비결은 세 살 때부터 열네 살 때까지 11년 동안 역사와 철학, 수사학, 논리학 등 고전을 폭넓게 독서한 덕분이었다. 철학 고전 독서 교육의 원류는 고대로부터 상류계층이나 지식인 계층에서 찾아볼 수 있다. 15세기 이탈리아 피렌체의 통치자 로렌초 데 메디치(Lorenzo di Piero de' Medici), 르네상스 시대를 연 천재 인문학자 페트라르카 (Francesco Petrarca) 등이 이러한 교육을 직접 시도했다.

(3) 책을 읽고 줄거리를 이야기하게 하라

J.S 밀은 열 살이 되기도 전에 상상할 수 없을 정도로 수많은 고전들을 읽고 아버지와 토론했다. 밀은 아버지에게 줄거리를 이야기하면서 지식을 넓히고 정리할 수 있었고, 훗날 사상가로 우뚝 설 수 있었다. 읽기는 남이 하는 말을 받아서 듣고 또 남이 써 놓은 것을 읽기 때문에 '받아들이는 언어(receptive language)'라고 한다. 말하기는 능동적인 활동으로서 말을 할 때도 직접 우리가 말을 만들어내야 하기 때문에 보통 '만들어내는 언어(productive language)'라고 한다. 이처럼 책을 읽고 토론하며 형성한 비판적 사고 능력은 모든 학문의 기초가 된다.

(4) 여행을 하며 더 넓은 세상을 경험하게 하라

밀은 열네 살 때 역할모델인 제러미 벤담(Jeremy Bentham)의 주선으로 프랑스에서 1년 동안 머물 수 있는 기회를 얻었다. 이때 밀은 프랑스와 스위스 등지를 여행하면서 견문을 넓힐 수 있었다. 다시 영국에 돌아왔을 때는 1년 전의 그가 아니었다. 밀은 비로소 아버지로부터 지적인 독립을 추구하면서 홀로서기를 시도하게 된다. 여행을 직접 하고 난 뒤의 사고는 확연하게 다르다. 여행을 하게 되면 생각의 힘이 다져진다.

(5) 모험담 등 어려움을 극복한 사람들의 이야기를 읽게 하라

제임스는 아들 밀의 손에 모험담을 쥐어 주기를 좋아했다. 이 책들은 비상한 환경 속에서 여러 가지 어려움과 싸워 나가면서 위기를 극복한 사람들의 정력과 재질을 잘 그려내고 있었다. 『아프리카 탐험기』와 『세계 일주 항해기집』, 『로빈슨 크루소』와 같은 책들은 소년 소녀 시절에 반드시 읽어야 할 책들이다. 책 읽기는 문제 해결력을 키우기 위함이다. 모험담에 나오는 이야기는 어쩌면 우리들의 이야기이기 때문이다. 모험담을 통해서 어려움을 이겨내는 지혜와 인내심과 모험심을 키울 수 있기 때문이다.

(6) 등대가 되어 줄 역할모델(Role model)을 찾도록 하라

제러미 벤담의 공리주의에 큰 영향을 받은 밀의 아버지는 아들을 벤담의 후계자로서, 천재적인 지식인으로 만들겠다는 목표를 갖고 있었다. 아버지는 아들을 학자로 키우기 위해 벤담을 역할모델로 삼게 했다. 역할모델은 아버지가 찾아 주는 것도 좋지만 자녀 스스로 찾도록 하는 것이 가장 바람직하다. 누구나 닮고 싶은 사람이 있다. 인생의 스승은 특히 마음속에 있기 마련이다. 역할모델이란 자신이 가고자 하는 역할이나 마땅히 해야 할 본보기를 말한다. 역할모델을 설정하는 순간 자기도 모르게 닮아가게 된다.

(7) 책을 많이 읽었다고 자만심을 가지지 않도록 하라

책을 많이 읽은 사람은 기가 죽지 않는다는 말이 있다. 아버지는 밀을 학교에 보내지 않고 모든 교육을 직접 맡았다. 아버지가 똑똑한 아들을 가르치면서 가장 경계한 것은 자만심이었다. 그는 칭찬하는 말이 밀의 귀에 들어가지 못하도록 주의를 기울였고, 밀이 자신을 남과 비교해서 스스로 잘났다고 생각하는 일이 없도록 했다. 최첨단을 자랑하던 호화여객선 타이타닉을 보라. 눈에 보이는 것은 빙산의 일각일 뿐이다.

5) Great Book's 프로그램

시카고대학교의 Great Book's 프로그램은 9년간의 독서프로그램으로 총 144권으로 짜여 있다. 세계의 명저 목록으로 가장 권위 있는 자료다. 시카고대학교 교수들이 미국의 한 독서 서클과 함께 만든 프로그램으로, 국내에서는 70년대 동서문화사에서 간행한 적이 있으나 절판되었다. 시카고대학교는 최다 노벨상 수상자를 낸 명문 사립학교로 지역명을 딴 학교, 시카고학파를 만든 학교이다. 시카고대학교가 프로그램화한 존 스튜어트 밀의 방식 독서법 시스템은 어떻게 구성되는가?

- 첫째 해 -
1. 미국 독립 선언서 2. 소크라테스의 변명/플라톤 3. 크리톤/플라톤 4. 안티고네/소포클레스 5. 정치학/아리스토텔레스 6. 영웅전/플루타르크 7. 마태복음 8. 인생론 발췌/에픽 테투스 9. 군주론/마키아벨리 10. 멕베드/셰익스피어 11. 출판의 자유/밀턴 12. 국부론/아담스미스 13. 미합중국 헌법/페더럴리스트 14. 미국의 민주주의/토크빌 15. 공산당선언/마르크스, 엥겔스 16. 시민의 반항/도로우 17. 월든/도로우 18. 이반 일리치의 죽음/톨스토이

- 둘째 해 -
1. (구약)의 일부/에크레지아 스티즈 2. 오디세이/호메로스 3. 오이디푸스 왕/소포클레스 4. 콜로 누이의 오이디푸스/소포클레스 5. 메논/플라톤 6. 니코마

코스 윤리학 발췌/아이스토 텔레스 7. 우주론/루크레티우스 8. 고백 제1-8장/아우구스티누스 9. 햄릿/셰익스피어 10. 방법 서설/데카르트 11. 리바이어던 발췌/홉스 12. 팡세 발췌/파스칼 13. 걸리버 여행기/스위프트 14. 인간 불평등 기원론/루소 15. 영원한 평화를 위하여/칸트 16. 자유론/J. S 밀 17. 허클베리 핀의 모험/트웨인

- 셋째 해 -
1. (구약) 중 욥기 2. 오레스티아 3부작/아이스킬로스 3. 펠레폰네소스 전쟁사/투키디데스 4. 향연/플라톤 5. 정치학 발췌/아리스토텔레스 6. 신학 대전 중 법률론 발췌/토마스 아퀴나스 7. 가르강튀아와 팡타그뤼엑 제1부/라블레 8. 그리스도교 강요/켈빈 9. 리어왕/셰익스피어 10. 대혁신/베이컨 11. 시민정부론/로크 12. 캉디드/볼테르 13. 사회계약설/루소 14. 로마제국 흥망사 제15-16장/기번 15. 카라마조프 가의 형제들/도스토예프스키 16. 정신분석의 기원과 발달/프로이트

- 넷째 해 -
1. 논어 발췌 2. 국가 제6-7부/플라톤 3. 여인의 평화/아리스토파네스 4. 구름/아리스토파네스 5. 시학/아리스토텔레스 6. 기하학원론/유클리드 7. 명상록/아우렐리우스 8. 절대회의설 제1장/엠페이리코스 9. 니벨룽겐의 노래 10. 신학대전 중 진실과 허위에 관하여 발췌/토마스 아퀴나스 11. 수상록 발췌/몽테뉴 12. 템페스트/셰익스피어 13. 인간오성록/로크 14. 실락원/밀턴 15. 선악의 피안/니체 16. 프래그머티즘/제임스

-다섯째 해 -
1. 메디아/유리피데스 2. 히폴류토스/유리피데스 3. 트로이아의 여자/유리피데스 4. 테아이테토스/플라톤 5. 자연학 발췌/아리스토텔레스 6. 아네이스/베르질리우스 7. 조그만 꽃/프랑세스 8. 인간의 존엄에 대하여/미란드라 9. 인지원리론/버클리 10. 프린키피아/뉴턴 11. 자연 철학의 수학적 원리/뉴턴 12. 존슨전 발췌/보스웰 13. 프롤레고메나/칸트 14. 신학대전 중 인간론/아퀴나스 15. 신곡 중 지옥편 연옥편/단테 16. 신곡 중 천국편/단테 17. 일기/울먼 18. 백경/멜빌 19. 상대성 원리/아인슈타인 20. 특수이론 및 일반이론/아인슈타인

- 여섯째 해 -
1. 사슬에 묶인 프로메테우스/아이스 퀼로스 2. 파이드로스/플라톤 3. 형이상학 제7장/아리스토 텔레스 4. 숭고성에 대하여/룽가누스 5. 자연과 성총에 대하여/아이구스티누스 6. 성총과 자유 의지에 대하여/아이구스티누스 7. 신학대전 중 신에 대하여/토마스 아퀴나스 8. 캔터베리 이야기/초서 9. 리차드 2세/셰익스피어 10. 돈키호테 제1부/세르반테스 11. 에티카 제1부/스피노자 12. 자연 종교에 대하여/흄 13. 철학사전 발췌/볼테르 14. 역사철학 발췌/헤겔 15. 종의 기원 발췌/다윈 16. 빌리버드/멜빌 17. 파토프만/멜빌 18. 나사의 회전/제임스

- 일곱째 해 -

1. 고르기아스/플라톤 2. 영혼에 대하여/아리스토텔레스 3. 바가바드기타/마하바라다 4. 철학의 위안/보에티우스 5. 방황하는 자를 위한 지침/마이모니데스 6. 시집/단 7. 타르튀프/몰리에르 8. 인간 혐오자/몰리에르 9. 형이상학/라이프니츠 10. 도덕철학/칸트 11. 파우스트/괴테 12. 의지와 표상으로서의 세계/쇼펜하워 13. 철학적 단편후서/키에르케고르 14. 죽음의 집의 기록/도스토예프스키 15. 어둠의 속/콘라드 16. 꿈의 해석/프로이트 17. 인간과 초인/버나드쇼

-여덟째 해 -

1. 섬/아리스토파네스 2. 평화/아리스토파네스 3. 파이든/플라톤 4. 자연학 중 제2권/아리스토텔레스 5. 신약 중 로마서 6. 신약 중 고린도전서 7. 천부의 기능 1 및 3/갈레노스 8. 헨리 4세 1/셰익스피어 9. 헨리 4세 2/셰익스피어 10. 혈액순환의 원리/하비 11. 영혼의 목마름/데카르트 12. 투우수 샘슨/밀턴 13. 인간의 사명/피히테 14. 돈주앙/바이런 15. 칸토스 1-4/바이런 16. 공리론/밀 17. 도덕의 계보/니체 18. 헨리 아담스의 교육/헨리 아담스 19. 시편 4편/에이츠

-아홉째 해 -

1. 일리아드/호메로스 2. 역사 8-9/헤로도토스 3. 소피스테스/플라톤 4. 분석론/아리스토텔레스 5. 연대기/타키투스 6. 엔키아데스/플로티노스 7. 페드르/라신 8. 신과학 발췌/비코 9. 고리오 영감/발작 10. 자본론 발췌/마르크스 11. 물오리/입센 12. 심리학 21-22장/제임스 13. 갈라테아서 평석/루터 14. 신과학 대화 발췌/갈릴레오 15. 악의 꽃/보들레르 16. 과학과 가설 4-5장/포앙카레

이 프로그램을 분석해 보면 다음과 같은 특징들이 나타난다.

첫째, 시카고대학교 그레이트 북스 프로그램은 책 읽기의 목표와 기간이 분명하다. 학생들에게 9년에 걸쳐서 144권의 책을 읽히는 것이 그 목표이다.

둘째, 전략이 구체적이다. 무엇을 읽을 것인가가 정해졌으면 이제는 '어떻게 읽을 것인가?' 독서 순서 짜기 전략이다. 시카고대학교는 이를 연결(sequence)이라고 부른다. 연결에 따라 1학년 1학기 초에 신입생이 공통적으로 봐 두어야 할 책과 순서를 제시한다. 학생이 과목

을 선택하면 과목의 주제와 범위에 따라 교수가 대상과 진도, 독서 깊이와 동선을 조절한다. 예를 들어 인문학 입문 학생이라면 다음 3개 블록, 13개 분야별 책을 읽어 나가는 알고리즘을 따라야 한다. 이 인문학 연결프로그램을 학생들은 흄(Hum : Humanities의 줄임말)이라고 부른다. 흄 코스의 마무리는 해외 문명화현장 체험이다. 서구문명화에 관한 책을 읽은 후에 학교가 마련해 준 해외학습프로그램을 선택해서 '현장' 속에서 책 읽기를 되새기는 작업을 하게 된다.

셋째, 전술이 분명하게 나타나 있다. 그 전술은 독서토론과 서평 쓰기이다. 시카고대학교가 2008년 겨울학기에 개설한 '인문학에 관한 철학적 관점(Philosophical Perspectives on the Humanities)'에서 어거스틴(Augustine)의 『고백록(Confessions)』, 셰익스피어(Shakespeare)의 『리어 왕(Richard II)』, 데카르트(Descartes)의 『성찰록(Meditationnes de Prima Philosophia)』 등 3권을 학습한다.

이 프로그램의 특징은 교수가 학생들의 적극적인 수업참여를 강조한다는 점이다. 토론참여 점수가 전체 점수의 15%를 차지한다. 학생들은 진도에 따라 책을 읽고 자신의 생각과 질문거리를 적어와야 한다. 종종 돌발적으로 수업 시작 전에 칠판에 준비해 온 질의사항을 적도록 하기도 한다. 토론 준비다. 이렇게 학생들의 생각을 칠판 가득 적어 놓은 것을 토론 게시판(discussion board)이라고 하는데 바로 여기가 시카고대학교 독서토론의 불꽃이 튀는 지점이다.

담당교수는 학기 중 3개의 논문을 요구하는데 마감 기일을 철저히 지켜야 한다. 논문을 늦게 제출하는 사람은 수업과 병행해서 진행하는 필수프로그램인 '글쓰기세미나' 진행을 망치는 방해꾼으로 간주한다. 이를 늦게 내면 내용은 A학점이라도 B학점을 준다. 책 서평에 해당하는 논문 채점은 담당교수와 '글쓰기 세미나' 담당자인 인턴이 함께한다. 논문 하나가 전체 학점의 25%, 3개 논문을 모두 합하면 75%를 차지한다. 여기에 '글쓰기 세미나'가 10%로 학점의 85%를 독서서평 논문 영역이 차지한다. 때문에 학생들은 독서하고 토론하면서 축적한 모든 지식과 사고를 독서서평 논문 쓰기에 철저하게 표현해 내야 한다. 글쓰기에 부담을 느끼는 경우를 대비해 '글쓰기 세미나' 수업은 소그룹 세미나, 일 대 일 혹은 개인별 등으로 다양하게 진행한다. 이는 교수가 학생 개개인에 대한 첨삭지도가 가능한 구조다. 정리하면 시카고대학교의 독서프로그램은 '목표-전략-전술(읽을 책 선정과 기간·독서 순서 짜기-독서토론-서평쓰기)'로 이어지는 4단계 프로세스를 통해 독서몰입을 이루어 간다.

[미주]

1) 최효찬, 『세계 명문가의 독서 교육』(서울: 바다, 2010) 역사책을 즐겨 읽고 외국어로 독서하는 습관을 키운 처칠 가(家), 신문으로 세상을 보는 안목을 넓힌 케네디 가(家), 끌리는 책을 먼저 읽으라고 한 박지원 가(家), 아이의 재능에 따른 맞춤형 독서를 추구한 이율곡 가(家) 등 세계 명문가의 독서 교육 비법을 만날 수 있다. 자녀의 성향과 재능에 맞는 독서법을 선택할 수 있도록 제시했으며, 미국 대학위원회의 필독서 101권과 서울대 · 연세대 필독서에서 선별한 '세계 명문가 필독서 100선'을 함께 실었다.

2) 클리프턴 패디먼·존 S. 메이저, 『평생 독서계획』(서울: 연암서가, 2010) 1960년 초판이 나온 이후 꾸준하게 영미권 독자의 사랑을 받아 왔다. 미국의 20세기 최고의 사회자 클리프턴 패디먼이 세상을 떠나기 2년 전, 21세기를 바라보는 시점에서 동양 문학의 걸작도 소개해야 한다는 원칙에 의해 동양 언어 · 역사학자 존 S. 메이저를 공동 저자로 영입하여 마지막 심혈을 기울여 수정한 결정판이자 완결판이다. 이 책은 우리에게 인생의 중요한 내적 체험이자 성장의 원천이 될 뿐 아니라, 자기 발견의 도구가 되어 주는 고전과 평생 가까이 하도록 인도한다. 우리 삶을 지탱해 온 위대한 사상을 무의식적으로 깨달으면서 그것의 원형을 발견하게 될 것이다. 부록으로는 잠정적 고전으로 정의한 20세기의 중요한 작가 100명을 소개하고 있다.

Part 3
문사철(文史哲)+경전(經傳) 읽기

"과학에서는 최신의 연구서를 읽으라. 문학에서는 최고(最古)의 책을 읽으라.
고전은 항상 새로운 것이다." - 리턴(Edward George Bulwer Lytton)

오래전, 목원대학교 총장을 지낸 이요한 교수가 '충청 투데이'에 기고한 글 중에서 한 중견기업 CEO가 수억 달러에 이르는 수출계약에 실패한 이야기를 읽은 적이 있다. 계약서에 서명하기 직전에 바이어와 가진 저녁 만찬 자리에서 그 CEO는 자신이 영문학을 전공했으며, 그중에서도 셰익스피어의 작품을 가장 좋아한다고 자랑삼아 얘기를 했다. 이 얘기를 들은 상대편 CEO는 얼굴에 미소를 띠며 자신도 같은 전공이라면서, 햄릿이라는 극중 인물의 성격과 프로이트의 오이디푸스 콤플렉스의 관계에 대해 이야기를 나누자고 제안했다.

하지만 『햄릿』을 깊이 읽어본 적이 없는 중견기업 CEO는 말문을 닫았고, 미국 측 CEO는 자신의 전공분야에 대한 깊이가 저 정도이면 그가 만든 제품 역시 믿을 수 없다는 이유로 계약 건은 없었던 일로 하자며 자리에서 일어섰다고 한다. 필자가 가진 문학적 깊이 역시 중견기업 CEO와 별반 다르지 않기에, 그 이야기를 듣는 동안 얼굴이 붉게 달아오르는 현상을 피할 길이 없었다. 국민 3명 중 1명이 일 년에 책을 한 권도 안 읽는 대한민국이 어찌 세계문화를 선도할 것인가?

제대로 된 지식인이나 교양인이 되기 위해서는 30대 안쪽에 '문사철(文史哲) 600'을 마스터해야 한다. 문사철이라 함은 문학 · 역사 · 철학을 의미하는 말로서 이 세 분야가 삼위일체 되어야 한다는 것을 강조할 때 사용된다. '문사철 600'이라는 것은 문학 300권, 역사 200권, 그리고 철학 100권을 의미한다. 젊어서 이 600권을 읽지 않고서는 오늘을 책임지고 살아야 하는 지식인의 대열에 설 수가 없다는 아주 준엄한 가르침이다.

지금 한국 사회는 경제논리와 실용적 가치가 지배하는 세상이 되어 버렸다. 즉 경제적 부와 세상에서의 성공과 내 삶에 효용이 있는 것만을 강조하는 세상인 것이다. 그 와중에 문사철, 즉 문학(文), 역사(史), 철학(哲)은 뒤로 밀려나 있다. 왕따를 당하고 있다고 해도 과언이 아니다. 하지만 문사철에 기반을 두지 않은 경제적 부, 높은 지위와 명예는 한순간 허물어질 수 있는 사상누각에 불과하다. 한참 늦었지만, 이제라도 다시 사람과 삶의 기본이 되는 문사철을 제자리에 되돌려 놓는 노력이 이루어져야 할 것이다.

문사철, 즉 인문학은 무엇을 그 학문적 대상으로 선택하는가? 그 대상은 인간의 가능성이다. 인간은 끊임없이 변화하고 인간에게는 모든 가능성이 열려 있다. 인간의 현실적 제도나 조건이 어떤 선한 의도에도 불구하고 지루해지거나 억압적이게 되면 인간은 더 나은 생명 자유, 즉 대안적 가능성을 추구하는 존재이다. 그러므로 인문학자는 현실의 조건을 반성하고 모두가 자유로울 수 있는 세계를 추구한다. 문학, 역사, 철학, 언어, 예술, 종교는 이러한 상상력의 일반적 구조가 가족 유사적 특성을 가진다고 생각한다. 문(文), 사(史), 철(哲), 언(言), 예(藝), 종(宗)은 본질적 법칙도 고정된 양식도 고집하지 않는다. 이들이 주장하는 것이 있다면 더 나은 인간 가능성의 확장일 뿐이다.

　지금은 고인이 된 스티브 잡스(Steven Paul Jobs)는 2010년 1월 27일 아이패드 발표회에서 이런 말을 하였다. "우리가 아이패드를 만든 것은 애플이 항상 기술과 인문학의 갈림길에서 고민해 왔기 때문입니다. 그동안 사람들은 기술을 따라잡으려 애썼지만 사실은 반대로 기술이 사람을 찾아와야 합니다." 기술 그 자체에만 빠지지 말고 인문학, 즉 인간을 생각하는 것이 우선되어야 함을 강조하는 내용이다. 우리나라 삼성의 IT 기술력은 세계 1위라고 한다. 그러나 그들만 못한 것은 인간을 생각하는 힘의 부재가 아닐까? 앞서가는 사람은 늘 인간이 그들 생각의 중심에 있었다. 그것이 오늘날 진정한 경쟁력이다.

1) 문사철(文史哲)은 인간의 가능성이다

인문학의 모범은 누구일까? 인문학의 이해에 따라 다른 유형들이

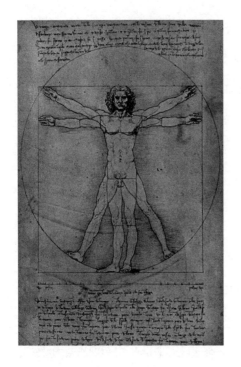

레오나르도 다빈치의 '비트루비우스의 인체비례'

선택될 수 있을 것이지만 레오나르도 다빈치(Leonardo da Vinci)와 다산 정약용을 꼽을 수 있다. 두 사람은 불우한 환경에도 불구하고 고전을 공부하고 저술과 고안을 하였다. 다빈치는 17명의 이복남매들과 끊임없는 갈등 속에 살았고, 다산은 당파 갈등으로 오랜 귀양살이를 해야 했다.

인도의 타고르(Rabīndranāth Tagore)는 나라를 빼앗기고 슬픔으로 괴로운 나날을 보내었다. 국가적 고난의 상황 속에서 아버지를 여의고 사랑하는 아내와 아들마저 잇달아 세상을 떠나게 되는 개인적 고통을 겪어야만 했다. 그는 이러한 고통을 벗어나기 위해 기도와 명상을 하면서 시 쓰는 일에 몰두하였다. 훗날 그 고난의 용광로는 그에게 노벨상을 안겨 준 『기탄잘리』를 탄생시켜 주었다. 위대한 창조물은 고난을 통해 탄생한다. 고난이 다가올 때 고난으로 인해 침몰하는 사람도 있지만 고난을 통해 새로운 창조물을 생산해 내는 사람도 있다.

다빈치는 고전을 공부하고 해석하면서 인간해부학, 기계역학, 건축, 회화에 대해 저술하면서 그림을 그렸다. 다산은 정법, 지리, 의학, 교육에 대해 쓰면서 시를 지었다. 다빈치는 건축, 기계, 무기 비행기 잠수함 자전거를 디자인하고, 다산은 한강의 배다리(丹橋)를 설계하고, 수원성의 축조 시 거중기·고륜(鼓輪), 활차(滑車) 등의 건설기계를 창안했으며, 볼록렌즈와 프리즘의 원리도 밝혀냈다.

다빈치는 평화와 동물을 사랑하는 채식주의자면서 오른쪽으로는 글을 쓰고 왼손으로 '모나리자'를 그렸다. 다산은 계급적 인간론의 대안으로 능력주의 신분제를, 주자학의 도덕주의적 심성론 대신에 외적 환경론에 입각한 욕망론을 『목민심서』 등에 기록하였다. 이들은 억압적 현실로부터 벗어날 수 있는 대안적 삶을 꿈꾸었는데 이들의 상상력은 나아가 대안적 삶을 살도록 저술로, 고안으로 표현되고 있었다. 이들의 천재성은 한 주제에 머물러 있지 않고 인간의 통합적 조건을 향했다.

'위다산제생증언(爲茶山諸生贈言)'라는 것이 다산의 이야기이다. "세상에는 많은 공부가 있다. 제일 어려운 것이 과거 공부이고, 그 다음이 행정실무 공부이고, 그 다음이 고문(古文 : 문사철)공부이다. 그러나 고문인 문사철(文史哲)을 익히 배운 뒤에 과거 공부나 행정실무 공부를 하면 큰 힘을 들이지 않고도 쉽게 성공할 수 있으나, 고문에는 어두우면서 과거 공부만 한다면 뒷날 아는 것이 없어서 크게 고생만 한다."
요즘 인문학이나 문사철(文史哲)에 하등의 조예도 없이 그냥 사법고시,
행정고시와 같은 시험에만 합격하여 높은 벼슬에 오른 뒤 저지르는
무서운 죄악을 보면서 다산의 말씀이 생각난다.

2) 문사철(文史哲)은 세상을 구하는 마음이다

토마스 바트린은 "책이 없다면 신도 침묵을 지키고, 정의는 잠자
며, 자연 과학은 정지되고, 철학도 문학도 말이 없을 것이다."라고 했
다. 고전적 인문학인 문학·사학·철학은 사람은 왜 살며, 어디서 와
서 어디로 가는 존재이며, 어떻게 살아야 옳은가에 대해 끊임없이 묻
고 또 묻는 가치 추구를 본령으로 한다.

이에 대한 물음과 응답을, 철학은 매우 추상적으로 진술하며, 문학
은 매우 구체적으로 '보여' 준다. 문학은 물음과 응답, 그 중간 좌표에
놓이는 것이다. 특히 문학은 상상력의 폭과 높이와 깊이를 보여 준다
는 점에 특성이 있다.[1]

고전적 인문학을 제대로 공부한 사람은 개인의 삶이나 정치·경
제·사회 등 역사의 '로드 맵'을 제시하고, 그 진운(進運)을 예견하여
보여 준다. 정치·경제의 원리도 인문학에서 찾는 것이 옳다는 뜻이
다. 그런 면에서 보면 인문학은 인생의 나침반이요 등대다. 이 험난하
고 유혹 많은 우리의 인생 항로에서 인문학이라는 나침반과 등대도
없이 어떻게 바른 인생길을 헤쳐 나갈 수 있겠는가? 인문학이 위기에
처한 이 시대의 인류는 목표도 길도 없이 맹목적으로 항해하는 항해

사일 수밖에 없다.

한결같이 인생에 대한 가치와 방향을 고집한 사람들이 있다. 옛 선비들은 청빈(淸貧)을 자랑으로 여겼다. 고려 때 청백한 관리 유응규는 부하가 바친 꿩 두 마리를 뇌물이라 하여 받지 않았다. 그의 묘비명의 마지막에 나오는 석유금고(昔襦今袴)라는 말은 '예전이나 지금이나 한결같으니 집집마다 칭송하는데'라는 뜻이다. 이를 번역하면 "옛날의 저고리요 지금의 바지라."이다. 이는 한결같은 사람으로 그의 인품을 나타내고 있다. 조선 세종 때의 청백리 정승 최만리, 황희, 정찬손 등은 가난하여 담이 허물어지거나 비가 새는 집에서 살았다. 인조 때의 영의정 신흠은 무너진 집과 방을 수리할 돈이 없을 만큼 청빈하였다. 맨발의 그리스 철인 소크라테스는 진리를 위하여 독배를 택하였고, 디오게네스는 그의 통나무 거처를 찾아온 알렉산더 대왕에게 햇볕을 가리지 말라고 꾸짖었다. 이들은 한결같이 인생에 대한 가치와 방향을 고집스럽게 지키고 있다.

이성계의 쿠데타를 인정할 수 없었던 고려 말의 엘리트 문인과 무인들은 개성 만수산 두문동에 들어가 숨어 버렸다. 그야말로 두문불출(杜門不出), 불을 질러도 세상으로 나오지 않고 그 불 속에서 생을 마쳤다. 120명 엘리트의 순절(殉節)이었다. 정몽주의 죽음도 다를 바 없다. 우리가 여기서 세조 때의 사육신·생육신이나 병자호란 때의 삼학사 등을 옹호한 것은 강경파 근본주의자, 원리주의자를 무조건 지지하자는 이야기와는 다르다. 신숙주 같은 타협 파를 무조건 폄훼하자는 것도 아니다. 인간은 왜, 어떻게 살아야 하는가 하는 '사람다운 길'이 무엇인가를 살펴본 것이다.

책 읽기의 목적은 세상을 구하는 마음이어야 한다. 사람다운 길을 찾기 위한 독서이어야 한다. 정약용은 만백성에게 혜택을 주어야겠다는 생각으로 하는 독서가 참다운 독서라고 가르쳤다. 처음에는 경학(經學)을 공부하여 밑바탕을 다진 후에 옛날의 역사책을 섭렵하여 옛 정치의 득실과 잘 다스려진 이유와 어지러워진 이유 등의 근원을 캐본 다음, 반드시 실용의 학문, 즉 실학(實學)에 마음을 두고 세상을 구했던 글들을 즐겨 읽으라고 당부하였다. 마음에 항상 만백성에게 혜택을 주어야겠다는 생각과 만물을 자라게 해야겠다는 뜻을 가지고 있어야만, 참다운 독서를 한 사람이라는 것이다.

3) 문사철은 세 개의 보물창고이다

문사철은 세 개의 보물창고로 비유할 수 있다. 문학은 '언어의 보고(寶庫)'이다. 우리가 살아가는 데는 단순한 생활어(生活語)로만으로도 충분하지만, 교양인이거나 지식인의 대우를 받자면 문화어(文化語)를 구사할 줄 알아야 한다. 공자는 '시를 배우지 않으면 세상에 나설 수 없다.'고 하였다. 시는 문학보다 더욱 함축된 인간의 감정을 담은 글이다. 사람이 살아가는 데는 논리, 이성보다는 인정과 배려에 기초한 공감력이 훨씬 중요하다. 다른 사람의 마음을 이해할 수 있는 사람은 자신을 이해하고 있는 사람이다. 문학은 자신의 마음에 대한 이해가 다른 사람의 감정을 느낄 수 있도록 만든다. 나는 문학에서 사람 사이의 모든 문제에 해결할 수 있는 기초가 만들어진다고 믿는다.

역사는 '체험의 보고'이다. 역사는 반복된다. 하나의 플롯(plot)이 있다는 것이다. 역사란, 역사가와 사실 사이의 부단한 상호작용의 과정이며, 현재와 과거 사이의 끊임없는 대화이다. 독서광 나폴레옹이 역사책을 읽으면서 한 말이 있다. "나의 지식으로 하여금 늘 역사를 읽게 하여 반성함이 있도록 하라. 이것이 유일한 진실의 철학이다. 또 그로 하여금 탁월한 군인의 역사를 읽게 하라. 이것이 전술을 배우는 데에 유일한 옳은 방법이다." 이 말은 역사책을 읽음으로써 과거의 삶을 반성하고 현재를 살아갈 지혜를 얻을 수 있다는 뜻이다.

헬렌 켈러(Helen Adams Keller)는 문학 다음으로 좋아하는 책이 역사책이었다. 그녀는 열세 번째 생일을 맞이하여 생일 선물 받은 스윈톤의 『세계사』를 통해 "나는 이 책에서, 지상의 거인이라고 할 수 있는 소수의 지도자가 모든 것을 발밑에 짓밟아 버리면서, 결정적인 한마디로 몇 백만 명에게 행복의 문을 열어 주기도 하고, 반대로 몇 백만 명에게 그것을 닫아 버리기도 한다는 것을 배웠습니다."라고 했다. 콜링우드(Robin George Coilling wood)는 "역사는 죽은 과거가 아니라 현재 속에 살아 있는 과거이다."라고 했고, 에드워드 카(Edward Hallett Carr)는 "역사는 과거와 현재의 끊임없는 대화이다."라고 했다. 토인비(Arnold Joseph Toynbee)는 "역사는 만인과 만인의 투쟁이다."라고 했으며 신채호는 "역사는 아(我)와 비아(非我)의 투쟁이다."라고 역사를 정의했다. 이들의 역사에 대한 정의는 역사는 체험의 보고로서 현재의 이야기로 이해할 수 있다.

철학은 '초월(超越)의 보고'이다. '나는 누구인가? 무엇을 원하는가?

행복이란 무엇인가?' 이러한 질문에 대해서는 정보의 바다라는 인터넷을 뒤져도 마땅한 해답을 찾을 수가 없다. 이러한 질문을 던지고 해답을 구하는 것은 누군가에게 강요받아서 되지 않는다. 인간이면 누구에게나 자연스럽게 생겨나는 질문이며 여기에 대해 답을 찾는 사람이 철학자이다.

철학(Philosophy)이란 단어는 그리스어로 '필로스(사랑, Philos)'와 '소포스(지혜, sophos)'가 결합된 말이다. 따라서 철학이란 지혜를 사랑하고 추구하는 학문이다. 철학은 '인간이란 무엇이며, 세상은 왜 이렇게 이루어졌을까?' 하는 질문에서 '인간은 어떻게 살아야만 하며 우리가 사는 세상은 어때야만 하는가?'에 대한 물음까지 답을 구한다. 한마디로 철학은 인간이 생각할 수 있는 모든 문제를 다룬다. 그래서 철학은 모든 학문의 기초가 된다.

칸트는 독일 시민들에게 이렇게 말한다. "사페레 아우데!(Sapere aude! 스스로 생각하는 것을 두려워하지 마라!)" "우리는 철학(Philosphie)하는 것이 아니라 철학하기(Philosophieren)를 배워야 한다." 칸트는 철학을 배우는 것은 어떤 철학사상이나 이론을 배우는 것이 아니라 '철학하기'를 배우는 것이라 했다. 우리가 철학서를 읽는 것은 철학하는 태도와 정신을 고양하는 것이다. 더 나은 진리를 찾으려는 우리의 태도와 정신을 말하는 것이다. 참된 것에 대해서 순수한 마음과 애정을 가지고 권위와 독선에 맞서 스스로 참된 앎의 길로 나서는 것이 철학독서의 이유이다. 우리가 풍요롭게 살기 위해서는 현실보다 더 환상적인 초월의 세계가 있다는 사실을 전제해야 한다.

문사철을 대하는 태도는 일생을 더 지혜롭고 더 아름답게 하기 위함이어야 한다. 조선조 말기, 위정척사(衛正斥邪)의 상징이나 다름이 없었던 화서 이항로(華西 李恒老) 선생의 독서론은 오늘을 사는 우리들의 마음을 섬뜩하게 한다. "내가 중용(中庸)을 외기를 만 번까지 하였는데, 한 번 욀 때마다 뜻이 달랐다. 내가 살아서 다시 중용을 왼다면 무엇을 깨닫게 될지 참으로 두렵다."

물론 옛날에는 전공분야가 오늘날처럼 세분되지 않았기 때문에 같은 책을 수없이 되풀이해서 읽어야 하는 것은 불가피했다. 세종대왕도 책을 묶은 가죽끈이 닳아서 끊어질 때까지 읽었다고 하지 않는가! 그러한 독서가 책 속에 담겨 있는 천금 같은 내용을 숙지하게 되고, 실천하게 하는 도덕적 용기의 원천이다.

우리가 책을 가까이 해야 하는 것은 삶의 본질을 더 지혜롭고, 조화롭고, 더 아름답게 가꾸기 위한 것이지 책을 읽어서 꼭 엄청난 학문을 성취하고자 하는 것이 아니다. 율곡 이이 선생의 가르침에도 기막힌 대목이 있다. "의복은 화려하거나 사치한 것을 입을 것이 아니라 추위를 막으면 그뿐이며, 음식은 맛난 것을 먹는 것이 아니라 굶주림을 면하면 그만이다." 바로 이와 같은 법도를 터득하여 몸소 실천하기 위해서 책을 읽는 것이 바른 도리이다. 그러기 위해서는 자신의 인생을 살찌게 하고, 자신의 삶을 진솔하고 윤택하게 할 수 있는 내용이 적힌 좋은 책을 골라서 반복하여 읽고 소중하고 아름다운 내용을 자신의 것으로 만들어야 한다. 그것이 참된 독서의 방법일 것이다.

4) 왜 경전인가?

유가가 다른 학파보다 우위에서 중국 사상계와 교육계의 주류를 이룬 데에는 몇 가지 요인이 있다. 먼저 유가는 다양한 사상을 포용하고 있는 '경전(經典)'을 지니고 있다는 점을 들 수 있다. 유가 경전에는 고대로부터 내려오는 중국인의 사상이 내포되어 있고, 인간이 갖추어야 할 가장 기본적인 윤리가 담겨 있었다. 공자로부터 직접 교육을 받은 제자들뿐만 아니라 경전교육을 통해 유가사상을 지닌 수많은 유학자가 배출되었고 그 제자들은 중국의 사상계를 지배하였다. 『논어』 「학이(學而)」편의 첫 구절인 "배우고 때때로 익히면 또한 기쁘지 아니한가(學而時習之 不亦說乎)."라는 내용은 바로 자신의 수양은 물론 세상을 향한 유가교육의 본질이 무엇인가를 분명히 밝히고 있다. 이처럼 공자는 교육을 통해 보다 나은 인간으로 발전할 수 있다고 믿은 최초의 교사였던 것이다.

1945년 8월 6일 일본의 히로시마, 나가사키에 원자탄 세례를 받은 일본 천황은 8월 15일 '무조건 항복'을 선포했고, 제2차 세계대전은 끝났다. 이 전쟁의 참상을 본 미국의 과학자들은 파업을 선언했다. 자기들의 피땀 어린 연구 업적이 전차, 군함, 대포, 원자탄 같은 무기로 인간을 죽이고 상처 내는 데 악용되는 것을 더 이상 보고만 있을 수 없다는 것이었다.

각 분야의 지식인, 전문가, 언론인, 정치인들은 이 사태에 대하여 고심했다. 그리고 마침내 '가치관' 문제로 접근하여 이들을 설득하는 데 성공했다. 과학자들의 연구 성과 자체는 가치중립적인데, 그것을 어떻게 활용하느냐 하는 것은 인간의 가치관에 달린 문제라는 것이 그들의 주장이었다. 과학자들 주장대로 하면, 군인들에게 식품을 제공하는 농업인·목축인·군화를 만드는 제화공들까지도 파업을 해야 할 것인가 하고 반문(反問)하였다.[2]

마이클 그린(Michael Green)은 "왜 기독교에서는 인간의 가치를 그렇게 높이 평가하는가?"라고 묻는다면 "우리는 인간이 우주와 그 안에 거하는 만물을 만드신 창조주이신 인격적인 하나님의 형상(imago)으로 만들어졌다는 사실을 믿기 때문이다."라고 대답할 것이라 하면서 기독교 가치관에 대해서 지적한다. 가치관 문제는 이처럼 중요하다.

우리가 지금 원자력 발전소, 새만금 간척 문제 등으로 격한 논란을 빚고 있는 것도 이 가치관 문제와 깊이 관련되어 있다. 더욱이 생명 공학자의 줄기세포 배양과 연구에 대하여 논란이 일고 있는 것도 궁극적 가치관의 명제(命題, proposition)인 '생명 창조의 주체' 문제 때문이다.

정신분석학자 프로이트(Sigmund Freud)는 인류가 역사적으로 당한 모욕 가운데 다윈(Charles Robert Darwin)의 진화론을 우선 꼽았다. 인간은 '창조의 면류관'이라 할 만큼 특별한 존재가 아니라 진화의 역사 속에서 다른 생명체들과 얽혀 진화해 온 하나의 생물에 지나지 않는다는 게 진화론의 핵심이다. 진화론은 인간의 존재를 자연의 세계 '위에' 있는 특별한 존재로, 우주의 중심으로 보는 기독교의 전통적 인간관에 반한다. 결국 인간은 세계의 중심에서 추방당한다. 창조론과 진화론은 '인간의 기원'에 관한 문제에 국한되지 않고, '인간과 자연의 관계'의 문제와도 연관돼 있다. 기독교에서 인간은 하나님이 그의 '형상을 따라' 처음부터 하나의 특별한 종으로서 창조했으며 '자연 위에' 있는 존재로 이해된다. 반면 진화론에서 인간은 진화의 산물, 그 이상은 아니다.

진화론은 두 가지 원리를 제시한다. '종의 변이'와 '자연 선택(도태)' 이 그것이다.[3] 한 생물의 종이 다른 종으로 바뀐다는 것은 창조설을 근본적으로 뒤엎는다. '자연의 선택'의 경우도 마찬가지이다. 한 개체의 출현, 성장, 사멸이 힘과 경쟁의 현실적 원리에 따라 결정된다는 자연 선택, 적자생존의 원리는 인간과 신의 관계를 단절시킨다. 낭만주의자들이 인간을 이상적인 존재로 끌어올려 그 본성과 업적을 찬미한 것과 달리 자연주의자들은 인간을 짐승의 수준으로 끌어내린다.

진화론은 과학적 진리가 아니라 하나의 가정(假定)이요, 하나의 사상이요, 하나의 신앙이다. 이러한 과학적 실증주의자들의 이론에 의하면 악한 사람과 선한 사람이 따로 없고, 선행이나 악행은 어쩔 수 없는 외부의 힘 때문에 빚어진 것이므로 이를 행한 인간에게는 아무런 책임이 없다는 것이다.[4]

인간을 어떻게 볼 것인가? 신의 형상을 가진 존재로 볼 것인가? 아니면 동물에서 진화한 존재로 볼 것인가? 진화론과 창조론은 그런 면에서 과학의 문제가 아니라 사상의 문제라 볼 수 있다. '가치관'이란 무엇인가? 가치관이란 '인간이 자기를 포함한 세계나 그 속의 사상(事象)에 대하여 가지는 평가의 근본적 태도'라고 정의할 수 있다. 세계관은 여러 가치관 중 특별히 세계를 바라보는 가치관이라고 할 수 있다. 가치관은 생활의 여러 국면과 과정에서 가치판단이나 가치 선택을 행사할 때 일관되게 작용하는 가치기준과 그것을 정당화하는 근거, 혹은 신념의 체계적 형태이다.

따라서 경전(經典)은 세계를 바라볼 수 있는 관점을 제공한다. 뉴턴(Isaac Newton)은 그의 원리론(principia)에서 "이 세계가 하나님의 완전한 자유의지에서만 유래될 수 있는 것"으로 단정하였다. 그래서 그는 과학적인 연구보다도 성경연구에 더 많은 시간을 보냈다고 한다. 경전은 많은 이들에게 삶의 방향을 안내하는 역할을 하고 있다. 각 종교의 경전이 당장 경영의 성공을 일러 주지는 않는다. 부자가 되는 길을 제시하는 것도 아니다. 손쉽게 써먹을 간단한 기술조차도 경전은 가르쳐 주지 않는다. 그렇지만 경전은 우리에게 삶의 큰 밑그림을 보여 준다. 우리는 그 밑그림만 있어도 우리 인생을 즐겁게 살아갈 수 있다. 칠흑 같은 어둠 속에서는 한 줄기 빛만 보아도 당장 살 수 있을 것이라는 희망을 품지 않는가? 틈틈이 경전이라는 등불을 켜들고 여러분이 가야 할 먼 삶의 길을 쉼 없이 가기를 바란다. 그런 면에서 책 읽기에서 경전 읽기는 꼭짓점에 해당한다.

사람은 누구나 자기 자신과 주변 세계에 대한 나름대로의 견해(見解)를 가지고 살아간다. 그래서 자신의 견해대로 살아가기 위해서 전제(前提)라는 구조의 틀 속에서 견해를 만들어 간다. 대부분의 사람들은 무의식 중에 유사한 전제를 가진 사람들끼리 대화하기에 큰 충돌이 없다. 하지만 자기와 다른 전제를 가진 사람들과 대화할 때는 차이가 바로 드러남을 바로 알 수 있다. 급기야는 논쟁으로까지 발전하게 된다. 따라서 세계관(世界觀, worldview)이란 사건이나 상황, 자신을 포함한 주변 세계에 대한 인식 또는 판단의 기본이 되는 '전제의 틀'이라 할 수 있다. 간단히 말하면 '세상을 보는 창'이라고 할 수 있다.[5]

세계관의 영향력은 실로 크다. 한 개인의 인격, 사상, 가치관이 형성(shape)되고, 한 개인의 미래가 결정된다. 한 개인의 가정, 직업, 인간관계의 환경과 조건이 바뀐다. 나아가 한 사회의 문화적 특징과 본질이 결정된다. 세계관은 마치 안경처럼 우리의 몸에 밀착되어 있다. 안경을 끼는 사람이 렌즈에 색깔을 넣으면 온통 그 색깔대로 보이는 것처럼, 그 사람의 세계관이 무엇이냐에 따라 세상이 다르게 보인다. 안경의 종류에 따라 보이는 대상이 달라 보이듯이 똑같은 대상도 보는 사람이 가지고 있는 세계관에 따라 서로 다르게 인식된다. 지구상의 수십억의 사람들 중에 같은 지문을 가진 사람이 하나도 없듯이 완전히 일치하는 세계관을 가진 사람은 존재하지 않는다.

사람들은 평소에 세계관에 관해 깊이 생각하지 않는다. 왜냐하면 일상의 문제를 순전히 기호(嗜好)의 문제로 생각하기 때문이다. 자신이 원하는 대로 선택하고 행동하면 되는 것으로 인식하고 있다. 예를 들어 옷도 자기가 원하는 패션 감각대로 알아서 입으면 된다고 생각한다. 음식을 먹는 것도 자기 취향대로 선택하여 먹는 것처럼 자신의 모든 문제도 자신의 기호대로 살아가는 것으로 생각하기에 심각하게 생각하지 않는다. 그러나 독특한 견해를 내세운다는 것은 단지 표면적인 현상에 불과하다. 그 속에 들어가면 전반적인 세계관의 체계, 마치 하늘을 흘겨보는 큰 건물의 윤곽처럼 안겨오는 한 비범한 세계관의 체계를 들여다볼 수 있다.

그렇다면 올바른 세계관이 왜 중요한가? 홈즈(Arthur F. Holmes) 교수는 첫째, 올바른 세계관은 일관성 있고 통일된 삶을 위해 필요하다고 하였다. 인간은 본성적으로 자기의 행동을 정당화시킬 수 있는 일관성 있는 근거가 있을 때 비로소 마음의 안정을 갖는다고 한다. 둘째, 올바른 세계관은 생동적인 삶을 위해 필요하다고 하였다. 생동적인 삶은 올바른 생의 의미가 확립될 때만이 가능하며, 의미 있는 인생관은 건전한 세계관에서 나오기 때문이다. 셋째, 올바른 세계관은 바른 사고와 행동의 방향을 설정하기 위해 필요하다고 하였다. 앞에서 개인의 선택은 세계관에 기초하여 이루어진다고 말한 대로 진로 결정, 배우자 선택, 여가 활동, 직장 선택, 가정생활, 금전 관리 등 삶의 모든 영역이 세계관의 영향을 받는다. 이런 가운데서 책임 있는 선택과 바른 우선순위의 결정을 위해서 올바른 세계관이 필요하다. 올바른 세계관을 가질 때 우리는 살아가면서 무엇이 더 귀중하며 무엇이 덜 귀중한가를 바르게 판단할 수 있으며 인류평화에 기여하는 삶을 살 수 있다.

그러한 측면에서 볼 때, 종교의 가치 실현에 있어서도 인문학적 사고는 아주 중요한 것이다. 종교의 가치 실현에 있어서 인문학적 사고는 철학이라는 학문으로 드러나게 된다. "철학은 종교를 뒷받침하는 학문이다."라고 말한 헤겔(Georg Wilhelm Friedrich Hegel)의 견해와 같이 인문학적 사고 내지는 철학적 사고를 통해서 우리는 이론적인 범주의 철학과 실천적인 범주인 종교를 융화시킬 수 있다. 그 속에서 실천적인 수행을 하는 종교인들이야말로 냉철한 지성(의)과 따뜻한 사랑(인)을 동시에 함양할 수 있는 것이다.

[미주]

1) 김봉군, 『독서와 가치관 읽기』(서울: 박이정, 2005), p. 44.

2) 김봉군, 『독서와 가치관 읽기』(서울: 박이정, 2005), p. 115.

3) 다윈, 『세계사상대전집 18』(서울: 대양서적, 1971) 참조.

4) 김봉군, 『독서와 가치관 읽기』(서울: 박이정, 2005), pp. 197-199.

5) 세계관은 다음과 같은 영역으로 이루어져 있다. 1. 창조신의 존재 문제-창조신의 존재를 부정하는 세계관들 : 무신론(유물론), 유교, 도교, 불교. 창조신을 인정하는 세계관들 : 기독교, 유대교, 이슬람교. 2. 세상과 자연의 본질 문제(Metaphysics)-존재하는 것들(being)은 어디서 왔으며 그들의 본질은 무엇인가? 그들은 신 없이 '우연'히 떠도는 것들인가, 아니면 신의 피조물인가? 창조했다면 그것들과 신의 관계는 무엇인가? 자연과 세상은 신과 동등하게 영원한가? 이러한 '존재의 출처'와 '존재의 본질'에 대한 질문에 대해 사람들은 매우 다른 관을 가지고 있다. 다음이 그 대표적 관들이다. 3. 지식 인식의 문제(Epistemology)-우주의 기원, 창조주 신, 인간, 세상, 자연 등에 대한 '바른 지식', 즉 '진리'는 알 수 있는가? 아니면 알 수 없는가? 합리주의(Rationalism)적 세계관, 과학실증주의(Scientific Positivism), 세계 종교(World Religions)들의 세계관, 불가지론(Agnosticism)의 입장, 기독교적 계시론(Christian Revelation). 4. 인간에 대한 문제(Anthropology)-인간은 어디서 왔는가? 인간의 본질은 무엇인가? 인간 존재와 삶의 의미는 무엇인가? 인간은 몸인가 정신(영)인가, 아니면 그 둘의 합일체인가? 사후에는 어떻게 되는가? 이러한 '인간에 대한 문제'는 매우 대답하기 어려운 문제이다.

2부 개관하기 : 명작 세계를 보라
(Survey)

. 제목을 읽어라

. 목차를 읽어라

. 서론/결론을 읽어라

. 책 배경을 읽어라

Survey
절반의 책 읽기

　앞 못 보는 이가 코끼리의 일부만 만져보고 코끼리 전체를 이야기하는 모순을 풍자하는 우화가 있다. 코끼리에 대해 제대로 알려면 코끼리의 전체를 알아야 한다. 그러나 그렇게 단순하게만 볼 수는 없다. 코끼리의 코는 부분이지만 코끼리의 전체를 상징해 준다. 결국 부분과 부분의 관계도 다르고 각 부분과 전체의 관계 양상도 맥락에 따라 다르다.

　개관하기(Survey)는 절반의 책 읽기에 해당된다. 전체는 부분들의 상호작용이 없이는 이루어질 수 없다. 그래서 책을 상세히 읽기 전에 전체를 간단하게 살펴보는 것이 중요하다. 제목, 저자, 목차, 서문, 삽화나 문자 크기, 출판사 등은 부분이지만 전체를 상징하기 때문이다. 제목은 책 전체를 이끌어 가는 책 읽기 방향을 제공할 뿐만 아니라 가장 핵심적인 부분을 발견하게 한다. 책 제목은 한 권의 책을 연결하고 통합해 주는 키워드가 되기도 한다. 또한 책 제목은 책 내용을 상징하고, 그 내용을 광고하는 기능도 가지고 있다. 이 책의 내용은 이러이

러한 것이니 독자로 하여금 읽도록 광고하는 기능을 갖고 있다. 제목
은 책의 내용이 어떠한 것인가를 짧은 말로 요약해서 독자에게 제시
하거나 안내하는 기능을 가지고 있다.

목차는 글의 큰 제목과 하위 제목들 간의 위계적인 구조를 일컫는
다. 글의 목차는 읽을 글에 대한 주제 확인을 돕고 이는 이어져 나오
는 글의 명제들을 이해하는 데 적절한 맥락을 제공한다.

서론의 기능이 읽는 이가 글을 읽고 싶은 마음이 들게 하는 것이라
면 결론의 기능은 글의 내용을 읽는 이에게 명료하게, 그리고 오래도
록 기억하게 하는 것이라 할 수 있다.

개관하기(Survey) 단계는 훑어 읽는 것이 막연한 방관자의 읽기 작
업은 아니다. 읽기를 시작하기 위해 그 읽기 대상의 윤곽을 잡는 준비
과정이거나 정보 수집을 위한 읽기라고 할 수 있다. 특히 역사나 과학
분야는 문학과 달라서 소제목이 상징적이거나 시적으로 표현하지 않
고 아주 실제적이며 핵심을 서술하기 때문에 SQ3R 독서방식이 유용
하다. Survey단계에서 살펴볼 항목들은 다음과 같다.

1. 제목 읽기 : 무엇에 대한 글인가? 이 주제에 대해 나는 얼마나 알고
있는가?
2. 목차 읽기 : 책의 구조, 전개과정을 살펴서 제목으로 글 전체의
위계를 파악한다.
3. 서론 읽기 : 책의 논지와 각 장의 중심 생각은 대개 이 위치에 있다.
4. 저자 읽기 : 저자의 전문성, 사상, 저술의도를 알 수 있다.
5. 출판 정보 : 책의 대중성, 전문성을 통해서 검증된 책인지 알게 한다.
6. 요약 읽기 : 책날개나 뒷표지에 쓰인 요약은 글의 핵심이나 방향
이나 결론을 제시해 준다.

Part 1
제목을 읽어라

1) 책 읽기 방향을 제공한다

사람들이 한 권의 책을 선택하는 이유는 참으로 다양하다. '베스트셀러니까, 작가가 좋아하는 작가라서, 이 출판사는 믿을 만하니까, 누군가가 재미있다고 하니까, 그냥….'까지. 어떤 사람은 책을 고를 때 책 제목에 많은 관심을 가진다. 내 지인 가운데 한 사람은 파울로 코엘료(Paulo Coelho)의 책을 좋아한다. 그 이유는 제목이 멋져서란다. 『베로니카 죽기로 결심하다(*Veronika Decides to Die*)』, 『피에트라 강에서 나는 울었네(*By The River Piedra I Sat Down and Wept*)』 등 제목만 보면 뭔가 극적인 일들이 일어날 것만 같다는 것이다.

책 제목은 사람으로 치면 첫인상과 같을 것이다. 딱 보고 심심할 것같이 느껴지는 것도 있고, 왠지 느낌부터 뭔가 멋지고 기대감이 부풀게 하는 제목이 있는가 하면 시대적인 느낌이 확 오는 제목들도 있다. 제목이 좀 심심할 것 같다는 생각으로 선택했지만 막상 읽어보니 내용이 너무 멋져서 제목이 좀더 멋졌더라면 하고 아쉬움이 남는 책도 있고, 일부러 의도를 감춘 책들도 있다. 사람들의 첫인상이 그렇게 중요하지 않다고 말하면서도 상당히 영향력이 있는 것처럼 책 제목들도 그렇다.

책의 주제는 일차적으로 제목에서 나타난다. 책의 제목에 따라 같은 저작물이라도 주제와 내용, 성격 등 책에 대한 이미지는 독자의 뇌리에 다르게 각인된다. 이것은 딱히 책에만 국한되는 것은 아니다. 영화나 음악, 그 외 의류나 가방, 방송프로그램 명도 마찬가지이다. 구글(Google)의 원래의 이름은 백럽(Back Rub)이었다고 한다. 구글이 백럽이었다면 지금과 같은 성공을 거두었을까 하는 의문도 든다.

제목 읽기는 책 읽기 방향을 제공한다. 세계 명문대를 졸업한 하버드 박사 임마누엘 페스트라이쉬(Emanuel Pastreich)가 쓴 에세이 『인생은 속도가 아니라 방향이다』는 한국에서 성찰하는 지식인으로서 다른 관점에서 본 한국 문화의 흐름에 대해 이야기한다. 단지 시험을 통해서 학생들의 수업 이해 능력을 다시 내뱉게 하는 것은 인간을 기계화하는 것이나 다름없다. 우리의 두뇌는 실리콘이 아닌 물과 탄소로 이루어져 있기 때문에 인간은 기계와 경쟁할 수 없다. 그러한 잘못된 비교는 결국 비극만을 가져올 뿐이다. 더욱이 컴퓨터 엔지니어나 법률가로 양성된 학생들은 그들이 살아가면서 자신의 직업이 사라지는 것을 목격하게 될지도 모른다. 어떻게 그러한 일이 벌어질 수 있을까?

그 이유는 전례 없는 기술의 성장으로 인하여 10년 안에 그러한 직업들이 자동화 될 수 있기 때문이다. 이미 많은 법률회사가 자동화로 인하여 변호사를 해고하고 있다. 다음 차례는 의사가 될 것이다. 회계사는 이미 정리 작업에 착수했다. 이와 같이 책 제목의 가장 큰 기능은 이 책의 흐름과 방향을 제공하는 것이기에 제목 읽기는 매우 중요하다.

2) 책을 통합해 주는 키워드

제목 읽기는 한 권의 책을 통합해 주는 키워드가 된다. 『매일 죽는 사람』이라는 제목을 가진 소설을 예로 들어보자. "일요일인데도 그는 죽으러 나가려고 구두끈을 매고 있었다."라는 첫 문장부터 독자들의 눈을 확 잡아당긴다. 이 사람은 왜 죽으러 나가려는 것일까? 독자는 불안 속에서 궁금해진다. 이 사람은 왜, 하필이면 일요일에 죽으러 나가려는 것일까? 요컨대 "매일 죽는 사람"은 생존의 방편으로 죽음을 연기해야 하는 한 엑스트라 사내를 통해 죽음에 저당잡힌 왜소하고 무기력한 인간의 초상을 그려 보이고 있다. 이와 같이 책 제목을 읽는 것은 매우 중요하다. 책 제목이 방향을 설정해 줄 뿐만 아니라 각 장을 연결하고 통합해 주는 키워드가 되기 때문이다.

명진 스님이 『중생이 아프면 부처도 아프다』라는 책을 냈다. 세상의 거짓에 대한 준엄한 죽비소리와 오로지 물질적으로만 잘살려고 하는 우리 시대의 욕망에 대해 도덕적 성찰을 담은 사회성찰이야기이다. 나는 이 책의 제목이야말로 불교가 지향하는 바를 잘 통합하고 있다고 생각한다.

3) 학습동기를 제공한다

학생들의 경우에는 책 제목은 학습 동기를 제공한다. 교과서를 예로 들어보자. 학생들은 먼저 새 교과서를 받으면 제목을 읽는다. 제목을 염두에 두고 왜 이 교과목이 국어인지, 또는 사회인지에 대한 이야기를 시작으로 해서 이야기를 나누어본다. 아이들이 "엄마, 국어는 왜 배워? 꼭 수학을 배워야 하나? 수학을 배워서 어디에 써먹나? 과학은 왜 배워?"라고 물을 수 있다. 있을 수 있는 질문이다. 중요한 질문이다. 이때 막상 뭐라고 대답하기 어렵다 하더라도 그 질문을 무시하거나 "세상에 쓸모없는 게 수학이더라."라는 식의 부정적인 대답만 하지 않으면 된다. 궁금증만 유발시켜 주면 된다. 왜냐하면 그런 질문에 대해서 아이들이 스스로 답을 찾게 하는 데 동기를 유발시키기 때문이다.

교과서를 읽는 데는 교과목 이름에 대한 이해가 가장 기본이라고 생각한다. 아이들과 교과서 제목으로 이야기를 나누는 시간은 기대했던 것보다 더 많은 것을 배우고 생각의 넓이를 확장하게 해줌을 발견하게 된다. 아이들의 질문에 뭐라고 대답할지 궁금하다. 엉터리 대답일 때도 분명 있을 거다. 틀려도 괜찮고 황당한 이야기여도 괜찮다. 부모나 교사와 함께 수학에 대해, 국어에 대해, 사회 과학에 대해 이야기를 나누는 그 시간이 공부라는 것이 재미있고 살면서 꼭 필요한 것이라는 것을 깨닫게 되는 계기가 될 것이 틀림 없기 때문이다. 과목 이름의 이해는 가장 쉬우면서 가장 큰 공부 동기를 제공하는 키워드이다.

[미주]

1) 임마누엘 페스트라이쉬, 『인생은 속도가 아니라 방향이다』(서울: 노마드북스, 2011). 이 책은 한국에서 단순히 의식주 차원이 아닌 고민하고 성찰하는 지식인으로서의 편안함을 느낀 저자가 다른 관점에서 본 한국 문화의 흐름에 대해 이야기한다. 저자는 민족이란 협소한 개념에서 벗어나 당당한 세계의 리더로서 한국의 위상이 정립되기를 바라며, 21세기 인문학은 왜 중요하며, 진정한 교육의 의미는 무엇인지 자신의 경험을 예로 들어 알기 쉽게 설명한다. 더불어 인문 교육의 부활을 위해 한국의 교육 현실을 진단해 그 대안을 제시하고 있다. 이와 함께 한국에서 인문학 교수로 살아온 저자가 느낀 문제점들을 한국인들의 독특한 반어적 표현법, 예절과 가부장문화, 사교문화 등 재미있는 에피소드를 통해 인문학적으로 풀어내고 있다.

2) 조해일, 『매일 죽는 사람』(서울: 창작과 비평사, 2005)은 조해일의 1970년 중앙일보 신춘문예 당선작이다. 이 작품은 자신의 운명을 자의적으로 선택할 수 없는 한 인물의 이야기를 다루고 있다.

Part 2
목차를 읽어라

　목차는 마치 고급 음식점에서 코스요리를 즐길 때, 앞으로 나올 음식들을 안내하고 있는 음식목록 표와 같은 역할을 한다. 물론, 어떤 음식이 나올지 모른 채 음식을 먹는 것도 그 나름의 모험심을 자극하겠지만, 구체적인 기대감은 주지 못한다. 낯선 프랑스식 이름의 음식을 보면서, 이 단어가 달팽이를 의미하는 것인지, 거위 간을 의미하는 것인지 등의 예상과 예측을 하면서 느끼는 기대감도 낯선 모험심을 자극할 뿐만 아니라 미리 입맛이 다셔지는 효과도 있다.

　책의 목차를 통해서 책이 담고 있는 여러 가지의 맛을 예상하면서 기대하면, 마침내 책의 내용들이 매끄러운 글 솜씨와 함께 잘 차려져 나왔을 때, 무작정 모험심에 맡겨 버린 기대감과는 사뭇 다른 기쁨을 누릴 수 있다.

이런 면에서 보면 책을 읽거나 쓸 때의 출발점은 목차 읽기에서 시작된다고 해도 과히 틀린 말은 아닐 것이다. 목차를 잘 읽고 내게 필요한 책을 잘 선별하는 작업이 필요하다. 실제로 책을 고르는 것은 '작업'이라고 할 만큼 높은 집중력과 사고력이 소요되는 일이지만, 그렇다고 재미없고 지루한 일은 결코 아니다. 목차를 하나하나 살펴보면서 그 안에 담겨 있을 내용들을 예상해 보고, 이야기의 흐름을 따라가다 보면, 책 읽기가 기대가 됨은 물론, 내 이야기를 읽게 될 사람들에게 어떤 말을 전하면 될 것인가 그리고 그 방법은 무엇인가를 끝없이 샘물을 긷듯 퍼올릴 것이기 때문이다.

성공적인 책 읽기가 되기 위해서는 목차와 친해져야 한다. 책을 무작정 읽던 어린 시절에는 목차를 살펴본다는 것에 대한 의미는커녕 그것이 참으로 재미있는 일임을 깨닫지 못한다. 대개 머리말을 읽는 것으로 책의 전체적인 내용을 파악하곤 했지만, 머리말로 표현한 책의 전반적인 아이디어를 어떻게 구현하고 있는지는 목차를 펼쳐봐야 알 수 있었다. 그리고 머리말을 인사말 정도로 알고, 감사의 말만 늘어 놓는 저자들도 있기에, 목차 읽기는 모든 책 읽기의 시작이라고 해도 과언이 아니다.

읽고 싶은 책을 고를 때에도 목차 읽기는 매우 유용하다. 비록 우리나라의 책값이 그리 고가가 아니라 해도 호기심과 지적 자극을 유발하는 책을 구입해야 투자한 만큼의 유익을 얻을 수 있기 때문이다. 즉 전체적인 골격을 파악한 후에야 바른 책 읽기가 비로소 가능해진다. 목차를 파악하고 책을 읽으면 줄거리를 일탈할 위험도 그만큼 적고, 목적의식이 생기게 된다. 목차 읽기는 반드시 익혀야 할 습관이면서도 가장 좋은 습관의 하나라고 할 수 있다.

1) 흐름을 타라

목차 읽기가 중요한 이유는 목차 안에 담긴 글의 흐름을 타는 것이 중요하기 때문이다. 목차는 개략적인 내용을 살펴볼 수도 있고, 내용을 미루어 예측할 수도 있게 한다. 책을 읽는 사람도 그렇지만, 책을 쓰는 사람에게는 특별히 신명이 나서 글을 쓰는 순간이 있다. 글을 쓰는 스스로도 새롭게 깨달은 점들이 있거나 정말 자신이 목 놓아 이야기하고 싶었던 부분이나 한창 클라이맥스가 되는 치밀하고도 날카롭게 하지만 진중하게 다듬어야 하는 부분이 반드시 있다. 글의 흐름을 읽는다는 것은 이러한 글의 역동성을 파악하는 것이다. 아마도 저자가 흥미를 갖고 있고, 분명하게 전달하고 싶은 것이라면, 그러한 위치를 표시하는 데에는 다른 항목과는 차이가 나는 색다른 표현법을 쓸 것이다.

데일 카네기(Dale Carnegie)의 『자기관리론(*How to stop worrying and start living*)』[1] 제4장의 목차를 살펴보자.

Part 4. 평화와 행복을 부르는 정신자세를 갖추는 일곱 가지 방법
　1. 인생을 바꿔 놓을 한 문장
　2. 앙갚음은 비용이 많이 든다
　3. 감사의 표시를 받지 못해 화가 날 때
　4. 10억을 준다면 지금 갖고 있는 것을 포기하겠는가?
　5. 자신을 알고 자신의 모습대로 살라
　6. 신 레몬을 받으면 레모네이드를 만들어라
　7. 2주만에 우울증을 치료하는 방법

이 장에서 5절의 제목이 훈화적이고 목적적임을 금방 알아차릴 수 있다. 그것도 앞서의 설명과 설득, 사실의 제시와는 다른 명령조의 어투로 바뀌었다. 흔히 '고갱이'라는 표현을 쓰듯이, 이 책의 이 챕터의 핵심은 바로 이 5절에 담겨 있다고 볼 수 있다.

책 전체의 챕터 중에서 4장이 차지하고 있는 위치부터가 다르다. 전체적인 챕터별 제목을 보라. 이 챕터의 제목부터가 다른 챕터들과 비교하면 범상치 않게 세부적이고 긴 제목이다.

Part 1. 걱정에 대해 알아야 할 기본 사실
Part 2. 걱정 분석의 기본 테크닉
Part 3. 걱정하는 습관을 없애는 방법
Part 4. 평화와 행복을 부르는 정신자세를 갖추는 일곱 가지 방법
Part 5. 걱정을 극복하는 완벽한 방법
Part 6. 비판을 받고도 걱정하지 않는 방법
Part 7. 피로와 걱정을 막고 활력과 의욕을 고취시키는 방법
Part 8. 하고 싶은 일을 하며 성공하는 일을 선택하는 방법
Part 9. 돈과 관련한 걱정을 줄이는 방법

어떤가? 느낌이 오는가? 걱정으로 시작하는 앞뒤의 장과는 달리 '평화와 행복'이라는 매우 긍정적인 단어로 시작함은 물론, 그 제목부터가 '…일곱 가지 방법'이라고 제시하면서 매우 구체적이다. 제목의 길이부터 제일 길다. 이는 마치 자신 없는 시험문제를 찍을 때 제일 긴 보기를 답으로 찍는 것과 마찬가지라 할까? 또한 이 챕터가 이 책에서 가장 분량이 많다. 페이지 수뿐만 아니라 절 수도 가장 많다. 모든 책이 다 그런 건 아니지만, 강조하고자 하는 내용을 가장 많이 써내

는 것이 모든 저자들의 공통점임을 파악할 수 있다.

2) 맥락이 의미를 창출한다

제목과 목차는 글 이해에 중요할 뿐만 아니라 의미를 생성한다. 목차의 구조는 책 내용의 이해와 기억에 많은 영향을 미친다. 목차 구조가 인간의 사고방식을 무시하면 이해할 수도 없고, 의미도 생성할 수 없다. 구조를 책에 비유한다면 목차라 할 수 있다. 구조란 달리 말하면 글의 큰 제목과 하위 제목들 간의 위계적인 구조를 일컫는다. 글의 목차는 읽을 글에 대한 주제 확인을 돕고 이는 이어져 나오는 글의 명제들을 이해하는 데 적절한 맥락을 제공한다.

"전체는 부분들의 단순 합이 아니다." 또는 "부분들의 합이 곧 전체는 아니다."라는 말이 세상의 원리를 설명할 때 자주 이용된다. 목차를 설명할 때도 이와 같은 의미를 가진다. 위의 그림에서 왼쪽과 오른쪽에 보이는 것들은 자전거를 이루는 부속품들로 동일하다. 다만 왼쪽에 있는 부품들은 조립되지 않고 산만하게 늘어 놓은 형태이고 오른쪽은 부속품들을 일목요연하게 조립한 상태로 자전거의 형태를 완

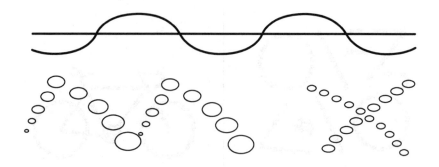

성한 것이다.

　양쪽의 것이 동일한 가치를 지니지는 않는다. 둘의 존재가 같은 의미를 지니지 못하기 때문이다. 자전거를 이루는 부품들은 자전거와 그 자체로서 같은 것이 아니다. 자전거는 부품들이 일정한 방식으로 조립되어야 생겨나는 것이다. 그냥 흐트러진 부품들은 물질의 조각들일 뿐이다. 전체는 부품을 조합한 자전거이고, 부분은 자전거를 이루는 하나하나의 부품이다. 부품의 조합이 자전거가 된다. 하지만 자전거는 단순히 부품의 집합이 아니라 전혀 다른 성질을 가지고 있다.

　어떤 형태나 그룹이 방향성을 가지고 연속되어 있을 때, 이것은 형태 전체의 고유한 특성이 될 수 있다. 직선 또는 부드러운 곡선을 따라 배열된 대상이 하나의 단위로 보인다. 뇌는 선의 갑작스럽거나 급격한 움직임을 좋아하지 않는다는 것이다. 다른 말로 하면, 뇌는 가능한 한 부드러운 연속을 추구한다는 것이다.[2]

　이러한 원리는 '게슈탈트' 이론과 '구조주의' 교육에서도 마찬가지로 적용될 수 있다. 게슈탈트에서 '전경'은 현재 독자가 주의를 기울이고 살펴보는 대상이며, '배경'은 '전경'을 제외한 모든 시각 자극들을 말한다.[3] 단편적으로 많은 지식을 쌓아도 그것들을 관통하는 진리의 구조가 동반되지 않으면 파편적인 지식으로 전락하거나 지식으로서 제값을 못한다. 각 지식의 바탕과 배경에 존재하는 목적의식과 가치관 또는 섭리가 함께 녹아들지 않으면 자전거의 부품들만 잔뜩 주워모으면서 정작 자전거는 만들어내지 못하는 꼴이 될 수 있다. 지혜란 무엇인가? 지식을 운용하는 힘이다. 단편적인 지식을 다른 각도에서 재구성하고 다루는 능력, 이것이 지혜와 지식의 차이라 할 수 있다.

우리가 목차를 읽어야 하는 이유가 여기에 있다. 글에 제시된 제목과 하위 제목들, 즉 목차도 마찬가지다. 읽기에 들어가기 전에 목차를 보는 것은 구조를 보는 행위이다. 구조가 파악되어야 맥락을 읽어낼 수 있다. 맥락만이 의미를 발생케 한다. 독자로 하여금 전개될 요점을 예측하고, 주제에 대해 이미 알고 있는 내용들을 기억하게 한다. 구조가 파악될 때만이 오랫동안 기억으로 남는다. 구조는 내용을 담는 하나의 그릇이 되기 때문이다. 뿐만 아니라 글을 읽어 나가면서도 중요한 자료와 중요하지 않은 자료를 가려내는 데 대단히 도움을 준다.

진리를 추구하는 학문은 남들이 보지 못하는 것을 보게 하는 힘이 있다. 그러므로 전체를 보는 힘, 통합적인 힘을 길러 주는 훈련을 게을리해서는 안 된다. 또한 목차학습을 통해서 우리가 보지 못하던 것을 보는 눈을 가질 수 있도록 우리 자신을 일깨워야 한다.

3) 그림목차, 표목차 그리고 참고문헌들

저자가 어떤 책을 읽고, 어떤 곳에서 영감을 얻었는지를 파악하는 데에는 삽입된 그림이나 표, 참고문헌들을 살피는 것이 도움이 된다. 특히 그림이 있는 책이라면, 글의 내용과 묘한 관계를 확인할 수도 있고, 글이 채워 주지 못하는 정확한 이미지를 제공받을 수 있다. 표는 대체로 공식적인 절차를 거친 조사결과, 비교표 등으로, 저자가 논하는 논조를 뒷받침하는 객관적인 사실로 인식할 수 있다. 경우에 따라서는 신빙성이 떨어진다는 평가의 근거로 삼을 수도 있으므로, 주도면밀히 살펴보면 더욱 재미있다.

전문서에서는 책 뒤편에 그 책에서 인용한 참고문헌을 따로 모아 소개해 놓는다. 석사학위나 박사학위를 받기 위해서 쓰는 학위논문은 권위 있는 사람이 쓴 논문을 많이 참고할수록 잘 쓴 논문이라고 인정하듯이 책 역시 저자의 주장을 잘 설명해 주는 인용문과 읽기 좋은 스토리가 있는 책이 일반적으로 우수한 책이라고 인정된다. 그래서 어떤 책을 막론하고 기존 지식으로부터 출발하기 위해 좋은 인용문을 소개하고, 이를 참고문헌에서 밝히고 있는 것이다.

참고문헌은 본문에서 참조하거나 인용한 다른 책들의 서지정보를 밝혀놓은 것이다. 즉 참고문헌은 학술논문이나 서적에서 그에 참고했거나 관계가 있는 저서·논문·기사 등의 목록이다. 논문의 경우는 그 말미에, 그리고 서적의 경우는 권말에 실어 놓는다. 이에는 관계 문헌을 모두 실은 것(bibliography)과 본문에서 참고한 문헌들만을 게재한 것(references) 및 해제를 곁들인 것(annotated bibliography) 등으로 나누어 볼 수 있다. 나열방법은 저자명(또는 필자명)의 문자순 또는 사항명의 문자순으로 한다. 형식은 그 참고문헌이 서적이냐 논문집에 실린 논문이냐에 따라 차이가 있는데, 서적의 경우는 저자명 · 서명 · 발행지 · 발행자 · 발행연차 · 권수와 페이지 번호 등의 순으로 기재한다. 논문집에 실린 논문의 경우는 필자명 · 논문명 · 논문집명 · 권수 · 호수 · 발행연도 · 페이지 수 등의 순으로 기재한다.

그렇기에 책을 읽다가 발견하는 인용문과 이의 출처인 참고문헌을 잘 고르면 좋은 책과 만날 수 있다. 즉 우리가 읽는 책 한 권은 다른 책, 더 큰 세상을 잇는 매개 역할을 한다. 책을 읽을수록 새로운 책들의 존재를 알게 되고, 그 책들 중에서 관심 가는 책을 선택할 수 있게 된다. 또한 책을 읽다가 정확한 원리와 자세한 이론적인 내용을 좀 더 구체적으로 알고 싶으면 저자가 참고한 참고문헌으로 돌아가라. 그러면 구체적인 정보를 얻을 수 있다.

『크게 생각하라(*Think Big*)』의 저자이면서 독서광으로 알려진 벤 카슨(Ben Carson)에 대한 일화가 있다.

미국 존스 홉킨스 대학병원의 신의 손으로 알려진 벤 카슨은 마약과 폭력이 난무하는 흑인 빈민가에서 홀어머니 밑에서 자랐다. 그는 초등학교 5학년까지 학습부진아였기에 성적표에는 D가 하나고 F가 전부였다. 그는 빈민가의 불량소년이었고, 꼴찌 소년이었으며 놀림과 따돌림을 받던 한명의 흑인 소년에 불과했다.

그의 아버지는 이중결혼 생활로 그를 낳았고, 그의 어머니는 초등학교 3학년이 전부인 학력이었다. 결국 어머니는 아버지로부터 버림받았다. 어머니는 벤 카슨을 홀로 키우면서 어려운 환경으로 자살을 결심하여 다량의 수면제를 먹었지만, 병원에서 깨어나게 된다. 그의 어머니는 병원에서 한 교인의 전도를 받게 되고, 신앙심을 갖게 되면서 성경을 읽고, 지혜를 얻어서 고교 검정고시를 거쳐 전문대학을 졸업하게 된다.

그러나 아들인 벤 카슨은 여전히 학습부진아였고, 불량소년이었다. 그의 어머니는 하나님께 기도하여 아들을 어떻게 교육할지를 기도하였고, 응답을 받고 벤 카슨에게 적용을 하게 된다. 가정부의 일을 마치고 밤늦게 돌아온 그녀는 텔레비전을 보는 아들에게 텔레비전은 일주일에 두 프로만 시청할 수 있고, 숙제를 한 다음에만 나가 놀 수 있다고 이야기를 하고, 일주일에 두 권의 책을 반드시 읽어야 한다고 말한다. 벤 카슨은 강력하게 저항하였지만, 어머니의 말씀에 순종하여 도서관에 다니기 시작하면서 서서히 변화되어 갔다.

평소 비버(beaver)를 좋아하던 벤 카슨은 처음에는 동물에 관한 책들을 읽어나가다 식물, 암석 등 그 주제를 넓혀 나갔다. 특히 등하교길에 널려 있는 풀과 꽃 그리고 돌멩이들을 책에서 읽은 내용들과 비교하고 관찰하는 것이 취미가 되었다.

그러던 어느 날 담임선생님이 검은 돌조각 하나를 학생들에게 보여 주며 말씀하셨다. "이 돌의 이름을 아는 사람 있니?" 반 학생 모두

우물쭈물하며 대답하지 못할 때 벤 카슨이 주저하며 손을 들었는데 주위 학생들은 키득키득 웃기 시작했고 선생님도 의아한 표정이었다. "선생님, 그 돌은 흑요석인데요, 용암이 물에 닿자말자 급격하게 온도가 낮아지면서 만들어지는 암석이에요." 그렇게 말문을 연 뒤 벤 카슨은 돌에 관한 지식을 술술 풀어 놓기 시작하였고 선생님은 매우 흡족해 하며 그를 칭찬하였다.

이 일이 있은 후에 그는 학업에 자신감을 얻게 되어 중학교에 들어가서는 정상급의 성적을 얻게 된다. 벤 카슨은 명문 사우스웨스턴 고등학교를 3등으로 졸업하였고, 명문 예일 대학학교 의과대학을 졸업하고 불과 33살의 나이에 흑인 최초로 존스 홉킨스 의대의 소아외과 과장이 되었다. 그는 세계 최초로 머리가 붙은 샴쌍둥이 분리시술에 성공해 명성을 떨치게 되었다. 벤 카슨은 엄마의 예언처럼 어릴 적부터 쌓은 독서 습관이 바로 그의 성공에 밑거름이 된 셈이다.

그가 이러한 위대한 업적을 남긴 후일담이 있다. 그가 의과대학에 들어가서 입학 초기에는 성적이 다른 학생들에 비해서 탁월하지 않았다. 그 이유인즉 다른 학생들은 학교에서 제시한 텍스트북에 집중하는 시간에 그는 텍스트북 권말에 있는 참고문헌의 책을 모조리 섭렵했기 때문이다. 그러니 교과 성적은 다른 학생들에 비해서 떨어질 수밖에 없었다. 그러나 그의 이러한 진가는 상급학년으로 올라갈수록 빛이 났다. 나중에는 그가 다른 학생들이 추종할 수 없을 정도에 이르기까지 이른다. 그의 이러한 탁월한 업적은 벤 카슨만이 가지고 있는 독서법의 결과라고 볼 수 있다.

이와 같이 참고문헌이야말로 본문의 내용 이상으로 중요하고도 소중한 정보가 된다. 내가 만일 이 주제에 상당한 관심을 갖고 있거나 품게 되었다면, 관련 서적이 어떤 것이 있고, 그 주된 저자가 누구인가를 아는 것은 매우 중요하다. 어쩌면 목차와 참고문헌 목록만 보아도 더 이상 책을 읽을 필요가 없다고 할 수도 있다. 특히 논문을 작성하거나 전문서적을 쓰고 싶다면, 내용보다도 참고문헌에 더 눈이 갈지도 모르겠다.

[미주]

1) 데일 카네기, 『자기관리론』(서울: 더클래식, 2010). 쓸데없는 걱정 대신 평안과 행복을 가져오는 일곱 가지 마음가짐을 기르는 방법을 제시한다. 실용적이고 현실적인 원리와 실제 사례들을 담고 있으며, 문학 작품이나 그 외 관련 자료들도 인용하고 있다. 데일 카네기는 걱정이 생긴다면 자신에게 발생할 수 있는 최악의 상황에 대해 생각해 보고 받아들여야 할 점을 파악하여 그 최악의 상황을 개선하라고 말한다. 또한 이미 일어난 일은 되돌릴 수 없다는 것을 상기하면서 어떠한 상황에서도 자신의 삶을 기쁘게 맞이해야 한다고 강조한다.

2) http://fanclub200.blog.me/120034525049
http://blog.naver.com/hongdolry?Redirect=Log&logNo=60114125067
http://www.cyworld.com/immadsexycool/3731328

3) 김정규, 『게슈탈트 심리치료』(서울: 학지사, 2006). 심리학의 전통에서 주류파였던 연합주의(聯合主義)의 요소관(要素觀)에 대립하여 심리학의 전체관(全體觀)·형태성(形態性)을 중시하는 입장의 심리학설. 형태심리학을 말한다. 게슈탈트란 원래 형(形)·형태(形態)를 뜻하는 독일어이며, 심리현상에서의 게슈탈트성(性)의 중요성을 처음으로 지적한 사람은 오스트리아의 C.에렌펠스(Christian, Freiherr von Ehrenfels)이다. 1923년 베르트하이머(Max Wertheimer)에 의해 처음으로 제시된 것으로, 형태의 구성요소들이나 특징들이 연관성 있는 위치적 요소로 그룹을 이루어 배열되려 하는 경향을 말한다. 형태 지각 시에 개개 단위의 공통적인 특성을 가지고 있을 때 이들 중 유사한 시각 요소들끼리 그룹 되어 보이거나 좀더 가까이에 있는 두 개 또는 그 이상의 시각요소들은 하나의 그룹으로 인식해서 보려고 하는 경향을 가지고 있다는 원리이다.

Part 3
서론/결론을 읽어라

　책 읽기는 글을 통해 독자와 만나는 행위이다. 즉 서론은 대화를 통하여 모르는 사람과 말을 트는 것과 같은 것이다. 따라서 책의 첫인상은 대단히 중요하다. 책을 읽는 이의 흥미를 불러 일으켜서 책을 읽어 보려는 욕구가 일어나게 해야 하며, 앞으로 전개할 내용을 어느 정도 짐작케 하는 부분이 서론이다. 또한 서론에서 독자 평가의 80% 이상이 결정된다는 것을 명심해야 할 것이다. 서론의 기능은 글의 목표를 제시하는 것이다. 즉 논제가 명확히 제시된 글이 좋은 글이다. 또한 서론은 본론에서 다룰 문제점을 개괄적으로 문제를 제시한다. 서론은 다룰 내용의 범위를 설정하고 읽는 이로 하여금 흥미를 가지도록 한다.

　일반적으로 결론은 글쓴이가 본론의 내용을 통해 결국 무엇을 말하고자 했는지를 압축적으로 밝히고, 자기 견해나 주장이 갖는 사회적 · 현실적 · 실천적 의미나 효과를 보이면서 글 전체의 내용을 종합하고 마무리하는 기능을 한다고 볼 수 있다. 저자는 이런 기능을 충실히 수행하는 결론을 작성하기 위해서는, 가상의 독자가 던지는 질문, 즉 '본론에서 보여 준 구체적인 논의들의 핵심이 무엇인가, 그리고 그런 논의의 결과가 어떤 의의나 효과를 지니는가'라는 물음에 차근차근 답변하는 구조를 염두에 둔다. 결론은 그 자체로 독립적이고 완결된 내용으로 구성되어 있다.

하지만 결론은 서론 · 본론과 유기적으로 연결되면서 통일성이 있어야 한다. 그러기 위해서는 결론에는 서론에서 제기한 문제의 답이 될 만한 핵심 내용을 요약 · 강조하고, 이를 바탕으로 글 전체의 논리적 일관성을 유지하면서 문제 상황을 전망하거나 제언하고 있는지를 보아야 한다. 따라서 결론은 시작했으니까 어쩔 수 없이 인위적으로 끝맺는 부분이 아니라, 본론에서 펼쳐 온 논증에 따른 자기 견해와 논리에 대한 종합적인 결산이자 필연적인 귀결이 되지 않으면 안 된다.

소설이나 스토리가 있는 역사서를 읽을 때 목차를 읽기가 두려울 때가 있다. 마치 결론을 다 알고 보는 영화와 같은 책 읽기가 될까봐서다. 물론, 센스가 있는 소설가들은 목차를 통해 스토리를 읽을 수 없도록 목차를 모호하게 작성하기도 한다. 계획적으로 작성한 목차라기보다는 각 장과 절마다의 핵심단어나 혹은 글의 모티브가 된 단어들로 꾸미기에 책의 전체적인 느낌을 전할 뿐, 스토리를 알려 주지는 않는다. 치밀한 저자 혹은 뛰어난 이야기꾼의 목차를 읽는 건 정말 큰 기쁨이다. 그 안에 담긴 기승전결, 서론·본론·결론을 머리 속에 담을 수 있기 때문이다. 우리의 생각의 흐름도 이에 맞춰진다면 참으로 논리적인 사고를 하는 데 큰 도움을 얻을 수 있을 것이다.

『반 룬의 예술사(The Arts)』를 저술한 헨드리크 빌렘 반 룬(Hendrik Willem van Loon)은 "시작이 반이라면 머리말을 읽으면 책의 절반을 읽은 것이다. 머리말을 읽고 책을 선택하면 실망할 확률을 줄일 수 있다."고 말했다. 나루케 마코토는 『책, 열 권을 동시에 읽어라』에서 다음과 같이 말하고 있다.

> "어떤 책이든 서문에 가장 공을 들이게 마련이다. 따라서 서문의 내용을 읽으면 그 책이 전달하고자 하는 요점을 대충 파악할 수 있다. 만약 서문을 읽어도 아무런 느낌이 오지 않는다면 본문은 더 이상 자세히 읽을 필요도 없다. 나의 경우, 지인에 대한 감사의 글을 줄줄 늘어 놓은 책은 재빨리 덮고 다음 책으로 넘어간다."

"한 권의 책을 읽는데 서문을 읽고 결론을 읽으면 끝난다. 본문은 구체적인 실증의 예이기 때문이다." 혹자는 효율적 책 읽기에 대해 이렇게 정의했다. 즉 책을 손에 쥐면 먼저 서문을 읽고 난 뒤 목차를 읽고 마지막 장으로 가서 결론을 읽는 것이다. 이를 통해 책에서 말하고자 하는 메시지를 확인한 후 본문을 통해 구체적인 실증의 사례를 읽는 것이다. 바쁜 현대인들은 특별히 관심이 있지 않으면 책을 처음부터 끝까지 완독하기가 힘들다. 따라서 책을 빨리, 또 무조건 다 읽어야 한다는 죄의식에서 벗어나 책에 대한 기본적인 이해를 한 후 시작하는 게 좋다. 특히 요즘 발간되는 마케팅 관련 서적의 경우 새로운 용어나 키워드가 있는가가 중요한 요인이다.

또한 책날개 읽기를 빼놓을 수 없다. 책날개에는 핵심적인 키워드, 책의 주제, 방향들이 기록되어 있다. 사이토 다카시의 『독서력』의 책날개를 보면 다음과 같이 쓰여 있다.

> "'책 잘 읽는 사람'은 뭐가 다를까? 나를 바꾸고 미래를 열어 줄 생산적 책 읽기, 덮어 놓고 책만 읽는다고 모두가 독서는 아니다. 독서에도 방법이 있고 요령이 있다. 무엇을 위해 책을 읽는가, 독서를 하면 무엇이 좋은가를 알고 실천하는 자만이 제대로 된 책 읽기를 할 수 있다."

『독서력』은 책날개에 '왜 책을 읽어야 하는 것인가?'라는 근본적인 질문에서부터 '무엇을, 어떻게 읽어야 하는 것인가?'에 대한 구체적인 조언까지 책 읽기의 핵심을 제시한다. 또는 자아 형성, 자기 단련, 세계관 확장이라는 세 가지 측면에서 독서의 효용을 말한다. 저자는 제대로 된 책 읽기야말로 생존과 성장을 위한 최고의 자기계발이라고 책날개에 기록하고 있다.

이와 같이 서론과 결론과 같은 그 책의 핵심 내용이 책날개에 기록되어 있는 경우도 허다하다.

Part 4
책 배경을 읽어라

1) 저자 읽기

(1) 권위 있는 저자인가?

책은 저자의 생각과 감정을 담은 영혼의 결정체이다. 고미야 가즈요시는 『선택적 책 읽기』에서 좋은 책은 그것을 읽는 과정 자체에서 지식과 감동을 주는 동시에, 독자의 독서력을 향상시킨다고 말한다. 실제로 논리적 사고력이 부족한 저자가 쓴 책은 아무리 읽어도 논리적 사고력은 익혀지지 않고, 머리도 좋아지지 않는다. 이런 경우에는 역시 해당 분야의 일인자가 쓴 책을 읽는 것이 좋은 방법이 된다. 그런 사람들은 탄탄한 기본지식 위에 높은 수준의 논리적 사고력도 갖추고 있기 때문이다. 그런 사람들이 쓴 책은 읽는 쪽에서도 논리적 사고력을 향상시키면서 읽어 나갈 수 있다.

훌륭한 저자인지 아닌지의 여부는 평소 주의 깊게 관찰해야 알 수 있겠지만 책의 날개에 적힌 저자 약력을 참조하는 것도 좋은 방법이다. 먼저 그가 어떤 전공과 직업을 가졌는지 살펴보라. 세계 문화재에 대해 글을 쓴 저자의 전공이 수의학이라면 좋은 책이 될 가능성은 거의 없다. 반면에 그런 저자라 해도 유네스코의 세계 문화유산 선정에 참여했다든지 문화 관련 학문을 전공으로 활동해 왔다면 좋은 책일 가능성은 훨씬 더 커진다고 할 수 있다.

또한 저자의 삶을 살펴보는 것도 중요하다. 한비야의 『지도 밖으로 행군하라』나 『왜 세계의 절반은 굶주리는가?』라는 책을 쓴 장 지글러처럼 저자의 삶은 이 저술의 진정성을 살피는 동기가 된다. 왜 그들이 이 책을 쓰지 않으면 안 되었는지 알게 된다면 이 책은 어떤 가치를 가지겠구나 하고 쉽게 짐작할 수 있기 때문이다.

다만 우리는 저자에 대한 편견을 버릴 필요가 있다. 그 책의 저자가 유명한 사람인지 그렇지 않은 사람인지는 중요하지 않다. 중요한 것은 글의 건강함과 효용성이다. 유명한 저자라고 해서 내용이 항상 훌륭한 것은 아니며 초보자라고 해서 내용이 빈약한 것도 아니다. 유명 저자의 이름에 짓눌려 뭔가 중요한 내용이 숨어 있을 것이라고 전제하여 확대 해석해서는 안 된다. 유명하지 못한 저자들의 책을 읽으면서 책에서 말하는 내용을 그대로 받아들이는 것은 자신이 글쓴이보다 못함을 인정하는 것이라고 생각하는 오류에 빠지게 된다. 그런 생각으로는 아무것도 배울 수 없다.

이는 번역자의 경우도 마찬가지다. 일본의 번역자 쓰지 유미는 『번역사 오디세이』에서 "국가는 뛰어난 작가 모두에게 시간의 일부를 외국 걸작의 번역에 쏟아 붓도록 강요해도 무방하다."라는 도발적인 언사를 던졌던 앙드레 지드(Andre Paul Guillaume Gide)가 22년 동안 『햄릿』을 번역했던 이야기를 소개하고 있다. 정리해 보면 우리가 읽는 데 1시간 남짓이면 족한 『햄릿』 번역에 22년을 바친 앙드레 지드에게서 번역자의 집념이 느껴진다. 번역은 언제나 이런 집념의 소산이요, 그런 면에서 번역은 우리가 생각하는 것보다는 훨씬 더 전문적인 작업이다. 책도 나이를 먹는다. 10년, 20년 전에 나온 책만 해도 요즘 책과는 어딘지 모르게 다르고 촌스럽게 느껴지기도 한다. 번역도 물론 마찬가지다. 문학고전은 가능하면 최근에 번역된 책이 좋다. 엊그제의 괴테 번역이나 도스토예프스키 번역은 오늘의 감수성을 전율시키지 못한다. 오늘에는 오늘의 젊은 독자들에게 호소하는 오늘의 번역이 필요하다. 1998년, 민음사가 "세대마다 문학의 고전은 새로 번역돼야 한다."며 새로운 세계문학 전집을 내기 시작해 최근 300권을 돌파했다. 전집이라도 100권을 넘지 못했던 우리 출판 풍토에서는 처음 있는 일이다.

　　물론 새 번역본을 두고 비판의 목소리가 없는 것은 아니다. 전공자들은 옛 번역이라고 해서 다 오역이 있거나 문체가 낡았다고 낙인찍을 수 없다고 말한다. 오히려 섣부른 새 번역이 어색하다는 지적도 있다. 모든 번역은 어차피 검증의 도마 위에 올라가면 이곳저곳에서 난타당하기 십상이다. 원문에 충실하지만 글이 너저분한 직역(直譯)은

'정숙한 추녀(醜女)'라 하고, 원문을 그대로 옮기진 않았지만 문체가 아름다운 의역(意譯)은 '정숙하지 못한 미녀'라 하지 않는가.

따라서 독자의 처지에서는 저자든 번역자든 해당 분야의 전문가로서 활동해 왔는가를 신중하게 판단하는 것이 중요하다. 간혹 책 가운데는 외국서적이나 관련 학회의 결과물, 심지어 대학생과 대학원생들의 리포트들을 대강 짜깁기했을 가능성이 있으니 잘 확인해 보아야 한다.

(2) 어떤 시각을 가지고 있는가?

책이란 무릇 단지 정보만을 제공하는 데 그치는 것이 아니라, 독자에게 호불호 혹은 시비의 감정을 불러일으킬 수 있어야 한다. 그러기 위해서는 저자 고유의 관점이야말로 필수적이다. 객관적이라는 미명 하에 저자의 관점이 투영되지 않는 책은 오히려 생기 없는 지식을 전달할 뿐이다. 모든 독자가 저자의 관점에 동의하기를 바라는 것은 아니다. 다만 저자 고유의 관점이 투영된 책은, 독자가 그에 동의하지 않는 경우에도 중요한 지적 실마리를 제공하는 경우가 많다는 점을 지적하고 싶다.

우리 시대 지성인 218인의 생각사전 『책으로 만나는 사상가들』은 2004년부터 2010년에 걸쳐 다섯 권으로 완간된 책으로 도서평론가 최성일은 한 권으로 묶어 사전식으로 정리했다. 대상은 해외 사상가의 번역서를 중심으로 필자의 개인적 취향과 '저서 또는 번역서 두 권' 이상이라는 기준에 따라 선별했다. 인류에게 새로운 생각의 방향을 제시한 철학자는 물론 작가, 역사학자, 정치학자, 예술가 등 다양한 분야의 사상가들의 생각을 단순히 요약하고 정리하는 수준에 그치지 않고, 그와 관련된 책을 알려 주며 지적 호기심을 자극한다.

독서에서 저자의 시각은 언제나 중요하다. 하물며 정보 습득을 위해 개론서나 입문서를 읽을 때에도 저자 정보는 대단히 중요한 사항이다. 특히 인문학이나 사회 과학에서는 저자의 주관적 관점이 논리를 갖추어 객관화된 형태로 나타나기 때문이다. 게다가 저자의 시각은 특정한 관점과 연결되어 그 주장의 참과 거짓을 판단하는 데 핵심적인 기준이 되기도 한다. 일정한 주제 독서는 대개 '어떠한 관점에서 판단할 때 어떠하다'라는 형태로 전개되지만 그것은 곧 저자의 시각이자 주장이다. 이때 저자는 그 주장 명제와 언제나 함께 기억해 두어야 할 사항이다. 특히 이론이나 사상과 관련된 문헌들을 읽을 때에는 주제별로 읽을 것이 아니라 저자별로 묶어서 읽어야 체계적인 독서가 될 수 있다. 저자의 사상이나 경향이 연구의 중심 대상이 될 때에도 저자 중심 독서는 필수적이다.

역사의 문제를 예로 들어보자. 한홍구 외 4인이 지은 『대한민국의 정통성을 묻다』라는 책은 총 다섯 개의 부분으로 나누어져 있다. 이 책은 전국역사교사모임, 한국역사연구회, 포럼 진실과 정의, 평화박물관건립추진위원회가 준비한 한국 현대사 특강 내용을 담았다. 대한민국 정부 수립과 대한민국의 정통성 문제, 식민지 근대화론, 독립운동과 친일파 문제, 뉴라이트의 역사관 문제, 북한 현대사를 보는 관점의 문제 등에 대하여 논의했다.

한홍구 교수가 맡은 "뉴라이트의 역사의식 무엇이 문제인가?"라는 장은 친절하게도 뉴라이트의 기원에서부터 그들이 보는 국가정체성, 그리고 우리가 국가정체성을 무엇으로 봐야 하는지에 대해서 소상히 기록하고 있다. "국가, 식민지, 민주화와 경제성장" 장에서 정태헌 교수는 왜 민주화와 경제성장이 따로 가야 하는 것인지에 대해서 신랄하게 반박하고 있다. 우리는 흔히 경제가 성장된 후에 민주화를 이루고자 한다. 분배의 정책이나 복지 정책에 대해서 이야기하면 그것은 성장 이후이다. 그 외에 서중석 교수의 "해방과 대한민국 정부 수립"은 친일 인명사전에서 다루는 문제들을 좀더 집중적으로 다루고 있다고 보아야 할 것이다. 왜 우리나라에서 친일파들이 청산되지 못하였는가? 그들을 청산하지 못함으로 해서 우리 사회가 짊어져야 할 무게는 어느 정도인가를 설명하고 있다.

이와 같이 저자에 따라서 대한민국 정부 수립과 대한민국의 정통성 문제, 식민지 근대화론, 독립운동과 친일파 문제, 역사관 문제, 북한 현대사를 보는 관점의 문제 등을 바라보는 시각차가 크게 나타난다. 바라보는 관점이 중요한 것은 관점에 따라 그 문제를 해결하는 방식이 다르기 때문이다. 이러한 측면에서 책 읽기에 들어가기 전에 저자의 사상, 전문성, 그의 인격 등을 살피는 작업은 아무리 강조해도 지나치지 않다.

2) 출판사 정보 읽기

출판사 역시 저자의 경우와 마찬가지로 자기의 이름에 가치를 둔다. 좋은 출판사에서 나오는 책 중에 번역이 미비한 책이나 엉터리 저자의 책은 없다. 즉 좋은 책을 내겠다는 출판사의 의지가 책의 가치를 높이는 것이다. 이들 출판사는 좋은 책을 내기 위해 원고 기획부터 필자 섭외, 도서제작, 보급과 홍보에 이르기까지 출판의 전 과정에 걸쳐 자존심을 걸고 열심히 노력한다. 출판사의 이러한 노력이 조금이라도 알려지면 좋은 필자들이 기웃거리게 되고, 당연히 좋은 원고들이 속속 들어오기 마련이다.

출판사마다 색깔을 가진다. 출판사의 성격이나 기획자들의 성향들이 그런 색깔을 만들어 낸다. 민음사, 김영사, 웅진씽크빅과 같은 초대형 출판사들은 범주화시켜서 자회사들을 만들어 나름대로 칼라가 있는 출판을 추구한다. 돌베게는 인문사회과학서만을 고집하고, 을유문화사 같은 회사는 고전 번역에, 들녘은 인문교양물 출판을 선도한다. 학지사는 심리상담학계의 대부출판사이고, 생명의말씀사, 기독교서회와 같은 출판사는 유서가 있는 기독교출판사이다.

훌륭한 필자는 훌륭한 출판사를 알아본다. 독자들 역시 훌륭한 출판사를 알아볼 수 있어야 좋은 책을 고를 수 있다. 그래서 이미 양서들을 많이 출판한 출판사의 책은 새로운 책이 나오더라도 그 출판사의 분위기에 맞는 책일 경우가 많다. 이런 책은 처음 보는 책이라도 사면 크게 후회하는 경우는 별로 없다.

영세 출판사더라도 출판되는 책에 신경을 쓰는 출판사들이 있다. 이런 출판사는 아무런 책이나 출판하지 않고 자기들의 전문 분야라고 생각되는 분야에 대해서만 책을 출판한다. 이런 출판사에서 나온 책을 선택하는 것도 좋은 방법이다.

3) 커버의 광고문구를 읽어라

책날개나 커버에 있는 종류의 글을 단순한 광고라고 생각해서는 안 된다. 대개는 저자 자신이 출판사 영업부의 지혜를 빌어서 글을 쓴 것이다. 저자가 여기서 자기 책의 논점을 될 수 있는 대로 정확하게 요약해 놓은 경우도 많다. 이러한 고심(苦心)의 자취를 보아야 한다. 공허한 선전은 대개 한눈에 알아차릴 수 있는 것이다.

지금까지 개관하기(Survey) 부분을 요약하면 다음과 같다. 책 제목은 그 책의 얼굴이라 할 수 있다. 얼굴과 같은 간판 기능도 하지만 책 읽기 방향을 제공하는 기능, 한 권의 책을 통합해 주는 기능, 학습동기나 독서동기를 제공하는 기능 등도 가지고 있다.

목차는 건물로 치면 건물을 구성하고 있는 뼈대로 비유할 수 있을 것이다. 책에서 구조가 파악이 되어야 맥락을 읽어낼 수 있다. 맥락은 의미를 발생케 한다. 독자로 하여금 전개될 요점을 예측하고, 주제에 대해 이미 알고 있는 내용들을 기억하게 한다. 목차를 통해서 맥락을 집어내야 한다. 목차는 내용을 담은 그릇과 같다.

서론과 결론을 먼저 읽는 것이 중요하다. 책은 주로 논지와 논증으로 구성되어 있다. 저자가 말하고자 하는 것이 무엇인지 서론과 결론에 잘 드러나 있다. 본론에 해당되는 책 내용은 논지를 뒷받침하는 논증에 해당된다. 논증 부분은 독자가 필요에 따라 선택할 수 있기 때문이다.

또한 책의 배경을 읽어내는 것을 빼놓을 수 없다. 저자는 권위 있는 사람인가? 저자는 어떤 시각을 가지고 있는가를 살펴보는 것이 매우 중요하다. 뿐만 아니라 출판사에 대해서 알아보는 것도 빼놓을 수 없다. 그 출판사는 어떤 책을 출판하는 출판사인지, 얼마나 긴 역사를 가지고 있는지, 이 책은 몇 판, 몇 쇄를 인쇄했는지는 책을 선택할 때 매우 중요한 정보가 되기 때문이다. 또한 책날개나 책 커버의 광고문구가 책을 읽는 데 길잡이가 될 수 있기 때문에 빼놓을 수 없다.

우리는 책을 대하기 전에 개관하기(Survey)를 생략하고 책 내용으로 곧바로 들어가서 읽기를 시작하거나 개관을 한다고 하더라도 개략 정도로 취급한다. 하지만 개관하기는 낯선 곳을 여행하기 위해서 사전에 정보를 모으는 단계로 볼 수 있다. 여행지에서 꼭 보아야 할 유적지나 경험해야 이벤트, 음식점이나 휴식을 즐겨야 할 장소, 그리고 정해진 시간이나 오가는 여행경로를 살피는 것과 같다. 정해진 시간 안에 필수적으로 보아야 할 곳, 생략해야 할 곳을 정하는 등 여행 전에 충분한 여행계획을 세우면 여행이 한결 수월하고, 추억에 남는 여행이 될 것이다.

이와 같이 Survey 단계는 책 읽기에서 꼭 거쳐야 할 단계이다. 필자의 경험으로 보면 Survey 단계를 철저하게 거친 책 읽기는 이미 책 읽기의 절반은 정복한 것이라고 말해도 과히 틀린 말은 아니다.

[미주]

1) 최성일, 『책으로 만나는 사상가들』(서울: 한국출판마케팅연구소, 2011). 이 책은 총 218명의 국내외 사상가를 다루고 있으며, 이 가운데 외국 저자가 208명이다. 한국인 저자 10명은 고종석, 김기협, 김민기, 김산, 리영희, 박노자, 백무산, 서경식, 신숙옥, 우석훈이다. 정통철학자는 물론 체 게바라 같은 혁명가부터 안드레이 타르코프스키 같은 예술가, 마더 테레사 같은 종교인, 학자, 의사, 사회운동가 등 다양한 분야의 지성인을 총 망라했다. 말콤 글래드웰, 알랭 드 보통처럼 대중에게 인기가 있는 저자들도 다루었다. 각 사상가의 저작목록을 현 시점을 기준으로 보충했으며, 사상과 번역자, 관련도서와 인물 사이의 맥락을 찾는 데 도움이 되도록 '책명 찾아보기'와 '인명 찾아보기'를 수록했다.

3부 질문하기 : 명작적 질문을 하라
(Question)

Question
길을 물어라

책 읽기를 실패하는 이유는 질문 없이 책을 읽기 때문이다. 질문이 없으면 책 읽기의 정당성도 없어진다. 책 읽기의 정당성, 즉 자신이 책 읽기를 통해서 얻고자 하는 답은 질문을 전제로 한다. '이 책을 왜 읽는 것이지? 이 책을 통해서 무엇을 얻을 것이지? 저자는 이 책을 통해서 어떤 말을 하고 싶은 거지?'에 대한 질문이 없다면 책을 읽고 나서도 이렇다 하게 할 말이 없다. 소크라테스(Socrates)는 질문의 중요성을 제시한다. 질문을 통해서 진리를 찾게 하고 사람들을 일깨웠던 것이다. 일단 질문을 하면 자신이 스스로 답을 찾아가게 되어 있다.

소크라테스의 어머니는 산파였다고 한다. 산파(産婆)란 출산을 도와주는 할머니라는 뜻이다. 직접 아이를 낳지는 않지만 산모가 조금이라도 덜 고통스럽고 안전하게 낳도록 도와주는 것이 산파의 역할이다. 한 예를 들어 보자.

소크라테스가 독배를 마시자 제자들이 슬피 운다. 그러자 소크라테스가 이렇게 말한다.

* 죽음이란 과연 슬픈 일인가 생각해 보자. 너희들은 왜 인간이 삶이 이렇게 괴롭다고 생각하는 것 같냐?
– 인간의 영혼이 육체의 노예가 되어 있기 때문입니다.
* 그럼 죽음이란 무엇인가?
– 육체와 영혼이 분리되는 것이지요.
* 그렇다면 죽으면 영혼은 어떻게 되는가?
– 육체로부터 해방되겠네요.
* 그렇다면 정말 죽음이 괴롭고 슬픈 일인가?
– 그것은 아니군요.
* 그럼 슬퍼할 필요가 없다는 말인가?
– 그렇습니다.

그러자 옆에 있는 다른 제자들이 말한다.

– 죽음이 그런 것이라면 우리도 선생님을 따라 죽을 것입니다.
* 글쎄, 그것이 옳은지 함께 생각해 보세. 자. 여기에 양치기와 양들이 있다고 치세. 인간이 양이라면 양치기는 누구인가?
– 그야 신이겠지요.
* 그럼 양들이 사는 것이 싫다고 해서 양치기의 허락도 받지 않고 죽으면 어떻게 되지?
– 양치기가 노여워하겠지요.
* 그럼 인간이 신의 허락도 없이 죽는 것은?
– 신들이 노여워하겠지요.
* 그렇다면 자네들이 나를 따라 죽으려고 하는 것은?

산파술(maieutic)은 한마디로 '상식에 속하는 의견을 하나 선택한 다음에 그 의견이 거짓이 될 수 있는 예를 찾아내서 그 상식을 수정해 가는 방법'이라고 요약할 수 있다. 소크라테스는 독배를 마시고 죽어

가는 스승을 보고 슬퍼하는 제자들을 향해서 죽음은 슬퍼해야 할 것이 아님을 질문을 통해서 깨닫게 하기 위함이다. 뿐만 아니라 스승을 따라 죽겠다는 제자들에게 스스로 목숨을 끊는 것도 있을 수 없는 일이라는 사실을 깨닫게 한다. 제자들은 스승이 하는 질문에 대답을 하면서 자신들이 어떻게 행동해야 할 것인가에 대한 결론에 이르게 하고 있다. 소크라테스는 제자들이 진리를 깨닫도록 도와주는 일을 하는 단순한 산파 역할을 하고 있다. 소크라테스는 사람들에게 질문을 던져 질문자 스스로 깨닫도록 이끌어 주는 방식으로 사람들을 가르쳤다.

이는 어미닭이 스스로 병아리를 태어나게 하지 못하고 단지 병아리가 알을 깨고 나올 수 있도록 깨주는 역할을 하는 것과 비교할 수 있다. 교사의 역할은 진리를 찾아 주는 사람이 아니라 진리를 찾도록 도와주는 산파일 뿐이다. 진리, 즉 답을 찾는 사람은 교사가 아니라 학생 자신이다. 교육적으로만 본다면 사람들을 일깨우는 것은 오직 질문을 통해서이다.

질문은 사람들과의 대화뿐만 아니라 책을 읽을 때에도 반드시 필요한 기술이며 학문탐구의 근원이다. 도로시 리즈(Dorothy Leeds)는 『질문의 7가지 힘(The 7 Powers of Questions)』에서 질문의 기능에 대해서 일곱 가지로 말하고 있다. 이 중에서 독서와 관련된 질문하기에 적용할 만한 몇 가지만 다루어 보기로 하자.[1]

첫째로 질문을 하면 답이 나온다. 독자들은 책을 읽으면서 수많은 조건반사를 경험한다. 어려운 부분을 만나면 당혹하게 되고, 즐거운 장면에서는 쾌감을 느끼고, 슬픈 장면에서는 눈물을 흘리고, 때론 분노하기도 하고, 때론 아쉬움을 갖기도 한다. 대답도 마찬가지다. 무엇인가 저자에게 질문을 던지는 순간 맞든 틀리든 응답이 나오게 되어 있다. 이 같은 응답반사는 오차의 확률을 줄여 주는 기초다. 즉 질문을 거듭할수록 틀린 대답을 할 확률은 줄어든다. 그리고 정확한 대답을 얻기 위해 정확하게 질문하는 법도 깨닫게 해준다.

둘째로 질문은 생각을 자극한다. 발명왕 토머스 에디슨(Thomas Alva Edison)은 전구를 발명하기 위해 1,200번의 실패를 했다. 1,200번의 실패를 했다는 이야기는 스스로 1,200번의 질문과 생각을 했다는 뜻이다. '어째서 기대했던 결과가 나오지 않았을까?' '어떤 가설이 잘못되었을까?' '그렇다면 어떻게 해야 할까?'라는 수많은 질문과 생각 끝에 에디슨은 전구를 발명했다. 인류의 발전을 돌이켜보면 질문 없이 이루어진 것들은 아무것도 없었다. 질문은 끊임없이 생각을 자극하는 역할을 한다. 책 읽기에서도 그렇다. 질문이 없으면 텍스트가 이끄는 대로 따라가기가 쉽다. 그러나 한 텍스트를 대하면서 수많은 질문이 생기게 되고, 질문에 질문을 낳게 되기도 한다. 질문의 깊이와 정도가 수많은 생각을 자극하게 되어 새로운 창조의 세계로 이끌게 한다.

셋째로 질문을 하면 원하는 정보를 얻는다. 질문의 기본은 무엇을 알고자 하는 것에서 출발한다. 즉 내가 모르는 정보를 알려면 자기 자신한테든 남에게든 질문을 해야 한다. 질문은 정보를 얻는 가장 기본적인 수단이다. 독서는 저자에게 질문을 하는 것이다. 좋은 질문은 좋은 대답을 가져다 준다. 만약 질문이 없다고 생각해 보자. 세상을 흘러 다니는 그 어떤 정보도 내 것이 되지 못하는 것처럼 책의 내용을 내 것으로 만들지 못한다.

넷째로 질문을 하면 감정이나 기분이 통제가 된다. 책이 읽혀지지 않고 짜증이 날 때 질문을 해보자. '지금이 정말 내가 짜증을 낼 상황인가?' '짜증을 줄이려면 무엇을 해야 하는가?' '그렇다면 어떻게 읽을 것인가?' 이런 질문의 과정을 통해 감정은 통제되고, 자신이 할 일은 갈피를 잡게 된다. 질문은 기본적으로 사고를 불러일으키게 되기 때문에 사람을 논리적으로 만드는 힘이 있다. 즉 감정에 치우치지 않게 하고 자신을 통제할 수 있게 하는 것이다.

다섯째로 질문은 주의를 기울이게 한다. 질문은 주변을 환기시킨다. 흐트러진 정신을 집중하게 한다. 질문은 정확한 답을 원하는 질문인지, 아니면 자신의 의사 표시를 위한 질문인지, 또 긍정적인 답을 원하는 질문인지 부정적인 답변을 원하는 질문인지를 구별해야 한다. 따라서 질문은 평범한 말보다 더 주목을 끌 수 있는 대화법이다. 나와 상대방의 목적을 정확하게 전달하는 주목도 높은 수단이다.

라브뤼예르(Jean de La Bruyre)[2]는 "책을 읽는 태도에는 세 가지가 있다. 자연히 이해하지 못하는 태도, 자기 자신이 완전히 이해한 줄로 생각하는 태도, 그리고 자기가 이해할 부분과 이해하지 못한 부분을 스스로 구별하는 태도"라고 했다. 질문은 내가 이해하지 못한 부분을 찾아내고, 내가 완전히 이해한 것으로 생각하는 오류를 잡아 주고, 내가 이해한 부분과 이해하지 못하는 부분을 구별하는 길잡이가 된다.

그래서 질문은 절반의 배움이라고 할 수 있다.

교육학자들에 따르면 의문이 전제되지 않는 배움은 일시적으로 스쳐가는 단편적인 지식일 뿐이라고 한다. 훌륭한 교사는 처음부터 정답을 말해 주지 않는다. 일단 궁금증을 심어 준 다음에 일련의 도움말을 주어 스스로 깨닫게 한다. 그래서 위대한 스승은 위대한 질문자라고 한다. 책 읽기를 통해서 배우기를 원한다면 질문이 전제되어야 한다. 질문이 없는 책 읽기는 파편적인 지식은 얻을 수는 있지만 지혜를 얻기 힘들다.

SQ3R 독서법은 Survey 단계, 즉 개관하기 단계가 끝이 나면 Question, 질문하기 단계로 이어진다. Survey→Question(질문하기) 단계는 글을 대할 때 글을 읽기 전에 질문을 확인하는 단계이다. '이 책을 통해서 저자는 무엇을 주장하는 거지? 어떻게 논증하고 있는 거지?' 이러한 질문을 하게 되면 글의 목적이 무엇인지를 쉽게 발견할 수 있기 때문이다. 이렇게 되면 읽기에 깊이 참여하는 독자가 되어 글의 이해 및 유지 능력이 탁월하게 발달한다. 질문을 가지고 읽게 되면 저자의 의도를 찾아내기 쉬울 뿐만 아니라 글을 읽고 난 다음 읽으면서 질문에 대한 해답을 찾게 되었다는 것을 알게 된다.

글이 무엇에 대한 것인지 자문하는 것으로, 글에서 얻으려고 하는 해답을 질문으로 만든다. 또는 호기심에 따라 글이 해답을 얻는 데 도움을 줄 수 있는 것을 질문으로 한다. 각 부분마다 이러한 과정을 반복한다. 소제목을 질문으로 바꾼다. 각 장에서 해답을 얻으려고 하는 수만큼 질문을 만든다. 질문을 잘 만들면 글을 더 잘 이해할 수 있다.

읽어 나가면서 질문을 부가할 수도 있다. 질문에 대한 해답을 찾기 위해 학생들이 활동적으로 참여하면 이미 학습이 진행되고 있는 것이다. 이러한 과정은 커다란 숲에서 길을 묻는 단계라고 말할 수 있다. 질문하기 장에서 다룰 주제들은 다음과 같다.

1. 저술 목적을 질문하라
2. 질문은 이렇게 하라
3. 서사적 질문하기

[미주]

1) 도로시 리즈, 『질문의 7가지 힘』(서울: 더난출판사, 2002). 실제로 저자 스스로 자신에게 질문을 던져 난관을 헤쳐 나가며 질문의 힘을 깨닫게 되었고, 좀더 나은 삶을 살 수 있었다. 이 책에서 저자는 질문은 원활한 대화와 창조적 사고를 가능하게 하는 비결이자 창의력을 발휘하게 하는 매개체라고 힘주어 말한다.

2) 장 드 라브뤼예르(Jean de La Bruyre, 1645~1696)는 프랑스의 모랄리스트이다. 파리에서 출생하였다. 처음에는 변호사와 세무관(稅務官) 등의 직에 있었으나 직무에 등한한 채 독서를 일삼는 생활을 보냈다. 후에 콩데 공(公) 손자의 교사가 되어 콩데 가(家)에서 기숙하면서 사색과 독서의 나날을 보내며 귀족생활을 자세히 관찰하였다. 1688년 당시의 풍속과 사람들의 성격을 풍자적으로 묘사한 『레 카라크테르』를 출판하여 대성공을 거두었다.

Part 1
저술 목적을 질문하라

칼뱅(Jean Calvin)은 1536년판 『기독교강요(*Institutio christianae religionis*)』의 서문 중 '왕께 드리는 헌사'(*Epistle to the King*)에서 그는 "저의 목적은 오직 기초 원리들을 가르쳐서 하나님에 대한 선한 열정으로 충만한 사람들이 참된 경건으로 인도함을 받게 하려는 것입니다."라고 쓰고 있다. 아울러 그는 "폐하 앞에 신앙고백으로 제시하고, 이 책으로부터 참된 교리를 알 수 있게 될 것입니다."라고 썼다. 여기에서 그의 기독교강요의 기록 목적을 분명히 알 수 있다. 모든 책은 저술 목적이 있다. 저술 목적이 없는 책은 이 세상에 단 한 권도 없을 것이다.[1]

저술 목적은 책을 읽는 사람이라면 가장 먼저 관심을 가져야 할 부분이다. 모든 책은 저자가 말하고자 하는 것이 존재한다. 학문의 제왕

아리스토텔레스는 『니코마코스 윤리학』에서 학문을 이론적 학문, 실천적 학문, 제작에 관한 학문 등 세 가지로 분류했다. 이론적 학문이란 지식 자체를 위해서 탐구되는 학문이고, 실천적 학문은 개인의 행위나 바람직한 사회 체제에 관해 탐구하는 학문이다. 그리고 제작에 관한 학문은 실용적으로 무엇을 만드는 데 필요한 학문이다.[2]

　"저자는 무엇을 말하려고 하는가? 누가, 무엇을, 언제, 어디에서, 무엇을 강조하고 있는가?" 어떤 글을 정확하게 이해하기 위해서는 정확한 이해를 돕는 적절한 질문이 필요하다. 일찍이 그리스의 철학자 소크라테스가 사람들의 무지를 깨우쳐 주기 위한 방법으로 산파술, 즉 질문 방식을 택했다는 것은 이미 언급했다. 이를 학문으로 비유한다면 진리는 아기고, 아기를 낳는 사람은 학생이며, 질문을 던져, 즉 진리를 알게 하는 사람은 산파, 곧 소크라테스, 즉 교사가 할 역할이라는 것이다.

　『질문형? 학습법!』의 저자인 이영직은 책을 읽는 방법에 대해 크게 두 가지로 제시한다. 책의 내용을 가능한 한 많이 기억하려는 읽기 방식과 요지만 간략하게 기억하려는 읽기 방식이다. 책의 내용을 가능한 많이 기억하려고 읽는 방식을 '스펀지식 읽기 방식', 중요한 것만 기억하려는 방식을 '채금식 읽기 방식'이라 부를 수 있다. '스펀지식' 읽기는 스펀지가 물을 흠뻑 빨아들이듯 정보를 어떠한 여과 없이 받아들이는 방식을 말한다. '채금식(採金式)' 읽기는 채를 통해 사금으로부터 금을 거르듯, 정보를 받아들일 때 무엇을 받아들이고 무시할지 스스로 선택하는 읽기 방식을 말한다. '스펀지식'의 책 읽기 목적이 책의 모든 내용을 자기 것으로 만들고자 하는 방식이라면 '채금식'은 지식과 상호작용을 통해서 핵심적인 알맹이 몇 개를 건지는 방식이다. '스펀지식'의 책 읽기가 무조건 암기하려는 태도라면 '채금식'의 책 읽기는 끊임없이 질문을 던지면서 책을 읽는 방식이라 할 수 있을 것이다.[3] 가령 역사시간에 신라의 삼국통일을 공부한다고 하자. 별 다른 생각 없이 교과서를 읽거나 수동적으로 교사의 설명을 듣기보다는 '반도에서 가장 낙후되었던 신라가 삼국을 통일할 수 있었던 근본적인 요인은 무엇이었을까? 군사력? 화랑도? 외교력? 국제정세? 호국불교?' 이런 식의 의문을 가지고 수업에 임하라는 것이다. 기억력이 달라짐을 느낄 것이다. 물리시간이라면 '중력과 만유인력은 동일한 힘인가? 그렇다면 왜 별개의 용어를 사용하는가?' 등의 의문을 품어보자. 교사의 설명이 귀에 쏙쏙 들어올 것이다.

이와 같이 질문은 사람들에게 생각을 불러일으키고 그 질문에 답하게 만듦으로써 자신이 무엇을 얼마만큼 알고 있는지, 어떻게 알고 있는지, 무엇을 모르는지를 확인하도록 돕는 장치이다. 따라서 글을 읽기 전에 미리 던진 질문을 통해 글을 정확하게 이해했는지 아니면 왜곡하여 파악했는지를 금방 확인할 수 있다. 저자의 저술 목적을 정확하게 이해하기 위해서는 글을 읽기 전에 필수적으로 다음에 제시한 질문에 답하기 위해서 책 읽기가 이루어져야 한다. 저술 목적을 파악하기 위한 질문은 크게 다섯 가지로 정리할 수 있다.

. 이 책은 몇 장으로 구성되어 있는가?
. 각 장의 중심 내용은 무엇인가?
. 이 책의 구조는 어떤 구조로 이루어졌는가?

. 이 책의 주제, 즉 책에서 중심이 되는 문제는 무엇인가?
. 이 책의 논증, 즉 사실을 인정할 수 있는 바탕이 되는 것은 무엇인가?

대부분의 글에는 객관적인 사실과 글쓴이의 주관적인 의견이 혼재되어 있다. 처음부터 정독하는 '스펀지식' 책 읽기를 하다보면 객관적 사실과 글쓴이의 주장이 엇갈릴 수 있다. 나중에는 글쓴이의 주장이 독자 자신의 생각인 것처럼 변해 버리기도 한다.

그러나 핵심을 찾아 읽는 '채금식' 독자들은 책의 내용을 모두 기억하려고 하지 않는다. 핵심적인 몇 가지, 그것도 사실과 글쓴이의 주장을 분리해서 기억한다. 그리고 글쓴이의 주장에 대해서도 모두 긍정하지 않는다. 책을 읽는 동안 글쓴이의 주장에 대한 반대 의견도 몇 개쯤 형성한다.

이렇게 보면 '스펀지식' 책 읽기는 지양(止揚)되어야 할 것 같지만 그것 또한 여러 가지의 독서법 중에 한 가지이다. 오히려 '스펀지식'으로 습득한 지식은 나중에 훨씬 더 복잡하고 다양한 사고의 기초가 된다. 사회 과학의 경우 이 분야에 대한 절대량 이상의 지식이 축적되어야 비판적 사고가 가능하다. 비판적 사고는 그 이후의 일이다.[4]

· 이 내용은 객관적 사실일까 아니면 글쓴이의 주장일까?
· 이 단원의 중요한 핵심은 무엇인가?
· 그렇게 주장하는 이유는 무엇인가?
· 근거나 표현이 애매하지는 않은가?
· 누락된 정보가 있다면 무엇일까?
· 인용한 통계는 없는가?
· 이 글의 전제가 되는 어떤 가정은 없는가?

채금(探金)식 독서가 어느 정도 훈련이 되면 독서의 효율이 아주 높아진다. 독서의 속도도 2~3배 이상으로 빨라진다. 특정 접속사만 눈으로 읽어도 글쓴이의 주장을 쉽게 파악해 낼 수 있다.

[미주]

1) 『기독교 강요』는 중세 로마 가톨릭 교회의 부패를 개혁하고 참다운 교회를 세우려는 칼뱅의 신앙고백적인 신학적 진술이다. 기독교 교리의 가장 핵심적인 내용을 설명하고 있고, 신학 사상을 가장 조직적이고 체계적으로 제시하여 종교개혁이 정착하여 발전하는 데 상당히 중요한 기여를 한 책이다. 창조주와 구속주로서의 이중적인 신 인식을 바탕으로 하나님을 아는 지식과 자신을 아는 지식을 상호 연관해 저술하고 있다. 그래서 1권은 창조주이신 삼위일체 하나님을 제시하고, 2권은 구속주 예수 그리그도, 3권은 성령의 구속 역사, 4권은 삼위일체 하나님이 세우신 외적인 은혜의 수단인 교회와 국가를 제시하고 있다. 그리고 이러한 네 권의 구조는 기본적으로 사도신경의 구조와도 일치하고 있다.

2) 아리스토텔레스는 세 가지의 학문에 모두 많은 저술을 남겼는데, 그의 저술 중에서 『형이상학』, 자연학이라고 불리는 『피지카』, 그리고 많은 생물학에 관한 저술들과 인간의 영혼에 관한 심리학에 대한 저술들이 이론적 학문에 속하는 그의 저술들이다. 『니코마코스 윤리학』을 비롯한 도덕철학에 관한 저서와 『정치학』은 실천적 학문에 속하는 저술들이다. 그의 저술 중 『시학』과 『수사학』은 흔히 제작에 관한 학문으로 분류된다.

3) 닐 브라운·스튜어트 M. 킬리, 『11가지 질문도구의 비판적 사고력 연습』(서울: 돈키호테, 2010). 이 책은 11가지 유형의 질문을 통해 당연하게 보이는 주장이나 결론을 당연하게 보지 않는 기술을 제공한다. 이 기술을 습득하면 다른 사람들의 주장뿐만 아니라 자신의 주장에 대해서도 논리적으로 비판하는 능력을 키울 수 있다. 저자들은 그 과정을 많은 예시와 연습문제를 통해 쉽게 설명하고 있기 때문이다.

4) 이영직, 『질문형? 학습법!』(서울: 스마트주니어, 2010) 참고.

Part 2
질문은 이렇게 하라

1) 질문은 짧게, 간결하게, 그리고 점진적으로

질문은 자신의 말로 써야 한다. 이것은 정보를 더 깊이 있게 처리할 수 있는 능력을 길러줄 뿐 아니라 나중에 회상하는 데 도움이 된다. 질문은 핵심만 담아낼 수 있을 정도로 짧고 간결해야 한다. 긴 질문은 몇 개의 짧은 질문으로 나누어 단계적으로 물어야 효과적이다. 또한 질문자의 주장이나 견해가 질문과 뒤섞여서는 안 된다. 일상의 대화에서도 질문은 짧게 점진적으로 대화하듯 하라. 질문을 자주 점진적으로 할수록 상대방은 진의를 말하게 된다. 질문을 던졌을 때 질문자는 예상되는 대답 몇 가지를 머릿속에 그리면 좋다. '이런 질문을 던지면 A, B, C 세 가지 중 하나의 대답이 나올 것이다. 만약 A라는 대답이 나온다면 다음에는 이렇게 물어야겠다.'는 스토리를 그리는 것이다. 이때 던지는 추가적인 질문은 '만약 그렇다면?' 하는 식이 된다.

인간은 무한한 잠재력을 가지고 있기 때문에 상대방의 내면에는 하나의 해답만 있는 것이 아니고, 무수히 다른 해답이 있다. 그렇다면 하나의 해답보다는 무수히 다른 해답을 낼 수 있는 질문을 하는 것이 생각의 지평을 넓힐 수 있다. 이처럼 무수히 많은 해답을 유도하는 것이 '열린 질문'이다.

열린 질문에 반대되는 개념은 '닫힌 질문'인데 닫힌 질문은 '예', '아니요'로 대답할 수 있는 질문과 같이 더 이상 생각할 여지를 주지 않고 하나로 즉답할 수 있는 질문을 말한다. 이런 질문은 학생들의 학습에는 좋지 않은 질문이다. 특히 어린 아이들에게는 이런 질문은 피하는 것이 좋다. 닫힌 질문이라는 용어처럼 사고를 차단하기 때문이다. 그러나 사실이나 진실을 규명할 때에는 닫힌 질문이 유용한 경우가 많다. 범죄 수사물을 보면 범인의 대답을 '예, 아니요'로 유도한 다음에 진술의 모습을 들추어 범인을 잡는 것을 흔히 볼 수 있다.

좀 무거운 주제의 질문에서는 본 질문에 앞서 '예', '아니요' 혹은 단답형의 질문을 앞세운 다음에 본 질문으로 들어가면 좋은 결과를 얻을 수 있다. 특히 협상에서는 짧고 간단한 질문을 던지면서 상대방을 '예'로 이끌어내는 것이 절대적으로 유리하다.

관점을 바꾸어 질문하는 방법도 있다. '내가 교수라면 어떤 질문을 할 것인가?' 필자가 강의하는 대학교에서 중간고사 리포트로 학생들이 기말고사 문제를 제출하게 하여 교수가 제기할 만한 질문이나 학습지, 퀴즈, 평가 문항을 확인한 후에 그중에서 잘된 문제를 골라서 기말고사에 출제하기도 했다. 그런데 놀라운 것은 좋은 문제를 제출한 학생들의 성적이 월등히 좋았다는 사실이다. 질문 수준이 교수만큼 높다면 학교에서 성적을 올리는 것은 문제가 되지 않을 것이다. 질문하는 방법이 학습 자체가 될 수 있다.

2) 구체적인 질문을 하라

"잘못된 질문 제기는 잘못된 답으로 이어진다." 철학자 비트겐슈타인(Ludwig Wittgenstein)의 말이다. 정확한 답을 얻기 위해서는 질문 역시 명료해야 하며, 정확해야 한다. 남에게 던지는 질문이든 스스로에게 던지는 질문이든 마찬가지이다. 막연하게 "공부 잘하는 방법이 무엇이냐?"고 묻는다면 대답은 "열심히 하라!" 정도밖에 없다. "영어공부 잘하는 방법이 무엇이냐?" 좀더 구체적인 질문을 한다면 돌아오는 대답은 달라질 것이다. 좀더 구체적으로 "리딩을 잘하려면 어떻게 공부해야 하는가?" 이렇게 한층 더 구체적으로 질문한다면 대답이 구체적으로 되돌아올 것이다. 포괄적인 질문을 하면 돌아오는 대답이 포괄적인 대답이 되고, 구체적인 질문을 하면 구체적인 대답으로 돌아오게 될 것이다. 질문을 능숙하게 사용하려면 자기가 무엇을 알고 싶은지, 확실한 의도를 갖지 않으면 안 된다. 질문으로 그 사람의 정도나 그 사람의 사고의 넓이와 깊이를 짐작할 수 있다.

위대한 결과는 위대한 질문에서 시작된다는 말이 있다. 생각이나 질문을 바꾸면 커다란 변화가 일어난다. 유목민들은 "어떻게 하면 물

가까이에 있을 수 있는가?"를 질문하며 사냥감을 따라 떠돌이생활을 하면서도 늘 물을 걱정했다. 그러나 누군가 "어떻게 하면 물을 가까이로 끌어올 수 있을까?"를 질문하고 답을 찾기 시작하면서 역사는 달라지기 시작했다. 유목민들이 이에 답을 찾은 것이 정착, 농경생활이다. 유목민들의 정착생활이 발전하여 농경문화를 가져왔고 농경문화가 오늘날 도시 발달의 커다란 밑거름이 되었다.

'새는 난다. 그런데 왜 인간은 날지 못하는가?'란 질문이 비행기를 발명케 했다. '사람들은 왜 각기 다른 모습과 특징을 가지고 있을까?'란 의문이 DNA를 발견케 했다. 그리고 '오프너 없이 캔 맥주를 딸 수는 없을까?'란 질문이 오늘날 팝탑(pop-top) 캔을 만들었다. 질문의 위대함을 보여 주는 실례들이다. 질문이 역사를 바꾸고, 인간 문명을 바꾸고, 개인적으로는 인생을 바꾼다.

문제 해결을 위한 질문은 구체적이야 한다. 질문의 범위가 너무 넓으면 돌아오는 답이 불분명하다. "오늘 저녁 무엇을 먹을까?"보다는 "오늘 저녁 식사로 닭고기 요리나 생선 요리를 준비할 수 있는데, 무엇이 더 좋을까?"라고 묻는 것이 좋다. 'i모드'라는 휴대전화 서비스를 개발한 통신사에서 고객들이 언제 i모드를 사용하는지 알기 위해 고객에게 보낸 질문은 "지금 어디에 계십니까?"였다고 한다. 구체적이고 간단한 질문이라 사람들이 쉽게 응답해 주었고 응답자의 절반 이상이 직장 근무와 수업시간에 i모드를 쓰고 있다는 사실을 확인할 수 있었다고 한다. 만약 "당신은 언제 i모드를 사용하십니까?"라고 물었다면 실패했을 것이다. 좋은 질문이 좋은 응답을 유도한 것이다.

3) 질문은 5W 1H 방식으로 하라

인간의 뇌에는 약 140억 개 정도의 뇌세포가 있는데, 각 뇌세포는 다시 1만-10만 개의 서로 다른 기능을 가진 뇌세포와 연결돼 있다. 책을 읽거나 교사의 설명을 듣는 동안 뇌세포는 바쁘게 움직이면서 정보를 저장한다. 그러나 질문을 받게 되면 동원되는 뇌세포의 숫자가 훨씬 더 많아진다. 한편으로는 질문의 요지를 정리하고 다른 한편으로는 답변을 준비하기 위해 정보가 저장된 다른 뇌세포를 검색하느라 바쁘게 움직이기 때문이다.

그냥 '하늘이 푸르다'라는 글을 수동적으로 읽기만 하는 경우와 '하늘이 왜 푸르지?' 하는 의문문 형식으로 읽을 때는 엄청난 차이가 난다. 그래서 공부의 달인들은 독서를 할 때 '의문문'으로 고쳐서 읽는다.

유명한 경영학자 중에 톰 피터스(Tom Peters)라는 사람이 있다.[1] 그는 경영학 관련 서적보다는 소설을 즐겨 읽는다고 한다. 사람들이 그 이유를 물었다. 그러자 그는 이렇게 말했다. "대부분의 경영학 서적들은 답을 제시해 준다. 반면 위대한 소설들은 '위대한 의문'을 던져 준다. 이것이 내가 가르침을 얻기 위해 소설을 즐겨 읽는 이유이다." 학문의 발전 과정을 보면 문학, 철학, 예술 등 인문 분야가 먼저 발전하고 여기서 영감을 받아 수학과 과학이 발전하고 기술과 산업으로의 발전이 그 다음을 잇는 형태가 된다. 문학이나 철학이 위대한 것은 하나의 정답이 아닌 상상력과 의문을 던져 주기 때문이다.

"상식이란 18세 소년이 길거리에서 주워서 모은 편견의 집합이다. 창의력이란 당연한 것으로 여겨지는 상식에 대해 '왜?'라는 의문을 던지는 것에서 출발한다." 아인슈타인의 말이다. 만약 "왜?"라는 물음 없이 눈앞에 전개되는 모든 것을 당연한 것으로 받아들였다면 인류는 원시생활에서 한 발자국도 벗어나지 못했을 것이다. 상식이 의심의 터널을 지나는 순간 새로운 진리를 낳는다.

· 제목, 소제목을 의문문으로 바꾸어서 읽어라.
· 책을 읽고 나서 중요한 것을 의문문 형식으로 기억하라.

책을 읽을 때 내용을 평서문으로 읽지 말고 의문문으로 바꾸어 읽어보면 많은 궁금증이 유발된다. 모차르트나 아인슈타인 같은 천재들의 이야기가 나오는 책이라면 한 번쯤 의문부호를 찍어보자. 왜냐하면 그의 천재성도 타고난 천부적인 것이 될 수도 있고, 태어나서 남다른 환경을 통해서 얻어진 방법론적인 것이 될 수도 있기 때문이다. 가령, 좋은 부모를 만나서 어렸을 때부터 음악을 접했거나 체계적인 독서방법을 익혔을 수도 있다.

따라서 제목이나 소제목을 질문으로 바꾸는 것이 책을 읽기 전의 선결조건이다. 질문을 바꿀 때 5W 1H로 방식을 사용하는 것이 유용하다. 그중에서도 저자가 글을 쓰는 목적이 주로 what, why, how to 유형이 가장 많다.

리처드 바크(Richard Bach)의 『갈매기의 꿈(*Jonathan Livingston Seagull*)』을 예를 들어 보자. 이 제목을 5W 1H 방식으로 바꾼다면 몇 가지 질문을 제시할 수 있다. '갈매기가 가지고 있는 꿈은 어떤 꿈인가?'(what), '조나단이 꿈을 꿀 수밖에 없는 이유는 무엇인가?'(why), '조나단은 자신의 꿈을 어떻게 이루어 가는가?'(how to) 등으로 제시될 수 있다. 부가적으로 '등장인물이 누구이며 그의 성격은 어떤가? 갈매기의 삶의 장소, 장소적 배경은 어떻게 변화하는가?' 등 who, where 등으로 질문할 수 있다. 여기에서 중요한 것은 질문의 유형에 따라 독자의 답이 달라진다는 것이다. 그리고 사전 질문은 책을 읽은 후에 간결하고 명쾌한 답을 얻어 오랫동안 기억을 담아낼 수 있다.

4) K.W.L 전략으로 질문하기

글을 읽었을 때 이해가 잘 안 된다면 독자는 다양한 독서방법을 사용해야 한다. 문제가 불분명할 경우 그 문제가 명료해질 때까지 머릿속에 기억해 둔 채로 계속 읽어 나갈 수도 있고, 아니면 그 부분을 다시 읽어볼 수도 있으며, 참고 자료를 이용하거나 다른 사람에게 물어볼 수도 있다. 이러한 전략을 '독서의 수정 전략'이라 한다. 미숙한 독자들은 독서 과정에서 문제점에 직면했을 때 수정 전략을 거의 사용하지 않는 반면에 능숙한 독자는 질문하기, 사전 사용하기 등의 전략들을 적절히 구사한다.

많은 독자들이 글을 읽는 동안 무엇을 읽어야 할지 몰라 어려움을 겪는다. 읽기 활동을 돕는 효과적인 전략 중에 K.W.L 전략이 있다. 글을 읽기 전에 주제에 대해 알고 있는 기존 지식과 더 알고 싶은 내용을 생각해 보면서 흥미를 일으키고, 글을 읽으면서 자신의 예측이 옳은지 확인하고, 글을 읽은 후에는 새로 배운 내용이 무엇인지 평가하고 정리하는 능력을 길러 주는 전략이다. 이러한 과정을 통해 독자들은 읽기 과정에 적극적으로 참여하게 된다. K.W.L 전략은 특히 정보를 제공하는 설명문, 논설문 등의 읽기 지도에 특히 효과적이다.

K.W.L 전략은 글을 읽기 전에 화제에 대하여 알고 있는 것, 화제에 대하여 알고 더 알고 싶은 것, 글을 다 읽고 난 후에 알게 된 것을 자기 점검하면서 읽을 수 있도록 해주는 읽기 전략이다. '주제에 관해 나는 무엇을 알고 있는가? 독자로서 자신이 가장 취약한 부분은 어디인가? 무엇을 기억해야 하는가?' 자기 질문하기에 적절한 독서 전략이 오글(Ogle, 1986)에 의해 설명문에 대한 읽기 수업 모형으로 처음 개발된 K.W.L 전략이다. K.W.L 전략은 특히 과학도서를 읽을 때 유용하다. 원래 과학이란 어떤 영역의 대상을 객관적인 방법으로 계통적으로 연구하는 활동이나 그 활동의 결과를 얻어낸 성과의 내용이기 때문이다. 과학도서는 사실을 바탕으로 쓰여졌다. 따라서 그 책에 쓰여 있는 사실을 정확하게 이해하는 것이 중요하다. K.W.L 전략은 글을 읽기 전에 특정 화제에 대하여 알고 있는 것, 알고 싶은 것이 무엇인지 확인할 수 있도록 간단한 틀을 제공해 준다.

. Know : 자기가 화제에 대해 이미 '알고 있는 것'을 떠올려 정리한다.
. Want to know : 그 화제에 대해 '알고 싶은 것'에 대해 정리한다.
. Learned : 글을 읽고 그 글을 통해 '새로 배운 것'을 정리한다.

이 질문들은 학생들이 다른 글에서도 이러한 질문에 대한 답을 찾을 수 있도록 하면서 배경 지식을 유도해 내고, 자신의 경험을 관련시켜 주제에 대한 호기심을 가질 수 있도록 한다. 독자는 이 전략을 통하여 작가가 글에 제시한 것 이상을 받아들일 수 있고, 개개인은 자신의 배우고자 하는 욕구의 중요성을 인식할 수 있다. 또, 목적을 가지고 읽을거리를 능동적으로 찾아 읽을 수 있게 된다.

여기에서 유념해야 할 것은 기본적인 K.W.L의 흐름으로 진행된다 하여도 반드시 일방향의 직선적인 과정으로만 이해하는 것은 바람직하지 않다는 것이다. 상황에 따라 이전 단계로 되돌아가는 것을 인정하는 것이 좋을 수도 있다.

[미주]

1) 크레이그 M.보겔·조나단 케이건·피터 보트라이트, 『디자인으로 미래를 경영하라』(서울: 럭스미디어, 2006). 출판 비즈니스 현장에 종사하는 실무자·경영자들 및 비즈니스를 공부하는 사람들에게 실질적으로 도움을 주는 『워튼스쿨 경제경영 총서』 15번째 이야기 『정직한 리더의 성공 철학』. 이 책은 "어떻게 평범한 사람들이 특별한 제품을 창조하는가?"라는 질문에 대한 해답을 제시한다.

Part 3
서사적 질문하기

　본래 SQ3R 독서법 자체는 사회 과학책을 읽는 데 유용하지만 문학 독서에도 응용해서 적용할 수 있다. 문학에서 서사의 주체는 '화자', 즉 이야기하는 사람의 목소리를 듣는 게 중요하다.

　흔히 작품 속의 화자를 'persona(페르조나)'라고 한다. 이는 작품의 화자가 작자 자신과 다름을 나타내는 말이라고 할 수 있다. 원래 이 말은 고전극의 배우들이 쓰던 가면(mask)을 지칭하는 라틴어이다. 연극의 등장인물을 가리키는 말로 쓰이다가 다시 작품의 화자를 뜻하는 용어로 사용되기에 이른 것이다. 소월의 '진달래꽃'의 화자는 소월 자신이 아니라 '이별을 앞둔 한 여성'으로 설정되어 있다. 그 여성이 님을 향해 내쏟는 간곡한 발언이 이 작품의 내용이다. 말하자면 '진달래꽃'은 소월이 한 여성의 탈(persona)을 쓰고 간접적으로 발언하는 구조라고 할 수 있다.

이 화자에 의해 어떤 '인물'의 '행위'가 일정한 줄거리를 갖추면서 '시간'적인 흐름에 따라 이야기되는 양식이 바로 문학에서 말하는 사전적 의미의 '서사'이다.

어떤 서술이 '서사'가 되기 위해서는 어떤 요소들을 갖추어야 할까? 인물의 행동과 배경, 시간의 흐름, 그리고 그 행동들의 의미이다. 이 가운데 어느 것 하나가 독자들에게 정확하게 전달되지 않을 때 책은 읽혀지지 않는다. 왜냐하면 이런 작은 부분의 서사들이 모여서 큰 서사를 이루고, 그것들이 촘촘히 쌓여 하나의 이야기가 되기 때문이다.

소설은 화자라는 가상의 인물을 내세워 이야기하는 대표적인 서사물이다. 그래서 소설에서는 '서사'가 무척 중요하다. 서사에서의 사건은 단순하게 그것 하나로만 일어나서 끝나는 것이 아니라 다른 사건과 연관을 맺고 있다. 길 위에서 교통사고가 났을 때, 현실에서는 보험처리하면 다 끝난다. 그러나 소설에서는 이 교통사고가 이 소설 안에서 일어나는 다른 사건들과 아주 밀접하게 관련을 맺는다.

그런데 소설이나 영화에서 사건들의 관련이 억지스러울 때 듣는 소리가 '서사가 허술하다.'거나 '구조가 탄탄하지 않다.'이다. 문학작품을 읽을 때 어떤 질문을 할 수 있을까?

1) 사건과 관련된 질문
① 이 작품에서 핵심 사건들은 무엇인가?
② 이 핵심사건은 다른 사건들과 어떤 인과관계로 배열되어 있는가?

③ 이 작품에서 중심 인물에 어떤 문제가 생겼는가?

④ 이 작품에서 주인공은 문제를 어떻게 해결해 가는가?

⑤ 그 후에 어떻게 되었는가?

2) 등장인물과 관련된 질문

① 이 작품에서 가장 중요한 인물은 누구이고 그 밖의 인물들은 누구인가?

② 이 작품에서 화자는 등장인물들에 대해 어떻게 말하고 있는가?

③ 이 작품에서 각각의 등장인물에게 부여된 성격은 무엇인가?

3) 배경과 관련된 질문

① 이 작품의 공간적, 시간적, 그리고 사회적 배경은 어디, 무엇이고 어떻게 옮겨 가고 있는가?

② 공간적인 배경과 관련해서, 이 작품의 등장인물의 물리적인 환경이 그들의 행동에 어떤 영향을 미치는가?

③ 시간적인 배경과 관련해서, 어떤 유형의 연대기적이고 '시간의 유형'(낮이나 밤, 겨울이나 여름)은 이 이야기에서는 어떤 의미를 갖고 있는가?

④ 사회적인 배경과 관련해서, 정치적인 제도, 계급구조, 경제체제, 사회관습 등은 이 이야기에서 어떤 의미를 가지고 있는가?

⑤ 공간적 배경과 관련해서 어떤 유형의 '공간의 유형'(상하, 안팎, 땅과 하늘 등)은 이 이야기에서는 어떤 의미를 갖고 있는가?

화자와 혼동하기 쉬운 개념으로 시점이 있다. 시점은 스토리의 세계에 대한 인식의 문제로서 소설에서 서술하는 주체와 스토리 세계를 인식하는 주체가 다르다는 인식에 기초한 개념이다. 즉 '누가 보는가'와 '누가 말하는가'를 구별하는 문제이다. 화자가 서술의 일차적인 주체라고 할 때, 반드시 그 화자가 스토리의 세계를 바라보는 인식의 주체인 것은 아니다. 화자는 직접 스토리의 세계를 인식하고 서술할 수도 있지만 특정한 인물의 위치나 시각, 그리고 관점을 활용하여 서술할 수도 있기 때문이다.

시점은 단순히 시각적인 위치만이 아니라 관점의 의미도 포함하는 개념으로서 육체적 지각뿐만 아니라 심리적, 세계관의 차원도 포함한다. 일인칭 서술상황에서는 두 자아가 생긴다. 체험적 자아와 서술적 자아가 그것이다. 일인칭 서술상황에서는 "나"라는 자아가 있어서 자기 경험을 이야기하게 된다. 그 "나"를 '체험적인 나'와 '서술적인 나'로 나누어 볼 수 있다는 것이다. '체험적인 나'는 소설 안에서 일어나는 사건에 관련된 존재이고, '서술적인 나'는 사건이 다 끝난 뒤에 자신이 경험한 사건을 되돌아보면서 이야기하는 존재이다. 즉 '체험적 자아인 나'는 주인공이든 아니든 사건이 진행되는 그 시간의 와중에 있는 존재이고, '서술적 자아인 나'는 사건이 다 끝난 후에 자신이 경험하거나 목격한 사건을 이야기하는 존재이다.

이 대목이 어렵게 느껴지는 이유는 하나의 존재인 "나"를 둘로 나누기 때문이다. 체험적 자아이든 서술적 자아이든 "나"이긴 마찬가지이다. 그 "나"가 둘로 나누어지는 것이 일인칭 서술상황이다. 하나의

"나"를 둘로 나누는 기준은 시간이다. 사건이 진행되는 시간 속에 있는 "나"는 체험적 자아인 나이고 사건이 다 끝난 후의 시간 속에 있는 "나'"는 서술적 자아이다.

그러므로 서술적 자아인 나는 사건이 다 끝난 후에 그 사건을 되돌아보면서 이야기하므로 더 반성적이고 성찰적일 수 있다. 따라서 서술적 자아인 나의 발언은 작품의 주제와 의미를 전달하는 데에 중요한 역할을 하게 된다. 이런 상황을 잘 파악하여 소설 창작에 활용하면 도움이 많이 될 것이다. 그러면 이제 『봉순이 언니』에서 발췌한 다음 문장들을 통하여 일인칭 서술상황을 더 자세하게 이해해보도록 하자.

> 언니는 아버지의 말에 얼굴을 약간 붉히면서도 아버지가 내미는 해삼이며 멍게를 날름날름 먹어치웠고 아버지는 넋이 나간 사람처럼 멍하니 카바이드 불빛만 바라보고 있었다. 그런 아버지의 마르고 단정한 실루엣이 카바이드 불빛에 비치자 나는 아버지가 신성일보다 잘 생겼다는 생각을 처음으로 했고, 그런 아버지에게 내가 너무 야멸차게 대한 것이 좀 후회도 되었다. 지금 생각하면 그때 아버지의 나이 삼십대 초반, 벌써 세 아이의 아버지였고 한 여자의 남편이며 봉순이 언니까지 거느린 가장, 은행 보증을 잘못 서서 몰락한 할아버지의 아들이며, 지금은 남대문에 큰 점포를 가지고 있는 처 덕에 유학까지 마치고 돌아온, 그러나 오기와 자존심을 가진 유교 집안의 장자, 그러나 또 한편 현실 속에서는 한없이 무력한 후진국의 젊은 지식인이었다. 아버지는 내 시선을 느꼈는지 고개를 돌려 나를 바라보았다. 나를 바라보는 아버지의 눈빛은 내가 떨어뜨려 놓고 갔던 자식이 벌써 이렇게 똘망똘망해졌구나, 하는 대견함, 또 한편 이렇게 콩나물처럼 쑥쑥 크는 아이들을 내가 정말 다 책임질 수 있을 것인가 하는 두려움이 어려 있었다.

위 인용문에서 카바이드 불빛에 비친 아버지의 얼굴이 신성일보다 잘 생겼다고 느끼는 "나"는 열세 살짜리 봉순이에게 업혀 다닐 정도의 어린 아이다. 그러나 밑줄 친 부분, 즉 '지금 생각하면'이라고 시작되는 부분은 '지금의 나'가 생각하는 대목이다. 아버지가 신성일보다 잘생겼다고 생각하는 것은 '어린 아이인 나'이고, 아버지를 무력한 후진국의 젊은 지식인이라 생각하는 것은 '지금의 나'이다. '어린 아이인 나'는 체험적 자아이고 '지금의 나'는 서술적 자아이다. 서술적 자아는 어린 시절의 체험을 이야기하면서 지금 자기 생각을 덧붙이고 있다.

뿐만 아니라, 마지막 문장에서 아버지 눈빛에서 두려움을 읽어내는 것은 다섯 살 아이인 체험적 자아의 시각이라 볼 수 없다. 그렇게 아버지 눈빛을 보고 있는 자는 체험적 자아이지만, 거기에 '두려움이어려 있었다.'고 해석을 가하고 의미를 부여하는 것은 서술적 자아이다.

4부 보물찾기 : 보물을 찾아라
(Reading)

Reading
보물을 찾아라

　우리는 늘 무엇인가 신비한 '보물'을 찾아 '모험'을 떠나는 이야기를 즐거워한다. 약간의 흥분과 기대감을 가지고 다음 일과 그 다음 일을 지켜보게 된다. 특히 그 '보물'이 해적들이 숨겨 놓은 막대한 금화 같은 단순한 것이 아니라 전설과 신비, 비밀로 둘러싸여 있는 경우라면 우리의 지적 호기심은 더더욱 맹렬하게 타오르고, 그에 따라 우리는 이야기 속으로 빨려들어간다.

　우리가 자주 접하는 할리우드 영화에서도 이런 이야기 형식은 즐겨 활용되는 편이다. 해리슨 포드(Harrison Ford) 주연의 '인디아나 존스(Indiana Jones)'는 더 이상 설명이 필요 없는 보물찾기의 대명사가 되었고, 또 섹시하면서도 강인한 여전사 안젤리나 졸리(Angelina Jolie Voight)를 위한 영화 '툼 레이더(Tomb Raider)'도 보물찾기 모티브를 가지고 있다. 이 영화들은 각각 신비에 둘러싸인 '보물'을 찾아 나서는 '모험' 이야기들이다.

　이런 형태의 이야기를 편의상 '보물찾기'라 이름 붙여보도록 하자.

독서는 일종의 '보물찾기'로 비유할 수 있다. 보물찾기는 전 장에서 언급한 질문하기에 대한 답을 찾아가는 과정이다. 보물찾기의 흔하고 널리 알려져 있는 형태는 아마도 우리가 자주 들어왔던 일종의 '성배'일 것이다.

독서치료 상담에서 보는 인간은 '인간으로서 습득해야 할 정보를 능동적으로 모으고 보관하고 재창조하여 유통하는 존재'다. 인간은 정보를 적극적으로 유입, 보관, 유출하는 존재로서 인간 이해를 두뇌 생리학적인 관점에서 정립한 사람은 글렌 도만(Glenn Doman) 박사다. 그의 이론을 한마디로 정리하면 "기능이 구조를 결정한다."는 것이다. 가령 다국어를 쓰는 가정환경에서 자란 아이는 몇 개 국어든지 아무런 혼동 없이 짧은 기간 내에 완벽하게 습득한다. 이런 신비한 능력은 3세까지 왕성하다가 점점 약화되어 7세까지 지속된다. 그 이후는 성인들과 배우는 방식이 같아지는데, 이러한 현상을 그는 '재능체감의 법칙'이라고 불렀다.

우리 두뇌는 시각, 청각, 촉각과 같은 감각기관으로 자극(정보)을 받아들여 언어, 손쓰기, 동작과 같은 운동경로를 통하여 표현하는 순환과정을 겪으면서 그 구조가 발달된다. 두뇌의 구조 발달에 있어서 결정적으로 중요한 것은 다름 아닌 양질의 자극(정보)이다.

우리 두뇌는 선천적으로 학습하기를 좋아한다. 책을 매개로 하는 독서치료는 그런 점에서 두뇌 친화적이라고 할 수 있으며, 정보의 유입과 보관(사고) 및 표현의 모든 과정에 적절하게 개입하고자 하는 기본적인 전략을 가지고 있다. 정보 유통은 3단계를 거쳐 나타난다.

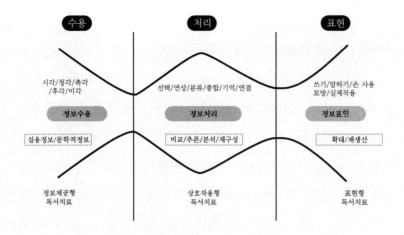

의 영역 라벨:

수용 / 처리 / 표현

시각/청각/촉각 /후각/미각 · 정보수용 · 실용정보/문학적정보 · 정보제공형 독서치료

선택/연상/분류/종합/기억/연결 · 정보처리 · 비교/추론/분석/재구성 · 상호작용형 독서치료

쓰기/말하기/손 사용 모방/실제작용 · 정보표현 · 확대/재생산 · 표현형 독서치료

[정보처리 과정으로서의 읽기행위 모델]

첫 번째는 외부에 있는 정보가 개인에게 인식되고 흡수되는 과정이다. 이 경우에 정보는 크게 눈으로 전달되는 글과 그림이며, 귀로 전달하는 강의와 수업, 텔레비전 영상물 등으로 나뉜다. 그리고 정보의 내용에 따라 사실을 위주로 하는 실용적인 정보와 감정을 위주로 하는 문학적인 정보로 나뉜다.

두 번째는 입수된 정보가 인간의 뇌 속에서 사고활동을 거쳐 내면화되는 과정이다. 인간의 뇌에 있는 기억장치는 들어온 정보를 상호 연관성에 따라 비교·추론·분석·재구성해서 저장한다. 정보를 입수했다고 해도 이 과정을 제대로 거치지 못하면 그 정보는 크게 가치를 지니지 못한다.

세 번째는 입수되고 심화된 정보가 말이나 글이라는 형태 또는 행동이나 모방 형태로 표현되는 과정이다. 정보의 표출이란 정보를 받아들이는 소극적인 입장에서 정보를 제공하는 적극적인 입장으로 바뀌는 것을 의미하며 이 과정을 통해 정보는 확대·재생산된다. 이것이야말로 가장 확실한 정보의 취득인 셈이다.

고마야 가즈요시는 『선택적 책 읽기』에서 읽기 전략의 포인트는 What→Why→How라고 말한다. 나타난 문제, 성취와 같은 현상(What)을 알고 그런 현상으로 나타날 수밖에 없는 그 이유(Why)를 생각하고 그것을 자신의 일이나 인생에 어떻게 활용할 것인가(How)를 책을 읽음으로써 학습하는 것이다. 읽기를 통해서 원인과 결과와 같은 생각하는 법과 공부하는 법, 자신의 문제를 처리하는 것이 독서하는 목적이라고 할 수 있을 것이다. 여기에서 말하는 문제 해결이야말로 가장 확실한 정보의 취득이다.

SQ3R 독서법에서 읽기(Reading) 단계는 3번째 단계이다. 개관하기(Survey)-질문하기(Question) 단계를 거쳐 Reading 단계에 이른다. 이 Reading 단계는 적어도 책 읽기 목적에 따라도 읽기 방법도 달라진다.

첫째로 훑어보기 읽기이다. 이 읽기 방법은 요점을 빨리 파악하고 원하는 정보를 빨리 찾기 위한 독서법이다. 일반적으로는 어떤 책이든 빨리 읽는 것을 속독이라고 생각하고 있다. 하지만 속독이란 책을 빨리 읽는 방법이 아니라 필요한 정보를 빨리 얻기 위한 방법이다. 독서법을 결정하는 것은 속도가 아니라 책을 읽는 목적과 관련이 있다.

둘째로 의미단위로 읽기이다. 이 읽기 방법은 일반적인 독서법으로, 처음부터 끝까지 스펀지가 물을 흡수하듯이 평범하게 읽어 가는 방법이다.

셋째로 흔적 남기며 읽는 방법이다. 이 읽기 방법은 자신만의 책을 만드는 과정으로 저자와 대화하면서 읽는 독서법이라 할 수 있다. 본장에서 다루는 논설문 읽기와 소설 읽기는 장르별 특징을 살려 읽는 방법이다.

명작 독서법에서 Reading 과정은 숲을 보고 나서 나무를 한 그루 한 그루 보는 작업이라 할 수 있다. 다시 말하면 읽기 단계는 처음 제기한 질문 단계에서 제시한 질문에 해답 찾기 단계라 할 수 있다. 독자에게 제기된 문제의 해답은 하나의 보물이다. 이는 독자 자신이 그렇게 찾기 원하는 정보는 독자에게는 보물이 되기 때문이다. 그래서 이 단계는 '보물찾기'라고 명명할 수 있다.

질문에 대한 해답을 효과적으로 찾기 위해 원칙을 정하도록 하자. 각 부분별로 읽어가면서 핵심어에 ○표를 하고, 중심 문장에 밑줄을(‿) 긋고, 독자가 찾는 정보와는 상관없지만 감동이 되는 문장에 물결 표시(~)를 한다. 그리고 개념을 모르는 단어가 등장하면 네모표시(□)를 하도록 하자. 이러한 전략들은 글을 읽기 전에 질문을 미리 했기 때문에 독자가 관심을 갖고 있는 부분이 무엇인지 명확히 하는 도구가 된다. 이렇게 되면 읽기에 깊이 참여하는 적극적인 책 읽기가 된다. 따라서 이러한 전략으로 인해 글의 이해 및 유지 능력이 발달한다. 그리고 글을 읽고 난 다음 읽으면서 질문에 대한 해답을 찾았다는 것을 알게 됨으로 성취감이 배가 된다.

이 단원에서 다룰 주제들은 다음과 같다.

1. 훑어보기 읽기 전략　　2. 의미단위로 읽기 전략
3. 흔적 남기며 읽기 전략　4. 논설문 읽기 전략
5. 소설 읽기 전략

Part 1
훑어보며 읽기 전략

    알고 싶은 정보를 한정된 시간 안에 빠르게, 그리고 가능한 한 많이 얻는 것이 독서의 '목적'일 때는 속독기술이 필요하다. 사람들 중에는 책을 더디 읽는 것 때문에 빨리 읽고자 하는 강박관념을 가진 사람들이 많다. 하지만 속독은 어디까지나 여러 가지 독서법 가운데 한 가지일 뿐이다.

    독서법의 차이는 속도의 차이가 아니라 목적의 차이이며 방법의 차이다. 세상의 모든 일에는 '넓이'와 '깊이'가 있기 때문이다. 논리적인 사고에는 단계가 있고, 그 단계는 곧 '깊이'를 말한다. 또한 독서 자체를 즐길 목적으로 하는 독서도 있고, 지식과 정보를 얻기 위한 목적으로 하는 독서도 있을 수 있다. 그 중에는 즐기면서 정보를 얻을 수 있는 것도 있으며, 더 나아가 논리적 사고력이 높은 사람 중에는 논리적으로 사고하는 것 자체를 즐거움으로 삼는 경우도 있을 것이다. 훑어보며 읽기 기술은 '속도'에 의해서 구분되는 것이 아니라 '목적'에 의해서 구분되어야 한다. 그 목적에 의해서 선택하는 책도 달라지고 독서법 자체도 달라진다.

이 훑어보며 읽기에 가장 적합한 대상이 신문일 것이다. 신문에는 큰제목, 중간제목, 소제목이 있고, 큰제목 다음에 반드시 요점이 정리되어 있다. 우선 제목을 보고 자신에게 필요한 정보인지 아닌지를 순간적으로 판단한다. 모든 제목을 본다고 해도 그다지 많은 시간이 걸리지는 않는다. 제목은 대체로 굵은 글씨로 쓰여 있기 때문에 눈에 확 들어온다. 그 다음에는 필요성에 따라서 어느 정도까지 기사를 읽는다. 이때 자세히 읽을 것인가 말 것인가를 결정하면 된다. 경우에 따라서 읽은 기사가 도움이 된다고 생각하면 스크랩을 하기도 하고 자신과 별 연관성이 없다면 읽기를 중단하거나 건너뛸 것이다.

훑어보며 읽기는 자신이 알고 싶은 것이 무엇인지를 미리 알고 있는 사람이 그것을 손에 넣기 위해서 구사하는 수단이다. 읽는 것이 아니다. 무엇 때문에 그 정보가 필요한지 목적을 정하고, 원하는 정보와 버릴 정보를 재빨리 판단한다. 그러기 위해서는 해당 분야에 대한 기본지식이 필요하다. 다시 말해서 이 독서법은 자신이 무엇을 알고 싶은지 미리 명확하게 알고 있을 때 사용하는 독서법이다. 바로 원하는 정보를 검색하고 조사하기 위한 독서법이다. 이것저것 여러 가지를 대량으로 속독하여 데이터만을 취하려고 하는 독서법이 아니다. 그러므로 어느 정도의 기본이 없으면 무리다.

Part 2
의미단위로 읽기 전략

　독서는 글을 읽으면서 독자 자신이 제기한 질문에 대한 해답을 찾는 작업이다. 질문에 대한 해답을 찾기 위해 읽는 과정에서 독자는 글을 읽으면서 예상 외로 많은 것을 얻을 수 있다는 사실을 깨닫게 되고 즐거움을 느낀다. 이러한 읽기는 능동적인 읽기이며, 독자가 집중할 수 있도록 해준다. 더 나아가 필요하다면 새로운 질문을 제기할 수도 있다.

　의미단위로 읽는다는 것은 처음부터 끝까지 읽어가는 일반적인 독서법이다. 하지만 의미단위로 읽는 경우라도 목적에 따라서 읽는 방법을 달리한다. 일류경영자나 학자가 쓴 입문서나 문학작품은 대강 읽고 즐기면서도, 어느 정도의 지식획득을 목적으로 하는 책 읽기는 나름대로 가설을 세우고 그것을 검증하여 새로운 가설을 만들어 냄으로써, 관점을 넓히고 높여 갈 수 있다.

1) 의미군을 확장하며 읽기

실제로 의미단위로 독서를 할 때 필수적인 훈련 방법은 사선치기이다. 읽어 내려가는 본문에 사선을 치면서 의미 단위, 즉 센스그룹, 사고단위로 끊어가며 읽는 것을 말한다. 예를 들어 다음 글을 읽는다고 하자.

태초에 하나님이 천지를 창조하셨다. 땅이 혼돈하고 공허하며, 어둠이 깊음 위에 있고, 하나님의 영은 물 위에 움직이고 계셨다. 하나님이 말씀하시기를 "빛이 생겨라." 하시니, 빛이 생겼다. 그 빛이 하나님 보시기에 좋았다. 하나님이 빛과 어둠을 나누셔서, 빛을 낮이라고 하시고, 어둠을 밤이라고 하셨다. 저녁이 되고 아침이 되니, 하루가 지났다.

'태·초·에·하·나·님·이·천·지·를·창·조·하·셨·다.'처럼 한 글자씩 떼어서 읽는 사람은 아무도 없을 것이다. 대체적으로 '태초에/ 하나님이/ 천지를/ 창조하셨다.' 하는 식으로 어절의 단위로 글자 정보를 인식할 것이다. 이렇게 '한 단어씩 읽기'는 몇 가지 문제점을 초래한다.

이러한 방법은 우선 독서 속도를 상당히 떨어뜨린다. 하지만 한 단어씩 읽는 것은 속도가 제한된다는 것보다 더 중요한 단점이 있다. 우리의 눈이 처음에 '태초에'라는 단어를 응시한다고 가정해 보자. 이 단어 하나만으로는 아무런 의미가 전달되지 않는다. 눈은 다음으로 건너뛰고, 뇌는 이 단어가 '하나님이'라는 것을 인식한다. 이번에도 이해는 되지 않는다. 오히려 이 두 번째 단어의 의미인 '태초에'를 첫 번째 단어 '하나님이'의 의미에 덧붙여야 겨우 한 개념을 이해한다. 책에서는 아주 간단한 이야기를 하고 있지만 뇌에서는 수백만 번의 화학반응이 일어나야 하는 고된 계산 작업이다.

우리의 눈은 이제 다음 단어인 '천지'로 건너뛴다. 아직도 완전한 이해가 되지 않는다. 또 한 번 수백만 번의 화학반응이 일어난다. 이번에도 이렇다 할 성과가 없는 힘든 계산 작업이 이어진다. 데이터를 순차적으로, 디지털식으로, 분석적으로 처리하는 우리의 좌뇌는 힘든 계산 작업에 몰두해 있다. 반면에 언제나 표상(表象)을 필요로 하는 우뇌는 아무런 자극도 받지 못한다. '태초에 하나님이 천지를'이라는 문장에서는 아직 아무런 표상도 생겨나지 않기 때문이다.

이때 우리의 뇌는 문장의 앞부분인 주어나 목적어를 잊어버리지 않도록 주의해야 한다. 단어가 많지 않은 경우는 별 문제가 없지만 어떤 작가가 복잡한 문장을 쓰는 경우는 결정적으로 중요한 동사를 그 문장의 맨 마지막에 둔다면, 첫 번 부분을 잊어버릴 위험이 있다. 아무튼 우리는 다음 단어로 건너뛰어 마침내 '창조하셨다'이라는 단어를 인식하기 위해서는 또 한 번 수백만 번의 화학반응을 일으킨 후에 뇌는 이 읽기 과정에서 마침내 하나의 의미가 창출된다. '태초에 하나님이 천지를 창조하셨다.'

우뇌는 '하나님'은 하나님인데 '태초에'에 계신 하나님이다. '천지를 만드신 하나님'이라는 표상을 몇 분의 1초만에 내면에서 만들어내는 것이다. 따라서 읽는 속도를 빨리하는 것은 인식의 속도를 빨리하는

하나　　　　　둘　　　　셋

것이다. 이를 위해서는 이 인식 범위를 생각의 속도로 넓혀야 한다는 결론이 나온다.

인식의 범위를 넓히기 위해서 정재원은 『독서의 즐거움』에서 일정하게 세 번 건너뛰면서 줄을 읽어 내려가라고 주장한다. 줄마다 건너뛰는 횟수를 마음속으로 세어보게 한다. "하나-둘-셋 하나-둘-셋" 이런 식으로 훈련하라고 한다. 줄이 비교적 짧거나 숙달되면 두 번 건너뛰기를 하고 "하나-둘 하나-둘" 하고 세기만 하면 된다. 특히 한 번 건너뛰기, 두 번 건너뛰기 방식에 익숙하게 되기까지 건너뛰는 곳에 사선(/)을 치는 것이 크게 도움이 된다. 예를 들면 다음과 같다.

태초에/ 하나님이 천지를/ 창조하셨다./ 땅이 혼돈하고 공허하며,/ 어둠이 깊음 위에 있고,/ 하나님의 영은/ 물 위에 움직이고 계셨다./ 하나님이 말씀하시기를/ "빛이 생겨라." 하시니,/ 빛이 생겼다./ 그 빛이/ 하나님 보시기에 좋았다./ 하나님이/ 빛과 어둠을 나누셔서,/ 빛을 낮이라고 하시고,/ 어둠을 밤이라고 하셨다./ 저녁이 되고 아침이 되니,/ 하루가 지났다./

여기에서 좀더 숙련되면 다음과 같이 의미군을 확장할 수 있다.

태초에 하나님이 천지를 창조하셨다./땅이 혼돈하고 공허하며, 어둠이 깊음 위에 있고,/ 하나님의 영은 물 위에 움직이고 계셨다./ 하나님이 말씀하시기를

"빛이 생겨라." 하시니,/ 빛이 생겼다./ 그 빛이 하나님 보시기에 좋았다./ 하나님이 빛과 어둠을 나누셔서,/ 빛을 낮이라고 하시고,/ 어둠을 밤이라고 하셨다./ 저녁이 되고 아침이 되니,/ 하루가 지났다.

여기에서 좀더 발전되면 한 줄에 사선이 중간에 한 번 들어가거나 한 줄 단위로도 읽을 수 있을 것이다. 주어와 동사를 반드시 인식하는 것은 상황을 이해하는 키워드가 되기 때문에 매우 중요하다. 주어진 상황 인식은 컨텍스트를 읽어내는 데 중요한 역할을 한다. 상황이 텍스트를 만들어내기 때문이다. 저자가 표현하는 방법을 영어로 말하면 다섯 가지 형식밖에 없다. 그리고 저자가 표현하는 형식에는 일정한 리듬과 형식이 있다. 이러한 형식이 전제되지 않으면 독자는 텍스트를 읽어 나갈 수 없게 된다.

따라서 이런 식으로 사선을 치면서 읽기를 하면 혀로 따라 말할 겨를이 없다. 왜냐하면 혀의 움직임이 생각의 움직임을 따를 수 없기 때문이다. 가능한 한 많이 이해하려고 노력하라. 처음에는 큰 성과가 없거나 불편하더라도 지속된 이 연습은 시각적 통로를 강화시킬 것이다. 청각적 신호를 제거하기 위해 노력하면, 단계적으로 텍스트를 따라 말하지 않고도 더 잘 이해하게 될 것이다.

이러한 독서방식은 영어에서도 그대로 적용될 수 있다. 다만 한글과 구조가 다를 뿐이다. 오히려 한글은 동사가 문장 가장 뒤편에 위치하고 있어 첫 부분을 잊기 쉽지만 영어는 주어군 다음에 동사군이 있어 읽기가 훨씬 수월하다고 볼 수 있다. 영어구조는 한글과 다르게 주어→동사→목적어→수식구나 수식하는 절로 이루어져 있다. 주어를 수식하는 의미군, 동사를 수식하는 동사 의미군, 목적어를 수식하는 목적어 의미군으로 사선을 치면서 읽어 가는 것이 바로 직독직해이다. 예문을 가지고 예를 들어보자.

In the beginning/ God/ created the heavens/ and/ the earth./ Now/ the earth/ was/ formless and empty,/ darkness/ was/ over the surface/ of the deep,/ and/ the Spirit of God/ was hovering/ over the waters./ And/ God/ said,/ "Let there/ be/ light." / and/ there/ was/ light./ God/ saw/ that the light/ was good,/ and/ he/ separated/ the light/ from the darkness./ God/ called/ the light/ "day." / and/ the darkness/ he/ called/ "night." / And/ there/ was/ evening,/ and/ there/ was morning/—the first day./···

대부분의 영어 문장은 주어→동사→목적어→장소→방식→시간 순의 구조들로 연결되어 있다. 왜냐하면 인간의 인지구조가 그렇게 형성되어 있기 때문이다. 다만 In the beginning처럼 강조 구문이 앞에 나올 수 있다. 독자의 인지구조나 저자의 인지구조는 동일하다. 이 인지구조는 인간들이 사고하는 틀이다. 의미단위, 센스그룹으로 읽는다는 것을 다른 말로 표현한다면 인지구조를 따라 읽는 독서행위라 할 수 있다. 다만 인지구조 속에 단어가 들어가느냐, 구가 들어가느냐, 절이 들어가느냐 그 차이가 있을 뿐이다.

책을 자유롭게 읽기 위해서는 보통 4단계를 거친다. 이는 우리가 무엇인가를 습득할 때 거치는 단계이다. 순서는 무의식적 무능력 단계→의식적 무능력 단계→의식적 능력 단계→무의식적 능력 단계이다.[1]

가령 독서를 예로 들어보자. 어렸을 때는 책을 읽을 수 없다. 이 아

무의식적 무능력 단계	→	의식적 무능력 단계	→	의식적 능력 단계	→	무의식적 능력 단계

이는 자신의 무능력을 아직 의식하지 못하는 단계이다. 그러니 책을 읽지 못하는 것 때문에 마음이 불편하지는 않다. 이것을 우리는 '무의식적 무능력'이라고 부른다.

두 번째 단계로 나이가 들면서 남들은 책을 읽을 수 있는데 자신은 그렇지 못하다는 사실을 깨닫는다. '무능력이 의식이 되는 단계'이다. 이 책을 읽지 못하는 상태가 마음에 불편함을 준다. 그렇게 되면 사람은 상황을 바꾸려고 노력하게 된다. 어쩌면 책을 읽으려고 엄마에게 도움을 청할 것이다. '의식적 무능력의 단계'에 도달한 것이다.

세 번째로 이러한 훈련과정을 통해 '의식적 능력의 단계'로 옮겨간다. 그 아이는 이제 책을 읽을 수 있다. 하지만 동작은 상당히 의식적으로 진행된다. 책을 한 단어씩 읽거나 더듬거리면서 읽는 단계이다. 책을 능숙하게 읽지 못한다는 사실이 신경에 거슬리는 단계이다. 하지만 책을 꾸준히 읽는 행위가 시간이 지남에 따라 이 아이는 단계적으로 '의식적 능력'에서 '무의식적 능력단계'로 옮겨갈 것이다. 책을 읽으면서 간식도 먹고 음악도 들으면서 옆에 있는 사람과 담소도 나눌 수 있는 여유가 충분하다. 책 읽기에 도가 튼 것이다.

우리가 걸음걸이를 배우거나 자전거를 배우거나 언어를 배우거나 타이핑을 배우거나 운전을 배우는 것도 이 원리는 동일하게 적용될 수 있다. 우리는 4단계를 인식하고 있으면 무엇을 습득하는 과정에서 중간에 포기하는 일은 없을 것이다. 우리는 독서 능력의 발전 단계를

'무의식적 무능력 단계'에서 '무의식적 능력의 단계'로 끌어올려 주어야 한다. 이것은 의식된 훈련을 통해서만 가능하다. 그래야만 의식적으로 정신을 집중하지 않고서도 독서의 모든 장점들을 누릴 수 있을 것이다. 이러한 단계에 이르면 책 읽는 것이 불편한 것이 아니라 자연스럽고도, 즐길 수 있는 단계라 할 수 있다. 천재들이란 이러한 원리를 일찌기 터득한 사람들일 수도 있다.

[미주]

1) William Howell *"Empathic Communicator"*(1981)에서 학습에 관한 단계 (Level of Competence)를 4가지 단계로 이야기하고 있다.

Part 3
흔적 남기며 읽기 전략

동물들은 흔적을 남긴다. 나무에 발톱 자국을 남기기도 하고, 둥지를 남기고 떠나기도 하고, 뜯어먹은 풀이나 똥, 털 자국, 알 껍데기 등을 남기기도 한다. 왜 동물들은 흔적을 남기는 것일까? 자신의 영역 표시이다. 동물들의 흔적은 동물이 그곳을 지나갔거나 가까이에 있다는 것을 알려 주는 것이다. 동물들의 이러한 행동들은 자연과 소통하고 다른 경쟁자들과 소통하는 방식이라 할 수 있다. 이것이 동물들의 본능이자 생존의 방법이다.

독서 행위도 이와 같다. 책 읽기는 저자와 소통하는 것이다. 보이지 않는 저자에게 말을 거는 작업, 저자의 의견에 동의하든 그렇지 않든 간에 나름대로 독자의 반향(反響)을 다양한 방식으로 흔적을 남기는 것이다. 마음에 감동되는 부분에는 물결 표시(~)를 해서 동의를 표현하고, 자신이 알지 못했던 정보를 제공해 주면 그 단어나 문장에 밑줄(○)이나 동그라미 표시(O)를 하고, 잘 알지 못하는 단어나 개념을 나타내는 단어가 등장하면 네모 표시(□)를 해서 궁금한 마음을 흔적으로 남긴다. 이렇게 흔적을 표시하면서 읽다보면 결국은 그 책을 통해서 저자의 의도를 손쉽게 얻게 된다.

우리는 다른 사람이 밑줄을 그어 놓은 책을 읽는 것이 고통스럽다는 것을 경험해 봤을 것이다. 하지만 자신의 표시나 흔적을 남긴 책은 사랑스럽다. 사이토 다카시 교수는 이를 여행 지도에 비유한다. 여행 지도를 처음 샀을 때는 무미건조한 단순한 지도에 불과하다. 하지만 현지에 직접 가보고 실제 발을 디딘 곳에 빨강색 동그라미를 쳤다고 하자. 경로를 화살표로 지도에 표시해 놓는 것도 좋다. 인상이 깊었던 곳은 동그라미를 세 겹으로 치고 직접 들러본 가게나 만나본 사람의 이름도 적는다. 이렇게 자신의 흔적이 있는 지도는 '자신의 지도'가 된다. 그러면 여행이 끝난 뒤에도 지도를 버릴 수가 없다. 나중에 돌이켜보면 그때의 추억이 자신이 표시한 곳에서부터 되살아난다. 아무것도 표시하지 않고 그냥 내버려둔 지도는 버려도 아깝지 않다. 또 다시 다른 지도를 손에 넣을 수 있기 때문이다. 하지만 정이 든 마을을 표시해 둔 지도는 나중에는 좀처럼 만들어낼 수 없는 가치를 지니게 된다.

책도 마찬가지다. 자신의 흔적을 남긴 책은 나중에 다시 읽어볼 때 막강한 효력을 발휘한다. 처음 읽었을 때 들인 시간의 몇 분의 일이나 10분의 1만으로도 내용을 훑어볼 수 있기 때문이다. 흔적을 전혀 남기지 않고 읽은 책은 다시 읽어봐도 기억을 불러일으키는 데 시간이 걸린다. 하지만 군데군데 분명하게 흔적을 남겨 놓으면 그것이 실마리가 되어 처음 읽었을 때의 기억을 되살리기가 쉬워진다. 그리고 흔적을 그은 곳만 읽으면 일단 내용은 파악할 수 있다. 이 작업에는 거의 시간이 걸리지 않는 것을 경험할 수 있다.

1) 삼색으로 밑줄 긋기

저자와 대화하면서 책을 읽기 위해서는 자신의 선입견과 편견에서 벗어나 글쓴이가 주장하는 명제나 중요하게 생각하는 것을 찾아야 한다. 그런데 글쓴이가 생각하는 중요한 것을 찾으라고 하면 읽는 속도가 급격히 떨어지는 것을 볼 수 있다. 중요한 것을 찾기 위해 두 번세 번, 심지어는 대여섯 번까지 글의 앞뒤를 오가며 다시 읽기 때문이다. 똑같은 글을 읽었을 때 누구라도 그 글에서 끄집어내는 중요한 메시지는 같아야 한다. 글은 무엇인가를 알리기 위한 목적이 있으므로 그것을 읽고 사람마다 다르게 알아든는다면 그 글은 있으나마나하기 때문이다.

이를 극복하기 위해서 『독서력(讀書力)』을 저술한 사이토 다카시 교수는 삼색 볼펜을 사용할 것을 권한다. 파란색과 빨간색이 객관적으로 중요한 부분이고 초록색이 주관적으로 재미있다고 생각한 곳이다.

(1) 파란색 선

객관적으로 중요한 곳으로 '대체로 중요'하다고 생각하는 곳에 밑줄을 긋거나 동그라미 표시를 한다. 중심 문장이나 키워드에 해당되는 부분이라 할 수 있다. 이 부분은 자신의 주관적 판단보다는 누가 봐도 어느 정도 중요하겠다고 여겨지는 부분이다. 나중에 파란색 선으로 밑줄을 그은 부분을 읽으면 줄거리가 요약될 것이다.

(2) 빨간색 선

객관적으로 최고 중요한 곳으로 '매우 중요'하다고 생각되는 곳이다. 누가 봐도 여기가 최고로 중요할 것이라는 부분이다. 이 부분은 개념어 부분이거나 자신이 읽기 전에 중간제목이나 소제목에서 질문한 답으로 여겨지는 보물에 해당되는 곳이다. 빨간색 선 부분만을 보면서 문장의 주지가 전해지는 것이다. 그래서 빨간색 선은 지나치게 많이 그으면 '한정'의 의미가 적어지므로 가능하면 줄인다. 다만 파란색 선 위에 중복해서 그어도 상관없다.

(3) 초록색 선

주관적으로 중요한 곳으로 자기 나름대로 '재미있다'고 느낀 부분이다. 자신의 성향대로 재미있다고 생각되거나 끌리는 부분에 자유롭게 긋는다. 이야기의 본 줄거리는 아니지만 재미있는 곳과 다른 사람이 그을 것 같지 않은 곳에 긋는 것이 이 초록색 선의 비결이다. 논리보다 감각을 우선으로 판단하여 그으면 파란색 선과 빨간색 선에는 없는 멋이 우러나온다.

우리는 글을 읽을 때 글쓴이의 생각을 좇는 데 초점을 맞춰야 한다. 아무리 열심히 수십 번, 수백 번 글을 읽는다고 해도 자신의 관점에서 읽었다면 그 내용은 결코 정확하게 이해할 수 없기 때문이다.

2) 네모 치기-모르는 단어

위에서 말한 내용을 좀 더 구체적으로 말해 보자. 글을 정확하게 이해하기 위해서는 기본적으로 글에 나오는 낱말의 뜻을 확실하게 알아야 한다. 글을 읽다가 모르는 낱말이 나오면 그 낱말 때문에 글 읽는 것을 멈추고 그 뜻을 찾기보다는 끝까지 읽으면서 그 낱말의 뜻을 추측한다. '앞뒤 문맥의 알고 있는 단어를 모조리 동원하여, 모르는 단어의 의미를 파악하는' 것이다. 우회하는 길 같지만, 이 절차를 밟지 않으면 책을 다 읽고도 내용 파악이 안 되는 경우가 많다.

금세 알 수 있는 것은 저자가 어떤 단어를 분명히 강조하고 있을 때이다. 독자의 주의를 끌기 위해서 따옴표나 이탤릭체 등 활자상의 연구를 하는 수도 있다. 혹은 단어의 의미나 사용법을 명백히 하고, 또 단어가 무엇을 나타내는지를 정의(定義)하여, 어떤 말을 강조하고 있는 수도 있다. 어떤 경우는 개념이나 저자가 정의한 단어는 그 개념이 파악되지 않고는 책이 읽혀지지 않는 경우도 허다하다. 그러므로 모르는 낱말이 나오면 그 낱말에 네모를 쳐서 표시해 두고 글 전체를 읽는다. 그렇게 하면 내용의 흐름 속에서 그 뜻을 충분히 짐작할 수 있다. 그리고 읽고 난 다음 사전을 찾아 그 뜻을 정확하게 파악하는 것이 중요하다.

가령 'self'라는 낱말을 예로 들어보자. self는 우리말로 자아, 자기,

자신, 자아지식, 자아정체, 현상적 자아 등으로 풀이할 수 있다. 이 주로 자아로 번역되는 self는 크게 사회적인 의미와 심리적인 의미가 서로 다르다. 철학적 의미로는 소크라테스(Socrates)의 전언인 "너 자신을 알라."는 자아에 대한 출발이며, 철학의 시발점으로 소급된다. 이후 플라톤(Platon)과 아리스토텔레스(Aristoteles)로 이어지면서 많은 철학자들이 존재의식에 대한 탐구를 한다. 데카르트(Descartes)는 "나는 생각한다. 그러므로 나는 존재한다(cogito, ergo sum)."는 명제는 자아의 개념을 인지적 요인으로 통찰하고 있는 것이다.

심리적 측면에서 프로이트에 의하면 자아(ego)는 리비도(libido)의 저장고인 원초아(id)와 이상적이고 정신적인 초자아(superego) 사이에서 중재 역할을 하며, 외적인 존재와 마음 속 존재를 구별하는 능력이 있다. 즉, 자아는 양자의 의존과 갈등을 조정하는 관계로 설정된다. 프로이트는 자아(ego)는 자아(self)와 변별하는데, 일련의 심리적 과정을 지칭할 때는 자아(ego)로, 각 개인의 자기 자신에 대한 개념체제를 지칭할 때는 자아(self)라는 용어를 사용한다.

심리요법적 측면에서 로저스(Carl Ransom Rogers)는 개인이 유기체를 유지하고 실현시키면서, 향상시키기 위한 하나의 기본 동기로서 자아를 가정한다. 즉, 자아란 나 혹은 나의 관계성에 대한 지각과 가치관들로 구성되어 있는 체계화되고 일관성 있는 것으로 파악한다.

칼 융(Carl Gustav Jung)의 분석 심리학에서 사용하는 self는 몇 가지 뚜렷한 의미들을 내포하고 있다. 융에게 self는 전체로서의 정신, 정돈되고 유형화된 방식으로 기능하는 정신의 경향성을 나타내며, 목적과 질서를 추구한다. 자아 "너머의" 어떤 것에 대한 이미지와 상징, 즉 인간의 성장과 발달에 대한 필요성과 가능성을 의미하는 하나님이나 영웅적 인물의 이미지들을 산출하는 정신의 경향성을 지칭한다. 출생 시부터 존재하는 유아의 심리적 단일성, 이 단일성은 삶의 경험이 축적되면서 점차 깨어지지만, 이후에 경험이 전체성과 통합을 이루는데 필요한 판형(template)과 청사진의 역할을 하는 것으로 이해한다.

self를 사회학이나 심리학적으로 볼 것인가, 또는 소크라테스나 플라톤, 아리스토텔레스나 데카르트 입장에서 볼 것인가, 아니면 프로이드나 로저스나 칼 융의 입장에서 볼 것인가. 이렇듯 self 개념 하나를 정확하게 파악하는 것은 중요한 일이다.

3) 동그라미 치기-키워드

키워드는 데이터를 검색할 때에, 특정한 내용이 들어 있는 정보를 찾기 위하여 사용하는 단어나 기호이다. 한해를 지나면서 지난 해가 어떤 해인지 알기 위해서는 올해의 키워드를 찾아보면 된다. 책 읽기를 통해서 저자와 소통하기 위해서는 저자의 키워드를 찾아야 한다. 저자는 자신의 주장을 잘 드러낼 수 있는 핵심단어가 있기 때문이다.

저자와 같은 의미로 용어들을 파악하려면 어떻게 해야 할까? 한 가지 분명한 사실은 저자가 사용하고 있는 단어가 모두 중요한 것은 아니라는 점이다. 저자는 한 가지 핵심 사상을 전하기 위해서 그 외의 단어들은 핵심 단어들을 설명하기 위한 도구로 사용하고 있다는 것이다. 물론 무조건 그런 것은 아니지만, 대개의 경우 분명히 다른 단어들보다 중요하게 사용된 단어들이 있다. 극단적인 경우, 저자가 일상적으로 쉽게 들을 수 있는 단어들만 사용했다고 치자. 저자가 모든 사람들이 일상적으로 사용하는 단어들을 사용했기 때문에 독자는 책을 읽는 데 별 어려움이 없을 것이다. 왜냐하면 독자는 여러 가지 뜻이 있어 모호한 단어라 할지라도 상황에 따라 어떤 의미로 활용되는지 익히 잘 알기 때문이다.

그러나 중심 단어를 찾아내는 것은 소통작업의 실마리에 지나지 않는다. 어디에 중요성이 있는지는 알았을 뿐이다. 저자는 단어를 항상 하나의 의미로 한정하여 사용하기도 하고 다양한 의미로 사용하기도 확장하여 사용하기도 한다. 또한 하나의 단어가 한 가지 이상의 의미를 담는 경우도 허다하다. 저자는 이 중심 단어를 한 가지로 사용하고 있는지 몇 개의 의미로 사용하고 있는지를 밝혀내야 한다.

역사나 과학 계통의 책이라 하더라도 가끔 문단이 주제문으로 시작하고 끝이 결론으로 끝나지 않는 경우도 많다. 이럴 때는 읽는 독자 자신이 그 핵심어(keywords)를 뽑아낼 줄 알아야 한다. 이런 단어를 기능어(function words)라고도 한다. 이 핵심어가 문장 내에 있을 수도 있지만, 가끔 어떤 작가는 이 핵심어를 쓰지 않고 그 중요 개념을 표현하기도 한다. 예를 들면 역사 교과서는 전쟁 끝에 그 나라의 피해가 인구는 수만 명 사망, 건물은 무엇무엇 파괴 등 자세한 사실들을 나열하기만 하였다. 사실 그런 종류의 자세함은 '전쟁의 비참함'이라는 교과서에 쓰이지 않은 단어를 독자 자신이 만들어낼 수도 있다.

따라서 키워드를 발견하는 것은 저자와 소통하기 위해 가장 중요한 독서기술이다. 이를 위해서 독자는 키워드가 나올 때마다 ○표시를 하여 저자의 의도를 놓치지 않는 방법을 강구해야 한다.

4) 물결 표시 하기-감동되는 부분

책 읽기를 하면서 흥미로운 문장은 메모해 둔다. 처음 읽을 때 감상을 길게 쓰는 것은 독서를 방해하지만 특히 중요해 보이는 구절과 마주치면 연필로 물결 표시를 하고 페이지 한 귀퉁이를 접어 두는 것도 좋다. 감동적인 한 문장은 수십, 수백 문장을 함축한 문장이 되기도 한다. 뿐만 아니라 자신의 정서에 느낌이 가는 문장이 될 수도 있다. 이를 통해서 자신의 내면치료의 단초가 되기도 한다. 이를테면 생텍쥐페리(Antoine-Marie-Roger de Saint-Exupéry)의 『어린왕자(Le Petit Prince)』에 나오는 아름다운 문장들을 보자.

> "사랑은 서로 길들여지는 거야.", "수백만 개의 별들 중에 단 한 송이뿐인 꽃을 사랑한다면 그 사람은 그 많은 별들을 바라보는 것만으로도 행복해질 거야!", "나는 꽃이 하는 말이 아니라 행동으로 판단했어야 했어. 꽃은 내 별을 향기롭게 해주고 내 삶을 환하게 해주었는데…", "사막이 아름다운 건 어딘가에 우물을 숨기고 있기 때문이야.", "마음으로 보아야만 잘 볼 수 있어. 중요한 건 눈에 보이지 않는 법이거든.",

이러한 부분은 초록색으로 밑줄을 친다. 메모나 물결 표시는 내용 요약과 구분해야 한다. 이를 암송하거나 기억해 두면 실생활에 삶에서 다양한 적용이 가능하다.

Part 4
논설문 읽기 전략

    다른 사람이 이야기한 것을 비판이나 비평하려면 비평하고자 하는 사람은 저자와 수준이 같거나 그보다 높아야 한다. 무슨 비평이나 무슨 비판을 잘못하면 자신이 잘 모르는 것을 증명하는 것이거나 아니면 자신이 무슨 열등감을 느끼어 그냥 우기는 경우가 되기 때문이다.

    우리나라 교육은 울타리를 치고 그 울타리 안에서 지식을 산술적으로 주입시키기만 한다. 울타리 안이나 밖에서 주입한 지식을 활용하고 응용하는 교육은 하지 않기 때문에 중고생과 대학생들은 대체로 비평과 비판을 잘 못한다. 지식이 머리에 들어 있는 것과 무엇을 비평하고 비판하는 것은 별개이기 때문에 중고생들과 대학생들이 비평과 비판을 잘 못하는 것이다.

    비평과 비판하는 능력은 대체로 논술과 논설문을 쓰는 능력으로 가

늘할 수 있다. 교양 서적을 많이 읽으면 자연스럽게 논술과 논설문을 잘 쓸 수 있으며 비평과 비판도 잘할 수 있게 되는 것을 알아야 한다.

논설문과 교양 서적과의 상관관계에서 지식은 손님으로 비유할 수 있다. 지식은 나의 머릿속에 들어온 손님이고 비평 능력과 비판 능력은 내가 손님을 활용하고 응용하는 능력이라 할 수 있다. 교과서를 읽는 것은 손님에 대하여 연구하는 것이고 교양 서적을 읽는 것은 나 스스로에 대하여 연구하는 것이다. 사람들은 지식에 대한 연구만 하고 나에 대한 연구를 게을리하고 있기에 논술과 논설문을 잘 쓰지 못하는 것이고 비판과 비평을 잘 못하는 것이다. 나에 대한 연구를 하는 쉬운 방법이 교양 서적 읽기이고 다른 방법은 명상하고 사색하고 여행을 하는 것이다. 그러면 논설문을 어떻게 읽을 것인가? 하나의 사례를 가지고 말해 보자.

1) 한 문장을 찾아라

논설문을 보면 문단의 첫 문장에 전체 문단의 핵심 내용이 있다는 걸 알 수 있다. 그리고 첫 문장에는 그것이 곧 핵심 문장이라고 단정할 수 있는 단서가 숨어 있다. 글에서 핵심 문장을 찾는 또 하나의 중요한 기술이 바로 '접속사'이다. 접속사의 기능은 순접, 대등, 병렬, 역접 등이 있다. 그런 접속어가 어떻게 사용되는지 살피는 것이 중요하다.

제시된 예문을 보면 '그런데'라는 접속부사는 앞의 내용과 상반된 내용을 이끌 때 쓰여졌다. 글이 진짜 말하고 싶은 것은 이 접속부사 뒤에 있는 것을 볼 수 있다. 그렇다면 이 글의 핵심은 어디 있을까?

(신문)이 진실을 보도해야 한다는 것은 새삼스러운 설명이 필요없는 당연한 이야기이다. 정확한 보도를 하기 위해서는 문제를 전체적으로 보아야 하고 역사적으로 새로운 가치의 편에서 봐야 하며 무엇이 근거이고 무엇이 조건 인가를 명확히 해야 한다고 했다. (그런데) 이러한 준칙을 강조하는 것은 기자 들의 기사 작성 기술이 미숙하기 때문이 아니라 이해관계에 따라 특정보도의 내용이 달라지기 때문이다. 자신들에게 유리하도록 기사가 보도되게 하려는 외부 세력이 있으므로 진실 보도는 일반적으로 수난의 길을 걷게 마련이다. 양심적이고자 하는 언론인이 때로 형극의 길과 고독의 길을 걸어야 하는 이유가 여기에 있다. [2. 비판하며 읽기 중 (1) 신문과 진실]

-중학교 3학년 2학기 국어교과서 지문-

그 중간에 '그런데'라는 접속어 뒤 '이러한 준칙을 강조하는 것은 기자 들의 기사 작성 기술이 미숙하기 때문이 아니라 이해관계에 따라 특 정보도의 내용이 달라지기 때문이다.'이다. 따라서(consequently), 그 리하여(hence, therefore), 사실상(in fact), 요약하자면(in short), 알 수 있다 (indicates that), 결론적으로(in conclusion) 등과 같은 접속사 다음에 나오 는 문장은 글쓴이의 주장이다.

2) 핵심 단어를 찾아라

위의 문단 뒤에는 "언론은 진실을 왜곡하려는 권력과 이익집단의 구속과 억압으로부터 자유로워야 한다."는 내용의 글이 이어지면서 전체 글이 마무리된다. 따라서 접속사 '그런데' 뒤 문장이 이 문단의 핵심을 담고 있으면서 다음 문단과도 연결된다. 각 문장의 핵심 단어 들을 엮어보면 이 글의 핵심 문장이 보인다.

첫 번째 문장 : 신문의 진실 보도
두 번째 문장 : 정확한 보도

세 번째 문장 : 이해관계에 따라 특정 보도의 내용 달라짐
네 번째, 다섯 번째 문장 : 수난, 형극, 고독의 길

    이 단어들로 직접 문장을 만들어보자. "정확한 보도를 위해서 신문은 진실을 보도해야 하는데 이해관계에 따라 특정보도 내용이 달라질 수 있다. 이 때문에 언론인은 수난, 형극, 고독의 길을 걸어야 한다." 핵심 단어만 연결했는데도 거의 완벽한 핵심 문장이 만들어졌다. 이 기술을 습득하면 무조건 암기할 필요가 없어진다. 이제 핵심 문장을 찾는 기술을 훈련하는 것이 중요하다는 것을 발견할 수 있다.

Part 5
소설 읽기 전략[1]

　문학 독서의 핵심은 끊임없는 질문 만들기, 그리고 그 질문을 통한 추론적 탐구이다. 질문은 사고를 움직이는 엔진이자 우리에게 또 다른 가능성의 세계로 안내하여 삶에 대한 선택의 폭과 대안을 넓히는 역할을 한다. 질문의 수준과 질과 양 바로 그것이 사고를 결정하며, 나와 우리 사회의 미래를 구축하게 된다. 우리에게 좋은 질문을 선사하지 않는 작품은 훌륭한 작품이 아니다. 친구는 언제나 친구로 우정을 다하고, 가족은 서로를 위하며, 나라를 위해 개인은 목숨을 바쳐야 하고, 다른 사람을 존중해야 한다는 등의 계몽적인 도덕적 상식을 다시 확인하기 위해 문학 작품을 읽을 필요는 없다.

　모든 글은 글 쓴 목적에 따라 지식을 주는 글과 감동을 주는 글로 나눌 수 있다. 지식이나 정보를 주는 글과 문학 작품과 같이 감동을 주는 글을 읽는 방법은 상당히 다르다. 문학 작품을 읽을 때는 특별히 유의할 점이 있다.

첫째, 문학의 언어는 상징성을 띠는 경우가 많다. 작품 속에 쓰인 언어는 사전에 풀이되어 있는 어휘의 뜻과 함께 작가가 새롭게 부여한 특수한 의미를 띠고 있는 것이 보통이다. 따라서 문학 작품을 읽을 때는 겉으로 드러난 의미와 함께 그 속에 함축된 의미, 즉 상징을 발견해 내는 일이 중요하다. 조세희의 『난쟁이가 쏘아올린 공』에서 저자는 '왜 하필이면 난쟁이일까?'라고 질문하는 것처럼 문학 작품을 읽을 때는 문맥 밑에 깔린 뜻에 유의해야 한다.

둘째, 문학은 작가의 인생체험을 상상력에 의해 전달한다. 문학은 사실의 기록이 아니라 허구의 세계를 그린다. 지식을 얻기 위한 글을 읽을 때에는 판단력과 추리력이 중요한 구실을 하지만, 문학 작품을 읽을 때에는 감성이 더 중요하게 작용하는 이유가 여기에 있다. 그러므로 문학 작품을 읽을 때에는 머릿속의 모든 것을 비워 버리고 작품이 주는 감동의 세계로 빠져들 수 있어야 한다.

셋째, 문학은 가공된 현실이지만 실제 현실보다 더 진한 진실성을 준다. 문학이 우리에게 주는 감동의 근본 요인은 진실성에 있다. 따라서 문학 작품을 읽을 때에는 작가가 전달하려고 하는 삶의 진실이 무엇인지 생각해 보아야 한다.

1) 세 가지 질문

소설을 처음으로 읽을 때는 아주 간단한 세 가지 질문에 대한 대답을 찾아야 한다.

① 등장인물은 누구인가?
② 그들에게 무슨 일이 일어나는가?
③ 이 후에 그들은 어떻게 달라지는가?

위 질문들을 읽어 나가면서 중요한 사건이 벌어지고 있는 장면의 책장에 표시해 두어야 한다. 읽기를 마친 후에 그 부분으로 다시 돌아와야 하기 때문이다.

2) 목차를 살펴라

제목과 표지, 목차를 본다. 『돈키호테(*Don Quixote*)』는 짤막한 여러 개의 장으로 이루어져 있다. '예언하는 원숭이', '꼭두각시 쇼', '시끌벅적한 모험', '기사의 보수에 대하여' 등의 장 제목은 전체 이야기가 간략하고 분리된 일련의 사건으로 펼쳐질 것이라는 사실을 알려 준다.[2]

『주홍글씨(*The Scarlet Letter*)』의 장 제목인 '의사와 헤스터', '헤스터와 펄', '당황한 목사' 등은 독자에게 주인공들을 소개해 준다.[3] 두 작품의 목차를 살피는 것은 모두 독자들이 책에 이르는 접근법이다. 『돈키호테』는 삽화로 이루어진 모험담이고 『주홍글씨』는 인물에 대한 탐구다.

3) 등장인물을 목록화하라

등장인물의 목록을 만든다. 여백에다 등장인물의 이름과 지위, 다른 인물과의 관계에 대한 목록을 작성한다. 특히 러시아 소설에서 한 인물의 이름이 두 개나 그 이상이라면 목록을 작성해야 인물들을 착실하게 따라갈 수 있을 것이다. 소설에서 한 가족을 다루면 등장인물 계보도(系譜圖)를 그려 두는 것도 좋은 방법이다.

4) 사건의 동선을 찾아라

각 장의 주요 사건을 간략하게 적는다. 각 장을 끝낼 때마다 여백에다 한두 문장으로 주요 사건을 묘사해 본다. 그 문장들은 플롯의 세부적인 요약이 아니라 기억 촉발제가 되어야 한다. 각 장을 주요 사건 하나로 제한해 본다. "돈키호테는 기사가 되기로 결심한 다음 알돈자 로렌조를 자신의 귀부인으로 정하고 그녀를 둘시네아 텔 토보소라고 다시 이름 붙인다." 이 문장은 『돈키호테』 제1장의 완벽한 요약이다. 요약 문장은 독서를 미뤘다가 나중에 다시 읽을 때 내용을 따라잡게 해주는 것은 말할 것도 없고, 전체적인 흐름을 파악하는 데에도 도움을 줄 것이다.

5) 주인공의 소원이 무엇인가

'중심 인물이나 등장인물이 원하는 것은 무엇인가? 그를 방해하는 것은 무엇인가? 주인공은 이 장애물을 극복하기 위해서 어떤 전략을 구사하는가?'를 물어야 한다. 현대 소설을 비롯한 대부분의 소설은 이러한 기본적인 질문을 중심으로 이루어져 있다. 어떤 등장인물에게 질문을 던져도 좋지만 가장 두드러져 보이는 인물부터 시작한다. 『오만과 편견(Pride and Prejudice)』에서 엘리자베스 베넷이 원하는 것은 무엇인가? 그녀는 결혼하고 싶어 한다. 『천로역정(*The Pilgrim's Progress*)』에서 크리스천은 시온 산에 이르고 싶어 한다. 『폭풍의 언덕(*Wuthering Heights*)』에서 히스클리프는 캐시를 원한다.

두 번째 질문인 '방해하는 것은 무엇인가?'를 던지면서 깊은 동기에 다가갈 수 있다. 『오만과 편견』에서 엘리자베스 베넷의 결혼 가능성을 줄어들게 하고 그녀의 인생을 뒤얽히게 만들고 행복을 방해하는 요소는 무엇인가? 그녀의 가족, 제멋대로인 여동생과 어리석은 어머니, 수동적이고 냉소적인 아버지다. 엘리자베스는 결혼을 원하지만 내면의 욕구는 결혼을 넘어서 있다.

6) 도입과 결말을 살펴라

소설 시작부는 단번에 이야기의 중심 문제로 독자를 이끌어야 한다. 글쓴이가 미심쩍은 암시를 주면서 이해되지 않는 불완전한 각본을 그리기 시작하는가? 만약 그렇다면 그 소설의 의도는 재치와 결단력을 이용하여 혼란 상태를 의미 있게 만들면서 인간이 어떻게 부분적인 지식을 극복하는지 보여 주는 것인지도 모른다.

존 가드너(John Edmund Gardner)는 『소설의 기술』에서 이야기에는 두 종류의 결말이 있다고 시사한다. 첫 번째 결말은 '해결'로서, '더는 사건이 일어날 수 없는' 때이다. 살인자가 결국 잡혀서 교수형에 처해지고, 다이아몬드가 마침내 발견되어 원주인에게 돌아가고, 마음을 얻기 어려운 여인을 드디어 사로잡아 결혼을 하게 된다.

이와 반대되는 것으로 '논리적 고갈'이라는 결말이 있다. 이러한 결말에서 등장인물은 무한히 반복되는 상태, 즉 더 많은 사건이 뒤따를지도 모르지만…. 그 사건들은 하나같이 똑같은 것을 표현할 것이다. 가령 공허한 의례에 갇혀 버린 인물이나 자신이 처한 환경에 압도되어 끊임없이 잘못된 반응을 보이게 되는 상태를 말한다.

[미주]

1) Mortimer J. Adler·Charles Van Doren, 『독서의 기술』(서울: 범우사, 1993) 참고.
2) 돈키호테는 전편은 1605년, 후편은 1615년에 완성된 작품이다. 만들어진 시기는 르네상스 이후이다. 소설의 배경은 중세를 배경으로 하고 있다. 바로 유럽의 중세에 있던 기사 계급의 하나가 돈키호테이다. 에스파냐의 세르반테스가 지은 소설이다. 현실과 동떨어진 고매한 이상주의자인 주인 돈키호테는 순박한 농사꾼으로 우직하고 욕심꾸러기이며 애교가 있고 충실한 종자 산초 판자와는 지극히 대조적인 짝을 이루어, 그의 기사도 정신의 광기와 몽상은 이 두 사람이 가는 곳마다 현실세계와 충돌하여, 우스꽝스러우나 주인공들에게는 비통한 실패와 패배를 맛보게 한다. 이러한 가혹한 패배를 겪어도 그의 용기와 고귀한 뜻은 조금도 꺾이지 않는다. 이 이야기는 결코 단순한 익살이나 풍자소설이 아니다. 프랑스의 비평가 A.티보데는 '인류의 책'이라 불렀지만, 진정으로 '인간'을 그린 최초, 최고의 소설이라는 격찬을 받기도 하였다.
3) 『주홍글씨』의 작가인 나다니엘 호손은 1804년 뉴잉글랜드 지방의 전통적인 청교도 명문가에서 태어나서 청교도의 사상과 생활태도에 깊은 관심을 가지고 많은 작품을 남겼는데 이 주홍글씨는 1850년 쓰여진 그의 대표적인 작품으로 작품의 사상적 배경이 되는 17세기 초 뉴잉글랜드 청교도주의는 초기 민주주의의 온상이고 중심이며 예시라고 찬양받았다. 하지만 호손은 이 작품에서 미국의 과거는 갱생과 진보의 새 역사이기만 했던 것이 아니라 구세계의 부패와 실패를 맛보기도 했음을 보여 준다. 호손의 1세대 조상인 윌리엄 헤이손이 퀘이커 교도를 박해하였고 그 박해 정신을 이어받은 존 헤이손이 마녀 재판에 적극 참여하였다는 사실에서 알 수 있듯이 호손은 미국이 고귀한 정신적 이상에 모순되는 역사적 짐을 처음부터 안고 있었음을 인식하고 있는 것이다.

5부 내면화하기 : 명작화하라
(Recite)

. 개념을 구체화하라

. 정보를 조직화하라

. 지식을 의식화하라

. 사고력을 확장하라

Recite
내면화하라

"내가 잊어버린다는 것은 컴퓨터나 로봇에는 없는 인간 특유의 능력이라고 말했다. 그러나 그것은 정확한 표현이라고 할 수 없다. 인간의 두뇌는 140억 개의 세포로 구성되어 있고 과거에 일어난 일이나 습득한 지식을 그 속에 축적하고 있다. 다만 컴퓨터는 기억한 것을 자유자재로 100% 끄집어낼 수 있는데 인간의 두뇌는 기억한 것의 극히 일부분밖에 끄집어내지 못한다. 그러나 뇌에 수많은 정보를 축적하고 있는 것은 엄연한 사실이다. 따라서 사람은 '잊어버리는' 것이 아니라 '정보를 뇌에 축적한 후 끄집어내지 못할 뿐'이라고 하는 것이 보다 정확한 표현일 것이다." 히로나 헤이스케, 『학문의 즐거움』

똑같은 이슬이라도 뱀이 먹으면 독이 되고, 젖소가 먹으면 우유가 된다. 똑같은 책을 읽거나 정보를 흡수해도 누가, 어떻게 흡수하느냐에 따라 표현방식이 달라질 수 있다는 것이다. 명작 독서법에서 Recite는 내면화 단계이다. 내면화시킨다는 것은 객관적인 정보를 주관적인 정보로 전환시키는 단계라 할 수 있다. 학생들은 정보를 암송해서 시험을 치르게 될 것이고, 발명가는 정보를 내면화시키는 단계를 통해서 아이디어를 창출할 것이고, 예술가는 내면화시키는 단계를 통해서 예술작품으로 재생산할 것이며, 현자들은 지식을 내면화해서 삶으로 표현해 성숙한 삶으로 표현할 것이다.

SQ3R 독서법에서 Recite 단계는 4번째 단계이다. 암송하는 방법은 두 가지로 나눌 수 있다. 하나는 대입 논술시험이나 고시 등의 시험을 위해 암기하는 방법이고, 다른 하나는 지식을 내면화시키기 위한 방법이다. 첫째로 시험을 위한 암기이다. 시험을 위한 암기방식의 독서 교육을 받은 사람들은 지식을 입신의 도구로 삼는 것이다. 다산 정약용은 아들에게 보내는 편지에 독서에 대해서 다음과 같이 정의했다.

> "과거의 학(學)을 하는 사람들이 입으로는 성현의 도를 말하지만 실상을 따지고 보면 문자나 도둑질하고 허탄한 내용을 짜내어 자기가 가장 박식한 듯이 과장하며, 과거 보는 날 하루 동안의 행운을 도박식으로 얻으려고 하는 것은 잘못이다. 그런 의미에서 과거시험을 위한 책 읽기는 답안을 쓰기 위한 것이지 진정한 의미의 독서는 아니다. 인재를 버리고 현실 문제를 해결하는 데 아무런 힘도 주지 못하는 과거의 학(學)은 마땅히 버려져야 한다는 것이다."

정약용(丁若鏞)은 『오학론(五學論)』에서 "온 세상을 거느리고 온 천하를 몰아서 광대와 연극놀음을 하는 것이 과거의 학문이다."라고 하였다.¹ 그리고 공리공담(아무 소용이 없는 헛된 말)에 빠져 조그만 문제를 잡고 서로 싸우기만 하는 성리학을 비판하였다. 실학자들은 선비가 독서를 해서 이론을 탐구한 결과가 자기의 입신출세나 명예 같은 자기 욕망의 충족에 머물러서는 안 되고 그 혜택이 사해(四海)에 미치고 그 공이 만세(萬世)에 드리워지도록 해야 한다고 생각하였다. 진정한 의미의 독서는 글 속에 들어 있는 오묘한 진리를 터득하고 깨닫는 것이며 나아가 현실 문제를 해결하는 데 도움이 될 수 있어야 한다는 것이다.

또한 정신적으로 각성한 톨스토이(Lev Nikolaevich Tolstoy)는 『루소』를 읽고 대학이 자신에게 가짜 인문 독서 교육을 시키고 있다는 사실을 깨닫고 대학을 버렸다. 조선시대에도 입만 열면 글귀를 줄줄 읊고 손에 붓만 잡으면 일필휘지(一筆揮之)로 글을 쭉쭉 써 내려가지만 책 안에 있는 혁명적인 사상과 삶을 아는 데는 관심이 없어 세상에 전혀 기여하지 못하는 사람들이 있었다.

둘째로 암송하기는 내면화시키기 위한 하나의 방법이라고 생각할 수 있다. 내면화시키는 작업은 깨달음을 위함이다. 모든 갈등은 앎과 행함의 불일치에서 온다. 앎과 행함이 일치가 되어 하나가 될 때 자유를 얻게 된다. 깨닫기 위해서는 아는 것이 먼저이다. 아는 것은 지식만을 의미하지 않는다. 아는 것과 행하는 것은 다르다. 그것은 맞는 말이다. 아는 것을 다 행할 수 없는 인간적인 한계가 있기 때문이다. 그러나 알지 못하면 행할 수 없다. 행한다 하더라도 지속하기 어렵다. 그래서 아는 것이 먼저다. 즉 아는 것은 행하기 위한 준비인 것이다. 그런데 우리는 알면서 행하지 않으면 아무 소용이 없다고 말한다. 하지만 알면서도 행하지 않는다는 것은 앎과 행함을 분리하여 생각한 경우이다. 아는 것은 언젠가 행하게 되어 있다. 마른 잎에 불씨가 닿으면 불타오르듯이.

깨달음에 있어서도 아는 것이 먼저다. 알지 못하면 기회가 닿아도 만날 수 없다. 만나도 더 큰 혼란으로 짐이 될 뿐이다. 깨달음은 마치, 어린 아이가 글을 익힌 후 골목에서 무수히 마주쳤던 간판의 의미를 비로소 알아채는 것과 같다. 그래서 깨달으면 세상이 새롭게 다가오고 자기 존재가 고양되는 것이다.

지식을 익히고 새로운 체험을 통해 알게 되는 것은 모두 깨달음이다. 깨달음은 곧 힘이다. 깨달았을 때, 슈바이처는 모든 명예를 버리고 아프리카로 갔고, 간디는 비폭력 저항을 할 수 있었고, 이상재 선생도 비폭력적 3·1운동을 전개하게 되었다. 깨달음이 있을 때 원수도 용서할 수 있는 힘이 생기고, 수십 년 된 습관도 하루아침에 바뀔 수 있다. 그 작은 일상의 깨달음들이 모여 시내를 이루고 강을 꿈꿀 때 궁극의 바다를 만난다. 작은 깨달음 속에 큰 깨달음이 잉태되어 있다. 작은 깨달음에 기뻐하고 만족스러울 때 우리가 말하는 "지금 여기에서"의 풍요가 웃고 즐거움이 방글거리고 있지 않겠는가? 그래서 우리는 이 풍요와 자유를 얻기 위해서 지식을 갈망한다.

구원도 삶의 일치를 통해서 얻는다. 예수님을 시험하기로 한 율법교사는 "선생님, 내가 무엇을 해야 영생을 얻겠습니까?"라는 질문한다. 시험을 하는 사람은 예수님에 대한 전이해가 있거나 예수님의 정체를 잘 알고 어떤 의미에서 매우 당당하고 의기양양하다. 그리고 이미 그는 답을 가지고 있었다. 질문을 당한 예수님은 그의 의중을 잘 파악하여 예리하게 대처한다.

예수님은 어느 누구도 대답할 수 있는, 특히 율법교사라면 너무나도 잘 알고 있는 주제로 질문하여 질문하는 사람 스스로가 답변을 하도록 요구한다. "율법에 무엇이라고 기록되었으며, 너는 그것을 어떻게 이해하고 있느냐?"라고. 율법사는 우리 기대보다 더 정확히 답변을 하였고 예수님으로부터 "네 대답이 옳다. 그대로 행하여라, 그러면 살 것이다."라는 대답을 듣는다. 그런데 이번에는 옳게 보이려고 "그러면, 내 이웃이 누구입니까?"라는 질문을 한다. 이번에도 역시 "누가 강도 만난 사람에게 이웃이 되어 주었다고 생각하느냐?"라고 문제를 제기함으로 답을 이끌어내는 방법으로 대화를 한다.

예수님은 앎을 궁극적인 가치라고 생각하는 율법 교사에게 영생이란 철학적이고 사변적이고 종교적이고 특정적인 것으로 얻어지는 것이 아니라 선 자리 그 곳에서 행하는 그것으로부터 출발한다는 것을 알려 준다.

이와 같이 성경의 언어는 아는 것과 행하는 것을 구분하지 않는다. "영생은 곧 유일하신 참 하나님과 그의 보내신 자 예수 그리스도를 아는 것이니이다."(요 17:3) 여기서 '알다'라는 동사는 헬라어로 $\gamma\iota\nu\acute{\omega}\sigma\kappa\omega$(기노스코)'이다. 이 동사는 때로 성적인 관계, 다시 말해서 부부 간의 성적인 연합을 의미한다. 따라서 부부 간에 서로를 '안다'고 하는 것은 육체적이고 심리적이고 영적인 경험을 포함한다.

이를 히브리어로는 'Yadah(야다)'라고 한다. "아담이 그의 아내 하와와 동침하매 하와가 임신하여 가인을 낳고"(창 4:1). 여기서 '동침하니'를 '야다'로 표현한다. 히브리어 '야다'는 헬라어 '기노스코'와 같은 뜻이다. 즉 아는 것이 믿는 것이므로 바로 하나님을 알고 예수 그리스도를 아는 것이 곧 영생이라는 의미이다. 지식을 통해 새로운 체험을 하게 될 때 깨달음에 이르게 된다.

서애 류성룡은 『서애선생문집』에서 "다섯 수레의 책을 술술 암송하면서도 그 의미는 전혀 모르는 사람들이 있다. 왜 그런 일이 벌어지는가. 사색하지 않았기 때문이다."라고 했다. 동양의 성현들은 하나같이 진정한 사색이 없는 독서는 헛것이요 가짜라고 강조했다. 관중은 "생각하고 생각하고 또 생각하라. 그러면 귀신도 통할 것이다. 그러나 이는 귀신의 힘이 아니라 정신의 극치다."라고 했다. 공자는 『논어』에서 "배우기만 하고 생각하지 않으면 얻는 것이 없고, 생각하고 배우지 않으면 위태롭다."라고 했다. 결국 '배우는 것(學)'과 '스스로 생각하며 익히는 것(習과 思)'이 결합되어야만 제대로 된 지식이 갖추어진다는 의미다.

율곡 이이는 "책을 읽으면 반드시 그 이치를 궁리하고 탐구해야 한다."라고 강조하면서 그러지 않으면 결코 깊은 경지에 도달할 수 없다고 했다.[2] 성호 이익은 "단지 과거를 치르기 위해서 공부하는 사람은 입술이 썩고 이가 문드러지도록 책을 읊어도 희고 검은 것에 대해 말은 할 줄 알지만 그것이 무엇인지는 모르는 장님처럼 되고 만다."고 말했다. 통할 때까지, 깨달음이 생길 때까지 읽으라는 것이다.

고봉 기대승은 독서의 핵심에 대해 "읽어라, 외워라, 사색하라, 기록하라."라고 말했다. 니체(Friedrich Wilhelm Nietzsche)도 쇼펜하우어(Arthur Schopenhauer)를 읽고 사색하는 수준이 쇼펜하우어와 상상의 대화를 하는 지경에까지 이르렀다. 그는 어려운 일이 있을 때마다 마치 기도를 하듯이 "쇼펜하우어여, 나를 도와주세요!"라고 중얼거리는 습관이 있었다고 한다. 그는 힘들고 지칠 때마다 쇼펜하우어의 초상화를 보면서 자신을 달래는 수준으로까지 발전했다고 한다.

우리 선조들이 공부하는 방법은 끊임없이 반복해서 외우는 것이었다. 모든 책에는 그 책에서 말하고자 하는 핵심 내용이 있다. 저자의 생각과 통할 때까지 암송하는 것이다. 그래서 책 읽기는 말이 아니라 글을 가지고 저자와 대화하는 것이요, 소통하는 것이다. 다음 세 가지는 내면화시키는 책 읽기의 대표적 방법이다.

① 책을 읽다가 떠오르는 생각을 따로 노트에 즉시 적는다.
② 책을 읽다가 떠오르는 생각을 책의 여백에 즉시 적는다.
③ 책 한 장 또는 책 전체를 읽고 사색한 뒤 그것을 독후감식으로 적는다.

다산 정약용이 『퇴계집』을 읽었을 때의 일이다. 그는 새벽에 일어나면 바로 세수를 한 뒤 『퇴계집』에 실린 편지 한 편을 읽었다. 그러고는 오전 내내 그 내용을 깊이 음미하면서 사색했다. 그리하여 마침내 사색을 마치고 깨달음을 얻으면 그 내용을 자세히 기록했다. 후일 다산은 그 기록을 모아서 『도산사숙론』이라는 책으로 엮었다. 다산의 『도산사숙론』은 이웃에서 우연히 얻은 반쪽짜리 『퇴계집』을 매일 한 편씩 아껴 읽고, 그 자신의 단상을 기록하여 남긴 책이라고 한다.[3] 오늘날로 말하면 '말씀묵상'에 해당된다. 이러한 작업들이 내면화시키는 단계의 책 읽기라 할 수 있다.

각 장을 읽고 나면 일단 읽기를 멈추고, 질문을 회상한 후, 읽을 것을 기억해서 질문한 것에 해답을 찾아본다. 읽은 글을 덮고 자신이 만들 질문에 대한 해답을 간단하게 정리한다. 이때 책에 쓴 것을 그대로 옮기지 말고 자신의 말로 해야 한다. 연구에 따르면 능동적으로 자신의 말로 정리한 사람이 책의 내용을 수동적으로 정리한 사람보다 더 잘 기억하며 글의 구조와 위계를 더 잘 파악한다. 내면화시키는 전략을 네 가지로 제시한다.

1. 개념을 구체화 하라.
2. 정보를 조직화하라.
3. 지식을 의식화 하라.
4. 사고력을 확장하라.

[미주]

1) 정약용(丁若鏞)이 당대의 주요 학문 경향인 성리학(性理學)·훈고학(訓詁學)·문장학(文章學)·과거학(科擧學)·술수학(術數學)의 다섯을 들어 그 폐단을 비판한 논설.

2) 경북대학교 퇴계연구소, 『퇴계문하의 인물과 사상』(경북: 예문서원, 2000), p. 180.

3) 다산이 '두 아들에게 보낸 편지'를 보면, 『주서여패』라는 책의 편집을 명하는 내용이 있다. "주자전서 가운데서 취택하여 책을 만들어 보거라. 뒷날 인편에 부치면 내가 잘되었는지 안 되었는지 감정해 보겠다. 조마다 6, 7줄이 넘지 않도록 하여라. 더러 색다른 깨우침이 될 만한 빼어난 어구들이 나올 때는 한 줄이나 한두 구절이라도 좋다. 잠, 명, 송, 같은 글에서 뽑을 만한 것이 있으면 뽑아도 된다. 주자전서 가운데는 기굴하고 고졸하고 참담들이 부지기수다." 주자전서 가운데 몸에 꼭 지니고 다니면서 외워야 할 중요한 내용을 자신이 제시한 문목과 범례에 맞추어 아들들이 초록을 통하여 책을 만들도록 하는 내용이다. 그 목차는 '입지-혁구습-수방심-겸용의-독서-돈효우-거가-목족-접인-처세-숭절검-원이단'으로 이는 이율곡의 격몽요결의 변례라고 할 수 있으며, 격몽요결보다 구체적인 행동 지침을 제시한 실천규범서의 성격이 더 강하여 상호보완 관계에 있다고 할 수 있다.

Part 1
개념을 구체화하라

구체화라는 것은 추상적인 개념을 구체적인 개념으로 바꾸는 것을 뜻하는 말이다. 구체적이라는 말은 손에 잡히듯 실제적인 모습을 하고 있는 것인 반면, 추상적이라는 말은 실질적인 어떤 사물의 모습이 아니라 일반적인 속성을 가리키는 것으로 사랑이나 행복, 선악 등 주로 관념적인 것을 일컫는다.

사람의 팔을 연상하여 구체화시킨 결과물이 굴삭기이다. 배의 유선형 구조, 항공기의 기체 등은 결국 자연에 존재하는 것으로부터 연상과 발상을 시작해서 점차적으로 구체화시켜 간 결과물들이다. 음악을 듣거나 글을 읽는 등 일상의 모든 경험을 토대로 한 창의적인 상상들은 디자인 발전의 원동력이다.

레오나르도 다 빈치(Leonardo di ser Piero da Vinci)는 고등교육을 받은

총 391명의 인물상이 드러난 이 작품은 미켈란젤로에 의한 신곡이라 할 수 있는 최후의 심판이다.

사람이 아니었다. 그의 지식은 순전히 관찰과 독서, 끊임없는 질문과 실험으로 조금씩 습득해 나간 것이다. 그는 비행기가 발명되기 400년 전에 글라이더 설계도를 만들고 비행 실험을 했다고 한다. 작품으로는 '모나리자', '암굴의 성모', '최후의 만찬' 등이 있다.

　미켈란젤로(Michelangelo Buonarroti)는 영감이 떠오르면 바로 작업에 몰입하는 스타일이었다. 잠도 참아가며 24시간 내내 손에 피가 나도록 조각을 했다. 1508년 교황 율리우스 2세(Julius II)의 명을 받아 바티칸 궁전에 있는 시스티나 성당의 천장화를 그려야 했다. 1,200m²(약 360평)에 이르는 거대한 공간을 프레스코 기법, 즉 젖은 석고 위에 채색하는 방법으로 장식한다는 것은 보통 일이 아니었다. 그는 몇 번의 중단 끝에 1541년 '최후의 심판'을 완성했다. 성경에 나타난 최후의 심판 장면이 그림으로 구체화시킨 결과물이다.

삶을 변화시키는 작업도 개념이 구체화 되었을 때 일어난다. 우리가 어떤 글을 읽고 "참 좋은 글이다. 나도 앞으로 성공해야겠다."라고 말했다면 그것은 추상적인 개념에 머무르게 된 것이다. 하지만 어떻게 성공할 것인지를 깊이 고민하면서 '오늘부터 성공한 사람들의 습관을 익혀야겠다.'고 생각을 했다면 이것은 구체적인 개념이 된다.

이렇게 구체화한다는 것은 뼈대가 되는 기본 사상에 살을 붙이는 것이다. 어떤 지식도 이 단계를 거치지 않는다면 진정한 힘을 발휘할 수 없고 어떤 사람도 구체화하지 않은 지식을 가지고 일을 추진할 수 없다.

하지만 우리가 객관화하고 주관화한 내용이 삶에 영향을 미치기까지는 아직 그 힘이 부족하다. 실제로 우리가 알고 있는 사실과 느낌이라는 것이 완벽할 수 없기 때문이다. 그 글을 쓴 사람의 객관화와 주관화가 완벽할 수 없으며, 그 글을 읽는 사람도 마찬가지이다. 그러므로 그것을 내 삶으로 가져오기까지 거르는 작업이 필요하다. 우리는 그 글의 내용과 느낌이나 생각이 우리 안에 바르게 내재하도록 우리 삶에 진지하게 질문해야 한다. 우리 삶의 본질을 다룰 수 있는 질문을 스스로 던져 그것에 대한 해답을 얻어야 한다.

추상적인 개념을 구체적인 개념으로 이해하기 위해서는 먼저 그 개념이 무엇인지를 정확하게 알아야 한다. 왜냐하면 개념이 잘못되어 있으면 아무리 열심히 구체화한다고 해도 잘못된 결과가 나오기 때문이다. 따라서 정보를 구체화하기 위해서는 그 정보를 이루고 있는 개념들이 정확하게 무엇을 뜻하는지 잘 파악하고 있어야 한다. 이것은 용어 하나하나, 사건 하나하나의 정확한 의미와 배경을 이해하는 것인데 이것은 개념을 구체화시키는 학습을 통해서 가능하다.

스티븐 코비(Stephen Covey)는 '성공'이라는 추상적인 단어를 구체화한 사람이다. 그는 성공이라는 개념을 구체화시키기 위해서 성공한 사람들의 책 일만 권을 읽었다고 한다. 그렇게 많은 책을 읽은 것은 아마 그 자신도 성공하는 삶을 살고 싶기 때문이었을 것이다. 그러면 어떻게 하면 성공하는 사람이 될 수 있을까? 그것을 역으로 추적해 들어갔다. 즉 성공하는 방법을 귀납법적으로 구체화한 것이다. 그는 성공하는 사람들에게서 나타나는 몇 가지 공통점을 발견했다. 그것을 구체화한 것이 『성공하는 이들의 7가지 습관(*The 7 Habits of Highly Effective People*)』이라는 책으로 태어난 것이다. 주도적인 삶을 살아간 사람, 목표가 분명한 사람, 소중한 것을 먼저 한 사람, 상호이익을 추구한 사람, 자신의 말을 하기 전에 먼저 상대의 말을 잘 듣는 사람, 시너지를 활용한 사람, 끊임없이 변화를 시도하는 사람들로 구체화한 것이다.

스티븐 코비는 이런 과정을 거치면서 추상적인 개념으로서의 '성공'이 아닌 실제 자신에게 맡겨진 상황 속에서의 '성공'을 이해하게 된 것이다. 그리고 그 개념을 지속적으로 심화하는 과정에서 성공을 할 수밖에 없는 사람으로 되어간 것이다. 이것이 지식의 진정한 힘이다.

Part 2
정보를 조직화하라

　"구슬이 서 말이라도 꿰어야 보배"라는 말이 있다. 건축이 끝난 현장에 벽돌이 무더기로 쌓여 있으면 쓰레기 처리를 해야 한다. 하지만 그 벽돌이 설계도에 맞춰서 정리되어 있었다면 그 벽돌은 멋진 건축물이 될 것이다. 벽돌 한 장 한 장이 정보이자 지식이라고 생각한다면 규칙에 따라 그 정보와 지식이 재구성되어 맥락을 이룰 때에 비로소 의미가 발생한다.

　입수된 지식의 효율을 높이기 위해서는 정보를 질서화해야 한다. '지식을 질서화한다.'는 것은 여러 경로로 입수된 정보를 분류하고 분석해 활용하기 쉬운 지식으로 재구성하는 것을 의미한다. 정보를 질서화하기 위해서는 전체를 본 후 부분을 볼 수 있는 능력이 필요하다. 왜냐하면 많은 지식을 전체적으로 볼 수 있는 사람이 지식의 조각들을 활용할 수 있기 때문이다.

　정보를 분류하고 조직화한다는 뜻은 무엇인가? 정보 분류와 조직

정보분류 조직화

분류

목적이나 목표, 전략에 근거하여
범주를 정하고 정해진 범주에 맞추어
최종 정보분류 작업을 진행한다.

조직화

분류 체계에 맞춰 적절한 깊이와
폭을 가진 계층적 정보 구조를
제공하여 사용자가 쉽게 정보에
접근할 수 있도록 구조를 제공한다.

화란 쉽게 말해 정보의 나누기와 묶기이다. 즉 정보에 대한 범주를 정
하여 분류하는 것으로 정보를 유사성에 따라 나누거나 배열하거나 그
룹핑을 하는 것을 의미한다. 정보를 분류하고 조직화할 때에는 사용
자가 이해하기 쉬운 접근 구조를 만드는 것을 중요하게 고려하여야
한다.

성과주의, 결과주의를 중시함에 따라 '행동'이 주요한 키워드가 되
고 있다. 구체적 행위가 따르지 않는 말은 아무런 가치를 만들 수 없
다. 아리스토텔레스의 『니코마코스 윤리학』을 보면 'phronesis(프로네
시스)', 즉 '실천적 지혜'라는 단어가 나온다. 실천적 지혜는 일종의 '판
단하고 행동하는 능력'이다. 여기에 아리스토텔레스는 하나의 전제
조건을 추가한다. 바로 '방향성'이다. '선(善)을 목표로 하여'라는 방향
성이다. 결국 실천적 지혜란 '선을 목표로 하여 판단하고 행동하는 능
력'이라 할 수 있다. 여기에서 '선'은 하나의 원칙이자 목적이요, 목표
이다. 상황에 따라 수시로 변하는 원칙이 아니라 다양한 상황에서 '판

단'을 할 수 있도록 기준을 잡아주는 '지향하는 바'이다. 원칙을 다양한 상황에 맞게 판단하고 적용하고 행동하는 것이 중요하다.

지식 사회와 정보 사회는 다르며 정보 기술은 '지식'의 인프라(infra)이다. 오늘날 우리가 말하는 지식은 행위를 포함하고 있다. 즉 "지행일치"를 강조하고 있다. 지식을 정보와 구별하는 차이는 간단하다. 지식은 행동을 유발한다. 즉 '행동하는 지식(Knowledge in Action)'이라고 정의한다. 행함이 없는 지식이나 생산이 없는 지식은 죽은 지식이다.

또한 정보와 지식을 데이터와 정보 간의 관계처럼 상위 개념이나 하위 개념으로 이해할 수 있다. 즉 정보는 의미 있는 형태로 정리된 데이터이며 지식은 정보를 적용하여 이를 생산적으로 활용하는 것을 의미한다고 말한다. 정보는 외부에서 받아들이는 수동적인 성격인 데 비해 지식은 정보를 받아들인 사람이 주체적으로 가공하고 판단하는 능동적인 과정까지 포함하는 것이다. 취사선택을 통해 획득된 정보가 가공·재구성·축척·판단과정 등을 거쳐 행동으로 옮겨져 유용한 가치창출로 이어질 때 비로소 지식이 될 수 있다.

세상에 수많은 지식과 정보들이 떠다니고 있지만 이것들을 행동으로 옮길 수 있는 능력이 부족하다. 정리된 지식, 해석된 지식, 검정(檢定)된 지식, 조직화된 지식, 네트워크가 가능한 지식, 실현 가능한 지식에 중점을 둔 지식경영이 참된 지식경영이라 할 수 있다.

이에 대해서 정약용은 글을 읽을 때에 늘 이런 마음을 가지고 있어야 하고, 모든 백성을 윤택하게 하고 만물을 번성하도록 해야겠다는 뜻을 가져야만이 올바른 독서군자가 될 수 있다고 믿었다. 정약용을 비롯한 실학자들의 독서관은 실학자 개개인의 사상적 입장이나 인간적 체질에 따라 약간의 차이를 보이고 있다. 그러나 실천적 문제의식에 대해서 박지원은 "백성을 이롭게 하고 만물을 윤택하게 한다. 그 혜택이 온 세상에 미치고 공덕이 만세에 끼치도록 한다."고 말했다. 정약용 선생은 실천적 지혜가 "만민을 윤택하게 한다. 그리고 만물을 기른다."는 사상을 가진 실용지학(實用之學)을 강조했다.

실용적인 독서를 강조한 실학자들의 독서관을 조선 초기 관료사장파 지식인의 입신양명형 독서관과 조선 중기 사림도학파 지식인의 도학주의형 독서관과 대비해 보면 실학자의 독서관은 당시의 역사적 과제를 실천적으로 해결해야겠다는 문제의식을 가지고 독서를 한다는 의미에서 문제 해결형의 독서관이라고 규정할 수 있다. 실학자들은 자연히 역사상 인물 가운데 그때의 역사적 과제를 해결하는 데에 적절한 대응력을 가진 실용지학을 한 사람들을 주목하였다. 박지원은 실용지학을 한 사람을 '선독서자(善讀書者, 독서를 잘한 사람)'이라고 불렀다. 박지원이 말하는 선독서자는 보통 책을 잘 읽는다고 하는 사람인 소리를 잘 내거나 구두를 잘 찍거나 이야기를 잘하는 사람이 아니다. 실천적 문제의식을 가지고 그 글을 쓴 사람의 고심한 자취를 읽을 줄 알고, 거기에서 얻은 지혜를 현실에 응용할 줄 아는 사람을 말한다.

나폴레옹 또한 실용지학적인 독서관을 가진 사람이었다. 나폴레옹의 독서 범위는 포병 장교로서 알아야 할 포격의 원리와 역사, 포위 공격법, 사거리 관측법 등을 비롯해서 페르시아의 역사, 스파르타의 전술, 이집트의 역사, 인도의 지리, 영국사, 프리드리히 대왕 전기,

프랑스의 재정론이나 몽고인 및 터키인의 풍속, 마키아벨리의 『군주론』, 천문학, 지질학 기상학, 인구론에 이르기까지 참으로 다양했다. 특히 그는 지리와 역사책에 몰두하였다. 그 많은 책을 대충 읽는 게 아니라 언제나 정독하였다. 또 책을 읽은 후에는 반드시 발췌록을 만들어 두거나 메모를 남겨 두었다. 나중에 그 정보가 문자로 재조직되었고, 음악으로, 과학으로 재조직되었다. 흔히들 나폴레옹의 머리를 가리켜 '잘 정리된 서랍 같은 두뇌'라고 한다. 서랍 속 물건이 종류별로 질서 있게 정리돼 있다면, 필요할 때 꺼내 쓰기가 얼마나 편리하겠는가? 나폴레옹의 두뇌가 그렇다는 것이다. 전쟁에 대한 일뿐만 아니라, 법률을 비롯해서 재정 문제, 상업 및 문학 등에 이르기까지 각종 지식이 잘 정리된 서랍처럼 머릿속에 체계적으로 보관되어 있어서 언제든지 필요할 때 꺼내 사용할 수 있었다.

Part 3
지식을 의식화하라

요즘 인문학에 대한 관심이 높다. 그것은 자기 행복에 대한 방향을 찾는 것과 관련이 있다. 인문학은 "나는 어디에서 와서 어떻게 살다가 어디로 갈 것인지" 스스로 묻고 답하는 자기를 성찰하는 공부영역이다.

인문학의 부활은 다른 관점에서 보면 기존 틀에 대한 불신이기도 하다. 그 불신의 스펙트럼은 다양하다. 크게는 근대 이후에 싹터 20세기에 꽃피운 과학문명에 대한 불신부터 작게는 가까운 사람에 대한 불신까지, 생각보다 넓고 조밀하게 퍼져 있다. 아마도 21세기는 그 불신의 씨앗을 찾아 제거하고 신뢰의 고리를 만들어 가는 개인이나 집단은 슈퍼리더가 될 것이다.

인문학은 각기 다양한 도구와 방법으로 인간을 탐색하지만 결국은 인간의 본성, 즉 사람답게 사는 길을 찾는 데 그 목적이 있다. 개인주의의 팽배로 가치가 파편화된 상황에서 사람다움의 기준을 합의 하기란 여간 어려운 일이 아니다. 아니, 불가능한 것처럼 보인다. 그러나 궁하면 통한다는 말이 있듯이 이기적 가치구조가 극도에 이르러 일상생활에 지장을 줄 정도가 되면 사람들은 새로운 길을 모색하는 데 마음을 열 것이다. 물론 현명한 방법은 최악의 상황을 경험하는 것이 아니라, 미리 감지하여 그 위험한 길에서 벗어나는 것이다.

사람답게 산다는 것은 생각보다 어렵지 않다. 왜냐하면 그것은 밖에 있는 것이 아니라 내 안에 있기 때문이다. 그동안 우리는 인간답게 사는 길을 밖에서 찾았기 때문에 찾지도 못했을 뿐더러, 그 길은 없다고 판단해 버리는 경우가 많았다. 가령 자본주의 사회에서 돈은 사람답게 사는 중요한 요소이다. 이때 사람다움의 기준을 밖에서 찾는 사람들은 다른 사람들이 들여다보고 있는 돈의 액수에 생각이 멈춘다. 반면에 내 안에서 찾는 사람들은 그 돈이 어떤 경위를 거쳐서 내 손에 들어왔는지, 그 돈을 어떻게 상황에 맞게 적절하게 사용할 것인지가 주요 관심사이다. 얼핏 보면 사람들은 그 사람의 겉으로 드러난 돈의 액수를 보고 사람다움을 판단하는 것처럼 생각하기 쉽다. 그런데 실제는 그 사람의 마음씨까지 들여다보고 판단한다. 그런데 대개는 물질주의 가치관에 의식화되고 익숙해져 마음씨가 인간다움의 판단이 된다는 사실을 부정하려 애쓴다.

21세기에 사는 인간 존재로서 동등하게 인정받지 못하고 평등한 사회적 기회를 보장받지 못하며 인간적 노동도 성취도 구조적으로 불

가능한 사람들이 얼마나 많은가? 그 중에서 상당수가 역사의 주인으로 스스로를 자각하지 못하고 지배계급으로부터 미디어와 시스템을 통해 음으로 양으로 세뇌되어 그러한 이데올로기의 노예로 살아가고 있는 수많은 사람들이 존재한다는 것은 여전히 우리 사회의 과제이자 각자의 과제이다.

의식화하라는 영역에서 다루고자 하는 부분은 가치관과 세계관이다. 먼저 가치관과 세계관을 정의하고, '지금 나는 어떤 가치관과 세계관을 가지고 있는가? 그것은 나에게 어떻게 의식화 되었는가? 가장 보편적이며, 궁극적인 가치관은 무엇인가? 새로운 가치관이나 세계관으로 의식화하기 위해서는 어떤 노력이 필요한가?' 등에 대한 해답을 찾고자 지속적으로 노력해야 한다.

"아는 것이 힘이다."라는 말로 널리 알려지고, 귀납법을 연구 방법론으로 제시한 프랜시스 베이컨(Francis Bacon)은 이렇게 말했다. "독서는 오로지 사색하고 연구하기 위해서 하는 것이다." 명예혁명에 사상적 기초를 제공하고 『인간 오성론(*An Essay concerning human understanding*)』을 쓴 존 로크(John Locke)는 이런 말을 남겼다. "독서는 단지 지식의 재료를 얻는 것에 불과하다. 그 지식을 자기 것으로 만드는 것은 오직 사색의 힘으로만 가능하다."

입수된 정보를 심화하기 위해 우리가 해야 할 일은 정보를 의식화하는 일이다. 정보를 의식화한다는 말은 입수한 정보를 확실하게 인식하여 그것과 관련된 것을 경험했을 때 언제든지 영향을 미칠 수 있는 것을 말한다. 사실 많은 정보를 입수하고 나름대로 조직화했다고 해도 그것이 반드시 의식화되어 흘러나오지는 않는다. 어떤 문제에 대해 알고는 있지만 자신의 입장에서 깊이 있게 생각해 본 적이 없기 때문이다.

1) 가치관으로 의식화하라

인간과 동물의 차이는 2%라는 말이 있다. 그 2%가 진(眞)·선(善)·미(美)·성(聖), 즉 학문·윤리·예술·종교라는 것이다. 인간이 가진 고전적인 가치에는 진(眞)·선(善)·미(美)·성(聖) 등이 있고, 용(用)은 산업 사회 이후에 중요시된 근대적 가치다. 진(眞)은 학문, 선(善)은 윤리·도덕, 미(美)는 예술, 성(聖)은 종교·신앙을 통하여 추구되는 것이라고 흔히들 말하나, 이런 가치들은 절대적으로 준별되지 않고 상호 영향권에 놓이는 것들이다. 용(用)의 가치는 인간의 삶을 윤택하게 하는 필요조건일 수는 있으나 본질적·절대적 행복의 충분조건은 아니라는 것이 고전적 가치론의 핵심이다.

여기서 존재(Sein)와 당위(Sollen) 간에 갈등이 빚어진다. 특히 윤리·도덕, 종교적 규범과 실용적 가치 내지 욕망 간의 갈등은 시간과 공간을 넘어 보편적인 문제이다. 이러한 갈등은 사회나 문화가 구성원 모두에게 복종을 요구하는 윤리·도덕의 기준들이 인간의 본능적 욕망이나 실용적 욕구를 억압한다고 느낄 때 일어난다. '신유목민(neo-nomad)', '신인류'로 불리는 이 시대 사람들의 새로운 가치관은 다양하고 충격적인 모습으로 고전적 가치관을 뒤흔들어 놓고 있다. 20세기 사회·문화가 19세기 이전의 사회·문화에 대하여 파천황(破天荒)의

격변의 양상을 보였음을 우리는 알고 있다. 즉 천지가 아직 열리지 않은 때의 혼돈한 세상을 깨뜨려 새로운 세상을 만든다는 뜻이다. 21세기의 사회·문화는 20세기에 보였던 그 격변의 양상을 무색하게 할 만큼 충격적이다. 더욱이 포스트모더니즘 문화의 이 시대 문명은 가치관의 상대주의를 절대화하는 추세를 완화할 기미를 보이지 않는다.

주체의 해체와 대중주의를 지향하는 포스트모더니즘 문화는 어느 것이나 중심이 될 수 없다. 종래에 중심이라 했던 것이 주변으로 밀려나고 있다. 오히려 주변에 소외되었던 것이 중심이 된다. 고급문화와 저급문화가 뒤섞이거나 자리바꿈을 함으로써 종전의 '권위'가 여지없이 무너지기도 한다. 가지관의 혼란이 극한에 이른 것이 21세기의 이른바 '지식·정보화 사회'이다.

우리가 직면하고 있는 가치의 문제는 어떤 것들이 있는가? 그것을 어떻게 구분할 수 있을까? 김봉군 교수는 『독서와 가치관 읽기』에서 가치의 기준과 가치분류방식을 다음과 같이 제시한다.[1]

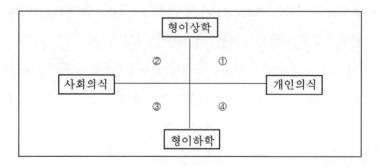

가치관의 내면화를 위한 가치 교육은 독서 교육과 떨어질 수 없는 관계에 있다. 글에 내포된 의식의 위상(位相)은 가치 판단의 결정적 준

거가 될 수 있다. 이 같은 가치관은 다음 네 위상 중의 하나에 속한다.

① 개인의식의 형이상학적 지향 ② 사회의식의 형이상학적 지향
③ 사회의식의 형이하학적 지향 ④ 개인의식의 형이하학적 지향

　동화 '콩쥐 팥쥐', '백설공주', '아낌없이 주는 나무'(실버스타인), '사랑'(이광수), '순애보'(박계주), '죄와 벌'(도스토예프스키), '주홍글씨'(호손), '진달래꽃'(김소월), '서시'(윤동주), '낮은 데로 임하소서'(이청준), '땅 끝에서 오다'(김성일), '종각'(박영준) 등은 ①에 속한다. 다만 '부활'(톨스토이), '상록수'(심훈) 등은 ①을 축으로 하여 ②의 경지를 지향하는 특성을 보인다.

　'작은 씨앗을 심는 사람들'(폴 플라이쉬만)은 ②의 전형에 속한다. '외투'(고리키), '어머니'(고리키, 박찬모), '고향'(이기영), '태백산맥'(조정래) 등은 ③을 지향한다. 사회주의 유물론 계열의 글들은 ③의 본보기가 된다. '자유부인'(정비석), '즐거운 사라'(마광수)같이 개인의 육체적, 물질적 욕망을 지향하는 것들은 ④의 범주에 든다. ④는 한때 베스트셀러의 반열에 오르나 역사에 살아남지 못하는 특징이 있다.

　이 같은 의식의 위상 문제는 독서의 궁극적 의의를 구명하는 데 크게 도움을 줄 것이다. 김봉군 교수가 제시한 표는 이미 가진 정보를 다양한 가치관으로 재구성할 수 있을 것이다.

2) 세계관으로 의식화하라

　오늘날에는 어떤 것에 대해 가치 판단을 해야 할 때 "세계관이 잘

서 있어야 한다."는 말을 한다. 어떤 사람을 평가할 때에도 그 사람의 "인격이 잘못되었다."고 말하지 않고 "세계관이 잘못되었다."고 말한다. 세계관이라는 말이 이처럼 보편적으로 사용되다 보니 가끔은 똑똑하고 많이 배운 사람의 특허품으로 오해되기도 한다.

일반적으로 세계관(world-view)이라는 말은 이 세계를 바라보는 눈, 즉 세상을 보는 관점(perspective)을 지칭하는 말이다. 이 세상이 도대체 어떻게, 어떤 방식으로 존재한다고 보는가에 관한 문제가 세계관의 문제라고 할 수 있다. 알버트 월터스는 이를 좀더 구체화하면서 "한 사람이 사물들에 대해서 갖고 있는 기본적 신념들의 포괄적인 틀"이라고 잠정적으로 정의한 바 있다. 이렇게 세계관이란, 브라이언 왈쉬와 리차드 미들톤이 말하는 대로, '지각의 틀(perceptual framework)'이며, '사물을 인지하는 방식'이고, '삶에 대한 시각(vision of life)'이요, '삶을 위한 시각(vision for life)'이다.[2] 또는 앤드류 호페커(W. Andrew Hoffecker)가 말한 바와 같이, "실재에 관한 어떤 사람의 전제들과 확신들의 총합으로, 이는 삶에 대한 그의 전체적 관점을 표현하는 것이다."라고도 말할 수 있다.[3] 그러므로 이 세상에 사는 사람은 누구나 세계관을 가진다고 할 수 있다. 심지어 이 세상을 볼 수 없는 사람들도 그 나름대로 이세상에 대한 관점과 이해를 지니는 것이다. 이 세계에 대한 그 나름의 관점, 그 나름의 이해가 각자의 세계관이다.

여기에서 기독교 세계관 운동을 소개하고 넘어가자. 기독교 세계관 운동은 한 마디로 말해 문화에 대한 성경의 가르침을 따르려는 운동이라고 볼 수 있다. 기독교세계관 운동은 20세기 초 아브라함 카이퍼(Abraham Kuyper)에 의해 처음으로 시작되었다. 카이퍼는 문화의 성경적 근거로써 "일반은총"을 제시하고 있다. 카이퍼는 일반은총이 죄의 세력을 제어하며 인간의 문화발전을 가능하게 만들고 또한 구원을 위한 기초를 예비한다고 말한다. 그리하여 그리스도 안에서 구속된 문화는 이 땅에서 사라지지 않고 영원한 하나님 나라에 들어가는 것이라는 '문화적 낙관론'을 제시하였다.

카이퍼에 의해 시작된 기독교 세계관 운동을 더욱 발전시키고 체계화시킨 사람은 1922년부터 헤이그에 있는 카이퍼 연구소의 소장으로 재직하였던 도여베르트(Herman Dooyeweerd)이다. 도여베르트는 기독교세계관을 창조, 타락, 구속의 구조로 체계화 시킨 장본인이다. 도여베르트는 성경적 세계관의 핵심이 '죄와 벌' 창조질서(Creation-Order)'에 있다고 말한다. 도여베르트는 태초에 세계가 창조되었을 때, 창조 안에 완전한 창조질서가 있었는데→죄로 인해 창조가 파괴되자→하나님이 일반은총을 베푸시어 창조질서가 무너지지 않게 보존하시므로→죄가 창조질서를 파괴하지 못하고 단지 "창조방향"을 왜곡하게 만들었으며→인간의 마음도 왜곡된 창조방향으로 가게 되었지만→그리스도의 구속으로 창조질서와 방향이 완전히 회복될 것이라고 말한다.

문화명령과 마태복음 28장에 나오는 예수님의 대명령은 서로 병행하거나 균형을 이루는 명령이 될 수 없다. 먼저 문화명령은 "땅에 충만하라. 땅을 정복하라. 땅을 다스리라."(창 1:28)는 것으로써 그 영역이 '땅'에 국한된 명령임을 알아야 한다. 문화명령은 땅의 주인인 아담에게 속한 명령으로써 그것은 성취해야 할 임무라기보다는 땅에 속한 인간의 본질에 대한 선언으로 보는 것이 더욱 타당할 것이다. 반면에 대명령의 영역은 땅과 하늘을 포함하는 것으로써 문화명령보다 상위적인 의미의 명령에 해당한다. 대명령은 "하늘과 땅의 모든 권세를 내게 주셨으니"(마 28:18)라는 예수님의 말씀을 전제로 하여 주어진 명령이다. 이것이 기독교 세계관의 핵심이다. 다만 학설에 따라서 좀 달라질 수는 있지만 말이다.

가치 체계 위에는 세계관이 있다. 세계관은 비체계적이고 비학문적이며 주관적이고 경험적인 성격을 띤다. 이것은 인간 삶의 저변에 깔린 가치 체계와 행동 패턴을 형성하는 개념이다. 인간은 지금까지의 경험을 바탕으로 반응한다. 경험과 지식을 믿고 사는 것이다. 그래서 그에 반대된 의견이 나오면 흥분한다. 결국 인간의 행동 양식을 바꾸기 위해서는 세계관의 문제를 건드리지 않을 수 없다. 세계관이란 자신의 주변 세계에 대해 나름대로 갖는 견해, 관점이다.

시간이 흐름에 따라서 세계관은 수정되고 보완되어야 한다. 내가 가지고 있는 세계관은 불완전하고 고정되고 고착되어 있기 때문에 세계관에 개방의 여지를 두어야 한다. 나의 세계관이 한쪽으로 치우쳐 있으면 책에서 글쓴이의 의도를 찾을 수 없다. 어떤 일이 생겼을 때 사람들 각자가 선택하는 행동 양식이 다른데, 그것은 본래 자기가 가진 세계관이 올바르다고 생각하여 그 생각으로 일관하기 때문이다. 따라서 자기의 세계관과 반대되면 분노하고 흥분한다.

행동 양식과 가치 체계를 바꾸기 위해 지식과 체계와 논리를 이용하지만 세계관을 변화시키지는 못한다. 세계관을 바꾸기 위해서는 이전까지와는 다른 새로운 체험이 필요하다. 이성과 체험이 세계관을 형성하므로, 세계관의 변화를 유도하기 위해서는 이성과 체험의 변화가 필요하다(이성+체험=세계관). 그러므로 세계관은 특별한 의식을 갖지 않고서 바뀔 수 없다. 이때 필요한 경험과 지식은 정상적이고 보편적이고 상식적인 수준의 것이어야 한다.

올바른 세계관을 가지고 있다면 일관되고 통일된 삶을 살 수 있다. 이런 삶은 인생 목적이 있는 사람에게 해당된다. 인생의 목적은 세계관을 바탕으로 만든다. 그리고 생동감 있는 삶을 살 수 있다. 삶의 목적이 있기 때문에 항상 기대하는 일에 의미와 가치를 부여할 수 있다. 즉 자족하며 살아가기에 생동감이 있을 수밖에 없다. 또한 문화적 충격과 충돌을 극복할 수 있다. 우리는 다른 문화 속에서 살아가기 때문에 여러 행동 양식과 가치 체계가 지속적으로 부딪치는데 그때 세계관은 어떤 것을 취하고 버릴지 분별할 수 있게 한다. 그러므로 올바른 세계관을 정립하는 것이 얼마나 중요한지를 알 수 있다.

[미주]

1) 김봉군, 『독서와 가치관 읽기』(서울: 박이정, 2005), p. 121.
2) 리차드 미들톤, 『그리스도인의 비전』(서울: 한국기독학생회출판부, 1987), 참고.
3) 앤드류 호페커, 『기독교 세계관1, 2』(서울: 생명의말씀사, 1992), 참고.

Part 4
사고력을 확장하라

사고력의 사전적 의미는 '생각하고 궁리하는 힘'이라 되어 있다. 생각하고 궁리하는 힘이 있고 없음을 어떻게 구별할까? 생각하고 궁리하는 힘은 어떻게 길러질까? 생각하고 궁리하는 힘이 있으려면 생각할 수 있는 연관된 많은 정보를 갖고 있어야 한다. 그래서 요즘의 교육은 체험학습이 많다. 체험한다는 것은 말로 설명해 주는 것보다 훨씬 더 많은 정보를 기억하게 되기 때문이다. 처음 접하는 것은 호기심이 있을 뿐 바로 사고력이 발휘되지 못하는 이유도 여기에 있다.

생각하고 궁리하는 힘을 한마디로 쉽게 표현해 보자. 예를 들어 '시루떡'을 생각해 보자. 무슨 생각이 떠오르는가? 아마 이사나 개업식 등 많은 기억들이 떠오를 것이다. 외국인이 '시루떡'을 보면 무슨 생각이 떠오를까? "이게 무엇입니까?" 외에 경험이 없기 때문에 아무런 생각이 나지 않을 것이다. 우리 아이들도 마찬가지이다. 경험하지 못한 시루떡 같은 것이 이 세상에 많다면 아이는 사고력을 발휘하지 못하고 흥미를 느낄 수 없을 것이다. 소극적 아이가 될 것이다.

사고력 신장은 많은 활동 또는 책 속에서 간접 경험이 뒷받침되어야 가능하다. 아이의 뇌는 태어날 때 백지상태에서 오감을 통한 감각적 경험으로 그림을 그리듯 채워 나간다고 한다. 이것이 로크의 백지설(tabula rosa)이다. 사고력은 타고나는 부분도 없지 않지만 후천적인 경험과 환경, 그리고 교육이 더욱 중요하다. 특히 적절한 교육프로그램을 통해 부족한 사고영역을 이끌어 올림으로써 사고의 균형을 잡아 주는 사고력 보정도 중요하다.[1]

사고력을 가르칠 수 있을까? 일방적 강의, 주입식 강의 같은 명강사의 명강의는 사고력에 있어서는 오히려 독이 된다. 스스로 생각하는 과정을 생략해 버리게 되기 때문이다. 유형별 문제풀이를 통해 푸는 방법을 익히는 연습도 사고력을 기르는 데 별 도움이 되지 않는다. 왜냐하면 약간만 응용하면 바로 틀릴 수 있기 때문이다.

사고력은 가르쳐 줄 수 없다. 사고력은 스스로 생각하는 경험과 노력이 차곡차곡 쌓여야만 길러진다. 사고력을 키워 주는 교육이라는 것은 생각하는 동기 부여와 자발성을 제공한다는 것이다. 강의를 해서 가르치는 것이 아니다.

사고력을 키우는 방법은 크게 두 가지이다. 첫째, 다양한 사고패턴을 가진 여러 아이들과 문제를 해결해 가는 과정에서 토론을 통해서 스스로 새롭고 다양한 사고의 세계를 깨달아가는 토론 수업 방식이다. 이때 아이들의 가장 훌륭한 선생님은 아이들 자신이다. 둘째, 자신이 부족한 영역의 사고를 요하는 문제나 상황을 자주 접하여 자신의 사고의 한계에 도전해 보는 것이다. 이때 중요한 것은 '스스로 해결'하는 것이며 끊임없이 한계에 '도전해 가는 정신'이다.

사고력에 대한 일반적인 생각은 체계적인 정신활동, 문제 해결의 논리적 과정으로 정의한다. 김영채는 한자 어원풀이를 다음과 같이 한다. 사고(思考)라는 단어의 '생각 사(思)'는 마음의 밭으로 해석할 수 있다. '상고할 고(考)'는 허리 꼬부라진 노인이 호미를 든 형상을 나타내는 형상이란다. 이를 종합하면 생각을 거듭하라. 이는 마음의 밭을 일구기를 노인이 되기까지 오래도록 하되, 오랜 경험의 손(호미)에 의해 솎아지고 다듬어져야 한다는 뜻으로 풀이하고 있다. 참으로 마음에 다가오는 해석이 아닌가?

사고력을 이루는 주요 요소는 차이 존중, 맥락 존중, 관찰, 경험, 논리성/합리성, 조작/분석 등 여섯 가지로 들 수 있다. 사고력을 갈래별로 나누어 보면 다음과 같다.

① 창의력 : 차이의 생성
② 추리력 : 차이 미루어 짐작하기
③ 비판력 : 차이 근거 설정
④ 분석력 : 차이의 맥락 뜯어보기
⑤ 통찰력 : 차이 꿰뚫기

사람의 사고 기능을 기억, 이해, 적용, 분석, 종합, 평가의 여섯 단계로 나눈 블룸(Benjamin S. Bloom)의 인식영역 분류법을 충실히 따르면서 그 여섯 가지 단계 위에 그 동안 내가 만들어낸 질문기술을 결합하면 진정한 '완전학습'이 가능할 것이다.[2]

[미주]

1) 인간에게는 천부적으로 주어진 본유관념(本有觀念)이 존재하는 것이 아니고 모든 관념은 후천적(後天的, a posteriori)인 경험을 통해서 이룩된다는 로크(J. Locke)의 학설. 인간의 마음은 문자 그대로 태어날 때 백지(白紙)와 같이 아무런 관념도 없는 것이다. 우리가 알거나 혹은 생각하는 모든 사물들은 사실은 우리들의 경험을 통해서 얻어진 것이다. 그러므로 지식의 원천은 둘인데 하나는 감각(sensation)이고, 다른 하나는 반성(reflection)이다. 이같이 그는 선천적(先天的, a priori)인 인식론에 반대하여 감각적 경험에 토대한 인식론을 주장했다.

2) 그는 미국 교육심리학자이자 시카고대학교 교육학과 교수이다. 교육과정과 교수-학습 및 교육평가의 분야에서 세계적인 학자로 평가받고 있다. 그는 인식 영역 분류법을 활용하면 사고력과 독해력을 효과적으로 높일 수 있다고 하였다. 우수한 학생과 열등한 학생은 오히려 현대의 학교체제가 만들어 낸 인위적인 산물이며 빠르고 느림의 대조는 불리한 학습조건에서만 나타나는 특수 현상이라는 주장을 하였고 최적의 조건하에서는 거의 모든 학생들의 학습능력과 학습속도와 학습의욕이 비슷하게 될 수 있다고 하는 낙관적인 통찰을 제시하며 '완전학습이론'을 주장하였다.

6부 표현하기 : 명작으로 표현하라
(Review)

Review
표현하라

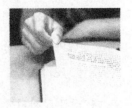

글은 곧 사람이다(Style is the man himself). 그 사람이 쓴 글 속에서 우리는 그 사람을 본다. 그 사람의 생각은 물론 인격, 음성, 성격 그리고 그의 과거의 미래까지 볼 수 있다. 그것은 글이 만들어지는 과정을 통해 확인된다. 책 읽기와 경험을 통하여 우리 머리로 들어간 사상은 말이나 글이라는 수단을 통해서만 표현되기 때문이다. 말은 일회성이고 발화되자마자 공중으로 흩어진다. 그러나 글은 영원하다. 글을 쓸 때는 그 각인성과 영원성 때문에 우리 모두 완벽하려고 노력한다. 그래서 글은 그 사람 자체라 할 수 있다.

언어라 함은 듣기, 말하기, 읽기, 쓰기의 네 가지를 일컫는데 쓰기는 그중에 하나이다. 말하기와 쓰기는 둘 다 능동적인 활동으로서 말을 할 때도 직접 우리가 말을 만들어내야 하고 쓸 때도 역시 직접 우리가 써야 글이 되므로 이 둘을 보통 '만들어내는 언어(productive language)'라고 한다. 반면에 듣기와 읽기는 남이 하는 말을 받아서 듣고 또 남이 써 놓은 것을 읽기 때문에 이 두 언어를 '받아들이는 언어

(receptive language)'라고 한다. 그래서 듣기, 읽기 언어와 말하기, 쓰기 언어는 다르다 할 수 있다. 만들어내는 언어, 즉 우리 안에 있는 내적 언어(inner speech)는 희미하고 형태가 없으나 이것이 밖으로 흘러나올 때는 형태와 모양(form)을 가지고 있어야 한다.

예를 들어 무서운 경험을 한 아이에게 그때 경험을 말해 보라고 했을 때 "너무 무서워서 뭐라고 말을 못하겠어요."라고 했다고 하자. 이는 정말로 그때 감정을 찾지 못한 것이 아니고 자신을 표현할 만한 감정과 생각의 정리가 안 되어 있는 것이다. 그러나 "등골에서는 식은땀이 나고 다리가 떨리기 시작하더니…."라는 말이 나오기 시작하면 이 무서움이라는 것이 '등골의 식은땀', '떨리는 다리' 등으로 구체화되기 시작한다. 이렇게 구체화되는 과정에서 두 가지 현상이 일어난다.

첫째, 말을 하거나 쓰는 과정에서 희미한 생각이 선명해진다. 자신의 생각을 말하거나 쓰는 과정에서 가끔 희미했던 생각이 더 선명해지기도 하고, 또 추상적이었던 개념·생각·감정이 구체화되기도 한다. 이런 이유로 문제가 있는 사람이 자기의 본심을 믿는 이에게 다 털어놓았을 때 그 과정에서 자기 문제가 더 선명해지고 구체화되므로 문제를 해결했다고 생각할 수도 있다.

둘째, 방관자의 말이 참여자의 말로 바뀐다. 생각이 말로 변할 때는 방관자의 말(spectator's role)이 아닌 참여자의 말(participatory role)로 변한다. 이 참여자의 말의 특징은 그의 생각이 큰 주춧돌이 된다는 것이다. 참여자의 말은 주로 ① 정리된 생각을 순서대로 놓기 ② 요점 잡기 ③ 간추리기 ④ 결론 잡기 ⑤ 행간의 숨은 뜻 이해하기 ⑥ 원인·

결과 알아내기 ⑦ 생각을 정리정돈하기 ⑧ 요약하기 등으로 볼 수 있다.

① 독서의 완결은 쓰기이다

책 읽기에도 단계가 있다. 첫 번째 단계는 많이 읽고 많이 기억하려는 단계이다. 이 단계를 저축과 지출의 비율로 이야기하자면 지출보다는 저축이 월등한 비율을 차지하는 기간이다. 많이 느끼고 배우려면 일단은 뭔가 저축하는 것이 많아야 한다. 이 단계는 많이 읽고 느끼는 것이 '재미' 있는 단계이다.

두 번째 단계는 적게 읽고 많이 생각하는 단계이다. 첫 번째 단계에서 많이 읽고 느끼며 기억했던 것이 누적되었다면 이제는 첫 단계보다는 적게 읽고 많이 생각해야 한다. 첫 번째 단계가 책의 내용을 이해하기 위해 고민하는 단계라면 두 번째 단계에서는 내용을 이해하고 그 논리를 확장하려는 노력이 필요하다.

세 번째 단계는 적게 읽고 많이 표현하는 단계이다. 표현하기 자체가 창조성을 내포하고 있다. 우리는 글을 쓰면서 지금까지 머릿속에 있던 내용들을 정리하고 새로운 표현양식으로 확대 적용하려는 시도를 하게 된다. 읽고, 사유하고, 표현하는 과정들이 넓은 의미의 독서행위에 해당되는 과정들이다.

책 읽기는 글쓰기를 통해 더욱 비옥해지고, 완결성을 지니게 된다. "백 권의 걸작을 읽는 것보다 한 편의 졸작을 쓰는 것이 더 낫다."는 말이 있다. 책 읽는 행위는 누군가가 쓴 글을 읽는 행위다. 책을 제대로 잘 읽으려면 글을 잘 쓸 줄 알아야 한다. 글을 쓰는 이의 심정과 의도, 글쓰기의 고통과 즐거움을 알아야 한다. 책을 잘 읽게 되면 글을 잘 쓰게 되고 글 쓰는 훈련을 많이 하면 좋은 책, 자기에게 맞는 책을 잘 발견하게 된다.

책 읽기가 선배들로부터 받는 작업이라면 글쓰기는 다음 세대에 공헌하는 작업이다. 이스라엘에 가면 사해(死海)가 있다. 죽은 바다라는 의미이다. 갈릴리 호수로부터 물을 받기만 하지 흘려보내지 않아서 생명이 존재하지 않기 때문이다. 생명은 흘려보낼 때 생긴다. 글쓰기도 마찬가지이다. 누군가가 글을 쓰지 않았다면 우리는 인류로부터 유산을 얻지 못했을 것이고 문명의 발전을 가져오지 못했을 것이다. 그러므로 누군가가 글을 쓰지 않는다면 지금의 인류문명은 사라지거나 적어도 발전하지 못할 것이다.

J. 보즈웰(James Boswell)은 "인간은 한 권의 책을 쓰기 위해 도서관을 절반 이상 뒤진다."고 했다. 도서관은 먼저 산 사람들이 쓴 책을 다음 세대를 위해서 모아 둔 곳이다. 그들도 한 권의 책을 쓰기 위해서 도서관을 뒤진 사람들이다. 이런 의미에서 보면 글쓰기는 다음 세대에게로 흘려보내는 작업이다.

저자와 소통의 책 읽기는 세상과의 소통을 위한 책 읽기가 되어야 한다. 소통의 책 읽기가 이루어지려면 책 읽기의 반대 방향에 있는 작업, 즉 글쓰기에 눈을 돌려야 한다. 이는 그 반대의 상황, 즉 좋은 글을 쓰기 위해서는 좋은 책을 많이 읽어야 한다는 명작 독서법 상식에도 정확히 부합한다. 책이란 단순히 읽는 것에 그치는 것이 아니다. 책이란 오히려 자기가 글을 쓰기 위한 아이디어와 자료를 제공해 주는 소스북이라고 생각하자.

② 지적 재산 만들기

SQ3R 독서법에서 표현하기, 즉 Review 단계는 5번째 단계이다. Review 단계는 재탄생하는 단계로도 정의할 수 있다. 즉 Review 단계는 책·연극·영화 등에 대해서 논평하거나 비평하는 과정이다. 어떤 정보가 독자라는 시스템을 거쳐서 다시 태어나는 단계, 다양한 모습으로 재탄생하는 단계라 할 수 있다. 재탄생 과정은 글로 태어나기도 하고, 그림이나 음악으로, 다양한 매체로, 다양한 삶의 방식으로 태어나기도 한다.

나의 생각이라는 것은 개개인의 사적 재산(private property)인데, 이것을 쓴다는 것은 남에게 보여 주고 누구나 다 읽게 하는 것이므로 자연히 그것은 공적인 재산(public property)이라고 할 수 있다. 여기에서 사적이란 말은 비밀스럽다는 말이 아니고 아직 내 안에 있는 나의 속에 있는 생각이라는 말이다. 이 속생각은 그 생각 자체가 아직 흐리고, 선명하지 못한 상태로 있을 수 있다.

나 자신의 생각이 안에 있을 때는 희미하기도 하고, 불완전하기도 하며, 미완성품이고, 또 가끔 생각 자체가 선명하지 않을 수 있다. 그런 내적 생각 개체가 외부로 나오려면 글이라는 매개체를 통해야 한다. 글은 항상 단어라는 '옷(형식)'을 입어야 하고 이 단어는 마음대로 밖으로 나오는 것이 아니고 어떤 규격이나 규칙에 의해야 나올 수 있다. 이렇게 단어와 문법(syntax)에 의하여 그 규격에 맞춰서 나와야 하므로 도중에 자신의 생각이나 느낌이 억제되어 잘 전달이 안 되는 어려움이 있을 수 있다.

Review 단계는 Survey→Question→Reading→Recite(훑어보기 읽기, 질문하기, 읽기, 내면화하기) 네 단계를 마치고 나서 자신의 말이나 표현방식으로 정리하는 단계이다. 각 소제목별로 중요한 핵심 사항을 자신의 말로 정리하면서 자신의 기억 내용을 점검한다. 글을 쓰기 전에는 사람들마다 보편적으로 다음과 같은 과정을 거친다.

1. 어떻게 표현할까?
2. 주제는 무엇으로 할까?
3. 어떤 결론을 내릴까?
4. 누가 쓸까?(인칭)
5. 어떤 관점으로 쓸까?
6. 왜 쓰는 것인가?

회상을 하면서 내용을 정리한다. 핵심 부분을 회상하지 못하면 그 부분을 다시 읽어야 한다. 몇 시간 후에, 며칠이 지나서, 질문에 대한 해답을 다시 점검한다. 이 단계는 읽은 내용을 기억 속에 다시 정리하면서 기억을 오래 유지하게 해준다. 이 단원에서 다룰 주제들은 다음과 같다.

1. 논리적으로 표현하라
2. 요점을 간추려라
3. 내용에 대해서 평가하라
4. 다양한 방식으로 표현하라

Part 1
논리적으로 표현하라

다음의 말은 프랑스의 박물학자 뷔퐁(Georges Louis Leclerc de Buffon)이 프랑스 학술원 입회 수락 연설에서 했던 유명한 연설 중의 일부이다. 뷔퐁은 이 연설에서 "사람이 쓴 글(문체)은 그 사람을 그대로 표현하는 것"이라는 말을 통해 "글이 인간의 가장 완벽한 표현 도구"라는 것을 강조했다. 보기에 좋은 떡이 먹기에 좋다는 말이 있다. 글도 마찬가지이다. 글은 내용과 형식을 갖추어야 하고, 논리가 있어야 읽는 이가 글을 쉽게 이해할 수 있다. 내용과 형식, 논리와 짜임새는 모두가 약속한 틀이다. 이 틀을 벗어나면 글을 이해하는 데 어려움을 겪는다.

논리적 사고 또는 비판적 사고, 즉 논지는 어떤 이유 또는 근거, 즉 논거를 가지고 말하는 것을 말한다. 마찬가지로 다른 사람의 주장을 받아들이거나 거부할 때도 그럴 말한 충분한 이유, 논거가 있는지 신중하게 생각하는 것이 논리적인 사고이다. 우리가 이미 일정 정도의 정보를 가지고 있다고 전제하고, 그 다음에 그 정보를 어떻게 받아들이며 정보들 사이의 관계는 어떠하며 그 정보에 숨어 있는 것이 무엇인지 알아내는 것을 '논리'라고 말한다.

논리적인 사고는 지식보다는 기술에 속한다. 상대방의 말이나 글에서 논점을 정확히 파악할 수 있게 객관적인 시각으로 볼 수 있게 해주고, 논지와 논증이 제대로 이루어졌는지, 그 논거들이 받아들일 만한지, 논거들이 논지와 관련이 있는지, 충분히 지지하는지, 참신한지, 이성적으로 판단이 가능하게끔 도와주기 때문이다.

단락은 글 쓰는 이의 생각을 전달하는 내용과 형식을 갖춘 논리적인 최소 단위이다. 그래서 한 단락에서 말하고자 하는 것이 하나밖에 없는데 그 하나를 단락의 '중심 생각'이라고 한다. 이런 단락이 여러 개가 모여 글 한 편이 완성된다. 그러므로 여러 단락에 있는 여러 중심 생각을 모아 글 전체의 주제로 드러내는 것이다.

1) 단락의 구조

(1) 서론(도입 단락)

첫 인상이 중요하다. 심리학에서 말하는 초두현상이란, 먼저 제시된 정보가 그 후에 들어온 정보보다 전반적인 인상현상에 강렬한 영향력을 행사하는 것을 말한다. 세계적 여류작가 제인 오스틴(Jane Austen)의 소설 『오만과 편견』도 원제목이 '첫인상'이었다고 한다. 물론, 출판사에서 거절 당해 소설의 제목을 바꿀 수밖에 없었지만 말이다. 소설의 주요 등장인물인 엘리자베스는 매력적인 인물로 자존심이 아주 강하다. 그런 엘리자베스가 부유한 귀족 다아시를 만나게 되지만 그의 첫인상이 매우 오만하다고 느낀 나머지 두 사람의 관계는 철저히 어긋나게 된다. 물론 그 후 아주 오랜 시간이 흐른 후 오해를 풀고 연인이 된다. 이처럼, 첫인상은 끝인상과 중간인상보다 훨씬 중요하다.

특히 글은 사람과 직접 대면하는 것이 아니라 글을 통한 간접적인 만남이며, 더구나 상호 대등한 입장이 아니라 한쪽에서 다른 한쪽을 일방적으로 평가하는 만남인 것이다. 따라서 글의 서론을 깔끔하고 요령 있게 작성하는 것은 좋은 만남을 위한 첫걸음이다.

서론은 읽는 이의 흥미를 불러일으켜서 글을 읽어보려는 의욕을 증진시키며, 앞으로 전개할 내용을 어느 정도 짐작케 하여 이해를 돕는 데 그 의의가 있다. 좋은 서론 쓰기 사례를 살펴보자.

① 자신의 체험담이나 사례로 시작하는 경우
② 비유적인 말로 시작하는 경우
③ 인용으로 시작하는 경우
④ 용어를 풀이하거나 정의하며 시작하는 경우
⑤ 범위가 넓은 일반적 진술로 시작하는 경우
⑥ 의문을 제기하며 시작하는 경우

서론에서 다루어야 할 요소들은 어떤 것들이 있을까?

① 목표(논제)를 제기한다. 예 : "청소년 문제가 큰 사회 문제가 되고 있는 원인(what)은 무엇인가?" 또는 "사회적으로 청소년 문제가 왜(why) 중요한가?"
② 본론에서 다룰 문제를 제시한다. 예 : "그리고 그 대책은 어떤 방법(how to)이 있을 수 있을까?"
③ 본론에서 다룰 내용의 범위 설정한다. 예 : "중학생들만을 한정해서 다룰 것이다."

(2) 본론(주요 단락)

글의 내용을 본격적으로 다루어 펼치는 부분이다. 본론은 글자 그대로 글의 가운데 부분이므로 글의 내용을 남김없이 다루어야 한다. 본론은 서론에 제시된 문제점들을 짜임새 있게 논술하여 결론을 이끌어내는 일을 한다. 문제점 별로 주어진 자료를 분석하고 종합하여 조리 있게 논술함으로써 단락을 펼쳐 나가는 과정이다. 그래서 본론은 글에 있어서 중요한 부분이며 글의 핵심을 이룬다. 본론이 갖추어야 할 조건은 다음과 같다.

① 논리적 순서가 있어야 한다.
② 문단들의 관계가 유기적 통일성이 있어야 한다.
③ 단락의 길이가 균형을 유지해야 한다.

④ 읽기에 편한 글이어야 한다.

(3) 결론(결말 단락)

결론은 지금까지 논의한 내용을 마무리하는 공간이다. 결론에서는 서론에서 주어진 논제에 대한 글쓴이의 견해나 주장이 분명하게 드러나 있다. 그래서 서론과 결론을 보면 글의 흐름이 어떻게 되었는지 알 수 있다. 결론을 볼 때 서론에서 제기한 문제가 본론에서 해결되었는가 확인되기 때문이다. 따라서 서론과 결론만 보아도 책의 의도를 파악할 뿐만 아니라 자신이 관심이 가는 곳, 알고자 하는 곳에 집중해서 읽는 독서전략도 달라진다.

① 본론을 구성하는 단락들의 소주제문을 근거로 삼아 본론의 내용을 포괄적으로 요약한다.

② 본론을 평가한다. 본론의 내용이나 주장이 전체적으로 어떤 의의나 효과를 지니는가?

③ 문제 해결의 조건을 제언한다. 이는 '글쓴이의 견해나 주장이 실현되기 위해서는 누가 무엇을 어떻게 해야 하는가'라는 질문에 대해 답한다. 관련 당사자의 각성이나 노력을 촉구하거나 문제의 해결 조건을 제시하고 있다.

④ 문제 해결에 대해 전망한다. 이는 "이제까지 논의한 내용을 바탕으로 추측한다면 문제 상황이 앞으로 어떻게 전개될 것인가?"라는 물음에 대해 답하는 내용이다.

2) 단락의 형식

단락은 일반으로 중심문장과 뒷받침문장으로 이루어진다. 중심문장은 한 단락에서 다루어질 내용적 핵심을 나타내는 문장으로서 소주제문(topic sentence)이라고 부른다. 이런 소주제문은 대개 한 문장으로 되어 있다. 뒷받침문장(supporting sentence)은 이 소주제문을 여러 가지로 떠받들어 펼치는 문장들을 말한다. 중심문장 밖의 모든 문장들이 뒷받침문장이다. 이들은 여러 개가 한 묶음이 되어 소주제문을 떠받들어 펼친다. 소주제문을 되도록 자세히 풀이하거나 받쳐 주어야 하기 때문이다.

한 단락에서 문장을 어떻게 배열할 것인가를 따질 때 두괄식과 미괄식이라고도 하고, 연역법과 귀납법이라고도 하며, 구체화와 일반화로 설명하기도 한다.

① 연역법(두괄식, 구체화 : 소주제문+뒷받침 문장들)

소주제문(중심 생각)을 단락 맨 앞에 놓는다. 앞에서 주장하고 뒤에서 뒷받침한다. 일반적 진술을 앞에 놓고, 뒤로 갈수록 구체적으로 진술한다. 그래서 대개는 앞에서 한 이야기를 거듭 반복하는 것처럼 보인다. 논리적 글에서 90퍼센트 이상이 이 두괄식 방식을 좋아한다. 비슷한 내용을 반복하면 글에 논리가 없거나, 있어도 빈약해 보일 때가 있다.

사람은 누구나 가치를 사랑한다. 가치 곧 진선미를 향해서 우리 마음은 움직이게 마련이다. 아름다운 것, 착한 것 그리고 참된 것을 발견하였을 때에 우리의 마음은 본성적으로 끌리고 세차게 움직인다. 아름다운 꽃이나 그림을 보고 기뻐하지 않은 사람은 드물며, 착한 어린이의 순진한 행동을 보거나 남을 위해서 희생을 하는 이들을 대하고 흐뭇한 마음을 가지지 않는 이는 거의 없다. 누구나 모든 일에서 거짓보다는 참다운 것을 천성적으로 좋아하고, 특히 탐구심이 강한 이들은 진리를 향해서 자기도 모르게 마음이 움직이고 그것을 위해서 자기를 오롯이 바치는 일조차 있다.

위 글은 전체 내용을 요약한 소주제문이 맨 앞에 제시되어 있다. 그 뒤에는 소주제문이 나타낸 요지("가치의 사랑")를 구체적으로 서술하는 내용이 있다. 따라서 이 글은 두괄식의 구조를 보이는 것이다.

두괄식의 단락을 이루는 데 유의할 점은 뒷받침 문장 하나하나를 이어갈 때마다 앞의 소주제문을 염두에 두어야 한다는 것이다. 이 점을 소홀히 하면 빗나간 뒷받침이 되어 버리고 말기 때문이다. 아래의 보기에서는 모든 뒷받침 문장들이 첫머리의 소주제문을 구심점으로 하여 배열되어 있어서 착실한 짜임새를 보인다.

② 귀납법(미괄식, 일반화 : 뒷받침 문장들+소주제문)

소주제문(중심 생각)을 단락 맨 뒤에 놓는다. 읽는 이를 일정한 방향으로 구체적으로 설득하다가 끝에 가서 단호하게 주장하여 마무리하므로 강하게 느껴진다. 즉 단락 앞 쪽에서 구체적으로 근거를 대다가 뒤에 가서 일반적 진술로 끊어 주는 것이 훨씬 단호해 보인다.

이 미괄식의 경우도 따져보면 두괄식과 거의 마찬가지 요령으로 전개된다. 두괄식에서 소주제문을 뒤로 옮기고 약간의 조정을 하면 미괄식이 된다. 위 예문의 두괄식 단락을 미괄식으로 고쳐 보면 그 요령을 알 수 있다.

가치, 곧 진선미를 향해서 우리 마음은 움직이게 마련이다. 아름다운 것, 착한 것 그리고 참된 것을 발견하였을 때에 우리의 마음은 본성적으로 끌리고 세차게 움직인다. 아름다운 꽃이나 그림을 보고 기뻐하지 않은 사람은 드물며, 착한 어린이의 순진한 행동을 보거나 남을 위해서 희생을 하는 이들을 대하고 흐뭇한 마음을 가지지 않는 이는 거의 없다. 누구나 모든 일에서 거짓보다는 참다운 것을 천성적으로 좋아하고, 특히 탐구심이 강한 이들은 진리를 향해서 자기도 모르게 마음이 움직이고 그것을 위해서 자기를 오롯이 바치는 일조차 있다. 이처럼 우리는 아름다움, 선함 그리고 참다움, 곧 가치를 본성적으로 사랑한다.

위 글에서 보는 바와 같이 두괄식인 예문에서 다른 뒷받침 문장들은 거의 그대로 두고 다만 소주제문을 뒤로 이동하면서 그 앞에 적절한 접속어(한마디로, 이처럼, 따라서 등)를 써서 접합시키면 자연스런 미괄식 단락이 되는 것이다.

③ 양괄식 단락(소주제문 + 뒷받침 문장들 + 소주제문)

양괄식의 단락은 소주제문을 첫머리에 내걸고 그것을 뒷받침한 다음에 마지막에 가서 소주제문을 다시 한 번 되풀이하는 짜임새이다. 이 단락은 실제로 두괄식의 짜임새와 같은 것인데, 끝에 가서 소주제문의 내용이 한 번 더 되풀이 된다는 점이 다를 뿐이다. 앞의 예문을 양괄식으로 만들어 보면 다음과 같이 될 것이다. 기운 글씨로 쓰인 부분이 뒤쪽에 첨가된 소주제문이다.

사람은 누구나 가치를 사랑한다. 가치, 곧 진선미를 향해서 우리 마음은 움직이기 마련이다. 아름다운 것, 착한 것 그리고 참된 것을 발견하였을 때에 우리의 마음은 본성적으로 끌리고 세차게 움직인다. 아름다운 꽃이나 그림을 보고 기뻐하지 않은 사람은 드물며, 착한 어린이의 순진한 행동을 보거나 남을 위해서 희생을 하는 이들을 대하고 흐뭇한 마음을 가지지 않는 이는 거의 없다. 누구나 모든 일에서 거짓보다는 참다운 것을 천성적으로 좋아하고, 특히 탐구심이 강한 이들은 진리를 향해서 자기도 모르게 마음이 움직이고 그것을 위해서 자기를 오롯이 바치는 일조차 있다. 이처럼 사람은 진선미의 가치를 발견하였을 때 그것을 본성적으로 사랑하는 마음을 가지게 된다.

양괄식을 이루는 데에 주의할 점은 마지막의 소주제문이 첫머리의 소주제문과 내용적으로는 일치하되 그 표현 형식을 달리 한다는 점이다. 만일 앞뒤 소주제문이 내용적으로 다르게 되면 주제 파악에 혼선을 가져올 것이므로 특별히 유의해야 한다. 그렇다고 해서 형식까지 똑같은 문장이어서는 꼴이 사나울 것이다.

3) 중심 생각 뒷받침하기

① 한 단락에 중심 생각(문장)을 하나만 담을 때, 나머지 문장을 뒷받침 문장이라고 한다. 두괄식 구성이라면 첫 문장을 빼고, 나머지 문장이 모두 뒷받침 문장이다. 뒷받침이란 중심 문장을 좀더 '상세화(구체화)'하는 것이기 때문에 뒷받침하는 문장이 중심 문장보다 훨씬 더 구체적이어야 한다.

② 뒷받침(상세화)하는 방법으로는 예시, 인용, 비교, 대조, 분석, 분류, 구분, 개념 설명, 가정, 열거, 강조, 단정, 비유, 첨가, 부연, 삽입, 유추, 묘사, 증명, 정의, 논증, 서사 등이 있다. 논술문에서는 결과(결론)를 뒷받침하려고 근거를 대므로 이유를 대며 보충하는 방식이 많이 쓰인다. 물론 중심 생각을 확실히 뒷받침하려면 위에 있는 여러 가지 방법을 고루 섞어

야 한다. 글쓰기 연습을 할 때는 마음속으로 '왜냐하면, 가령, 다시 말해, 즉, 예를 들어, 만약에, 말하자면'과 같은 전환구를 생각하며 뒷받침하는 것이 좋다. 이 전환구가 중심 생각을 한 단락으로 확장할 때 가장 손쉽게 붙일 수 있는 것들이다. 즉, 중심 생각의 뜻을 풀이하거나 의문을 풀어 주며 합리화하거나 예를 드는 방식을 이용하는 것이다.

③ '문장이 거칠다, 논리 비약이 심하다, 집중력이 떨어진다, 단락의 구성 원리를 모른다'와 같이 지적받는 것은 단락 쓰기 훈련이 제대로 안 되어 있다는 뜻이다. 예를 들어 어린이들이 '㉠ 원숭이 엉덩이는 빨개 → ㉡ 빨가면 사과 → ㉢ 사과는 맛있어 → ㉣ 맛있으면 바나나' 식으로 앞뒤 내용을 연결해 노래할 때, 중간에 있는 문장 하나를 빼고 ㉠에서 ㉢이나 ㉣로 가거나, ㉡에서 ㉣로 가면 제대로 연결되지 않는다. 즉, 양쪽을 연결해 주는 중간 문장이 없어 독자가 '원숭이 엉덩이가 빨간 것(㉠)'과 '사과가 맛있는 것(㉢)'을 연결하기가 쉽지 않다. 이러한 것이 논리 비약이 심한 글쓰기이다.

Part 2
요점을 간추려라

　같은 책을 읽고 나서 요약을 해보라고 하면 사람마다 그 결과가 다르게 나타난다. 미숙한 독자들은 매우 소소한 사건에 집착하고 줄거리만 요약하거나 부분 요약에 그친다. 그러나 능숙한 독자나 필자들은 글의 내용 중 핵심 부분을 잘 추려내고 다양한 방법으로 흐름을 정리해 낸다. 요약은 저자 입장에서 저자가 말하고자 하는 것을 찾는 작업이다.

　국내의 유수한 대학 입학 전형부터 논술과 심층 면접을 강화하고 있다. 수십만 명 중에서 수천 명을 추려내려는 대학들의 다양한 전형 방식이 논술이다. 시험 방식은 구체적으로 요약과 논술로 나눠진다. 요약하라는 문제는 주어진 글을 제대로 이해하고 있는가를 편마한다. 요약을 잘했다는 말은 제시문이 말하고자 하는 바, 저자의 의도를 제대로 파악했다는 말이자 글의 논제 방향 논점을 잘 이해했다는 뜻이다. 요약한 글에 다시 살을 갖다 붙이고 충분한 근거를 논리적으로 확장시키면 논술 글이 되기 때문에 요약기술이 중요하다.

따라서 요약하는 행위를 인코딩 작업, 읽는 행위를 디코딩 작업으로 비유할 수 있다. 우리가 어떤 텍스트 파일을 압축할 때 압축프로그램을 사용한다. 텍스트 파일을 압축 파일로 바꾸는 작업이 인코딩이다. 그리고 압축 파일을 다시 텍스트 파일로 바꾸는 작업이 디코딩이다. 이렇게 하는 목적은 간단히 말해 파일 크기를 줄이기 위해서 사용하고자 함이다. 동영상의 경우 코덱이란 말을 들어 보았을 것이다. 코덱이란 인코딩, 디코딩을 합친 말이다. 압축하지 않은 동영상 파일의 경우, 영화 한 편에 30G 이상 파일 크기가 소요되지만 이것을 압축하면 700M 정도가 된다. 하지만 다시 영화를 볼 때는 동일한 코덱이 있어야 압축한 영화 파일을 풀어서 영화를 볼 수 있다.

저술 작업은 하나의 주제를 푸는 작업이라 할 수 있다. 주제가 하나의 문장을 이루고, 여러 문장이 모여 한 단락을 이룬다. 여러 단락들이 모여서 하나의 절을 이루고, 여러 절이 모여 하나의 장을 이룬다. 그리고 여러 장이 모여서 한 권의 책이 만들어지는 것이 저술 작업이라 할 수 있다.

반면에 요약 작업은 독자가 하나의 주제를 압축해 가는 과정이라 할 수 있다. 요약은 글을 쓰는 사람의 반대 작업이라 할 수 있다. 즉 전체에서 부분으로 갔다가 다시 전체로 확장하는 방법이다. 한 권의 책은 여러 장으로 구성되어 있고, 각 장은 여러 절로 구성되어 있다. 각 절은 여러 단락으로 구성되어 있고, 각 단락은 여러 문장으로 이루어져 있다. 따라서 글을 요약하는 작업은 각 단락을 요약하면 절 제목이 되고, 각 절을 요약하면 장 제목이 되고, 여러 장 제목을 요약하면 책 제목이 된다. 이를 표로 만들면 다음과 같다.

저술 작업 : 푸는 작업

주제 → 단문 → 단락 → 절 → 장 → 책

요약 작업 : 묶는 작업

책 → 장 → 절 → 단락 → 단문 → 주제

1) 한 줄로 요약하라

'$E=mc^2$'

이 공식이 중요하다는 것은 모두가 알고 있다. 아인슈타인이 1905년 특수상대성이론을 담은 논문을 완성하게 되기까지 그의 수많은 연구와 논문을 압축한 것이 '$E=mc^2$'이라는 공식으로 나타난다. 짧은 공식이지만 이 안에는 E(에너지)와 m(질량) 그리고 c(속도)의 개념과 상관관계가 모두 포함되어 있다.

내가 읽은 책이 어떤 책인지 한 문장 정도로 기술할 수 없다면 그 사람은 책을 읽은 것이 아니다. 한 문장으로 정의할 수 있는 책만이 소화된 책, 읽혀진 책이라 할 수 있다. 조슈아 울프 셴크(Joshua Wolf Shenk)가 쓴 『링컨의 우울증(*Lincoln's Melancholy*)』이라는 책을 예로 들어보자. 우리가 생각하는 링컨은 위대하다. 미국은 몰라도 링컨은 알 정도이다. 미국 역사에 한 획을 그었던 그, 그는 어떻게 그런 위대한 역사를 이뤄냈을까? 이 책을 읽고 한 줄로 요약한다면 "링컨의 위대함은 그의 우울증에서 비롯되었다."라고 할 수 있다. 이렇게 요약된 한 줄은 그 책의 모든 내용을 담고 있는 그릇이 되어 오랫동안 기억이 된다.

저술이 먼저 주제를 분명하게 잡고 논거를 대는 과정을 거쳐 설득력을 발휘하는 과정이라면 요약은 장황한 글을 줄여 논거를 찾고 그 논거에서 주제를 뽑아 한 줄 또는 한 문단으로 정리하는 과정이다. 단순하게 말하자면 요약이란 한 줄의 제목을 뽑는 과정이다. 신문 편집자가 마감시간을 코앞에 두고 기사의 헤드라인을 뽑는 과정과 유사하다.

2) 한 페이지로 요약하라

"한 장의 그림은 일만어(一萬語)의 가치가 있다."는 중국 속담이 있다. 그림 한 장이 한 해의 상징을 나타내 주는 경우도 많다. 왜 한 페이지여야 하는가? 한 페이지 요약은 하나의 틀이며 주제 파악을 위한 단계적 절차이다. 그것은 책의 주제 파악, 저자의 의도, 저자의 설명과정 등 필요한 모든 것을 포함하기 때문에 풀어 쓰면 몇 백 쪽 분량으로 늘어날 수도 있다. 또한 한 페이지 요약은 일련의 공정이다. 이 공정은 주제를 폭넓게 파악하는 것뿐만 아니라 효율적인 언어 구사 기술, 직관, 원칙 그리고 문제를 간결화함으로써 얻는 명확성과 그에 따르는 신뢰

성까지 포함한다. 성공적인 한 페이지 요약을 하려면 복잡한 생각을 몇 마디 단어로 표현하는 연습을 해야 한다.

패트릭 G. 라일리(Patrick G. Riley)의 『The One Page Proposal』는 을유문화사에서 "강력하고 간결한 한 장의 기획서"라는 부제로 출판되었다. 왜 한 장짜리 기획서인가? 저자는 한 페이지 요약은 한 장의 사진처럼 생각하라. 하나의 틀에 완벽한 이미지를 함축해 놓은 사진 말이다. 사진을 찍을 때 당신의 어린 두 아이들이 틀 밖에 서 있다는 이유로 그들을 따로 찍겠는가? 물론 아닐 것이다. 마찬가지로 당신이 상대방을 설득할 결정적인 요소 몇 가지를 두 번째 쪽에 담는 것은 좋은 생각이 아니다. 그것은 기획서의 가치를 떨어뜨리고 분산시켜 마침내는 아이디어마저 퇴색시킨다.

저자 라일리는 이 순서가 사고와 논증의 논리적이고 유기적인 진행에 따라 이루어졌다고 한다. 'the one page proposal'을 받아본 사람이 그 자리에서 yes/no 여부를 분명히 밝혀 주는 기획서가 최고의 기획서가 된다. 그러면 어떻게 해야 3~4분 내에 단순 명쾌하게 읽을 수 있는 'the one page proposal'을 만들 수 있을까?

제목과 부제는 기획서 전체를 규명하고 한계를 명확히 하는 것이 중요하다. 그리고 목표와 2차 목표는 기획서의 궁극적인 목적을 규정한다. 논리적 근거는 제안된 실행이 필요한 기본적인 이유를 설명한다. 그러기 위해서는 흥미롭지만 불필요한 사실들을 잘라내야 한다. 기획서 중심 내용을 이해시키고 설득하는 데 절대적으로 필요한 문장이 아니라면 과감하게 지워라. 과다한 정보는 잘라내라. 중요한 것을 반복해서 강조하지 마라. 중첩된 정보는 자칫하면 혼란을 가져다 주기 때문이다. 뻔한 사항은 잘라내라. 고지식한 내용은 삭제하라. 매우 독특하고 특별한 것만을 포함시켜라.

'the one page proposal'에 적용되는 문체는 단순성, 직접성, 명확성이다. 재능 있는 작가들이 종종 솜씨를 자랑하는 감정적 표현과 미묘한 여운의 문체는 삼가하라. 즉 미사여구를 부리지 말아야 한다. 왜냐하면 제안하고자 하는 바에 대해 오해의 여지가 없게끔 하는 것이 중요하기 때문이다. 저자 라일리는 당신은 당신의 사업을 도와줄 잠재적 투자자로 톨스토이가 아니라 빌 게이츠를 찾고 있다는 것을 결론적으로 일깨워 주고 있다. 과도함을 피하고 단순함을 유지하라.

숲 전체를 조망할 줄 알아야 솎아내야 할 나무가 보인다. 요약은 솎아내야 할 나무를 선택하여 제거하는 작업이다. 그렇게 하려면 글 전체 흐름을 알아야 어떤 부분을 빼고 어떤 부분을 남길 것인지 판단할 수가 있다. 요약은 독해의 통합적 과정으로서 다른 사람의 글을 정확하게 파악하고 분석하여 한 편의 글로 압축하는 것을 말한다. 요약하기 과정은 글의 중요한 부분과 덜 중요한 부분을 가려내는 것이다. 또한 주장의 내용과 그것을 뒷받침하는 논거를 찾아내는 과정이다. 따라서 요약하기의 훈련을 거듭하다보면 글의 요점을 정확하게 파악할 수 있는 능력이 배양된다.

3) 요약에도 순서가 있다

논설문 글에서 요약하는 순서에 대해서 알아보자.

① 요지 파악(결론 찾기)

대부분 맨 뒤쪽에 있는 단락이 결론 단락이다. 반면 신문 보도기사의 경우 역삼각 구조로 이루어지는 맨 앞 리드가 요지가 된다.

② 논거 파악(주장의 근거 찾기)

필자가 내세우는 결론의 논리적 구성을 파악하는 것이다. 필자의 주장을 뒷받침하는 근거의 뼈대를 찾는 과정이다. 그 중심 문장과 핵심어를 찾아 밑줄을 그으면서 눈여겨 봐둔다.

③ 요약문 작성 돌입

먼저 요약문의 길이를 헤아려라. 가령 요약문을 서론·본론·결론 형태로 A4용지 한 페이지 분량으로 정리하라고 지시한다면 전체 내용을 5문단 정도로 정리하면 된다. 즉 '지금 특정의 문제가 드러나고 있는데(문제 제기) 이러저러하기 때문에(논거 제시) 결국 이렇게 하자고 하는구나(결론 취합)'로 요약하면 된다.

4) 장르별 요약하기

(1) 소설 요약하기

이야기의 발단 · 전개 · 절정 · 결말의 구조로 요약하는 것이 바람직하다.

① 우선 크게 처음 부분과 마지막 부분을 먼저 쓴다.

② 처음 부분에는 등장인물과 배경을 설명하고 마지막은 이야기의 결말을 쓴다. 처음과 끝을 먼저 쓰고 나면 가운데 부분에 중요한

내용만을 간추리기가 수월하기 때문이다.

③ 처음과 끝 부분 사이에 전개와 절정 부분을 쓴 후 이야기의 균형이 잡혀 있는지를 생각한다. 혹시 주요한 부분을 빠뜨린 것은 아닌지, 너무 건너뛴 것은 아닌지 책을 읽지 않은 사람의 입장에서 생각해 보아야 한다.

(2) 과학이나 경제서적 요약하기

정보를 주로 담고 있는 책이라면 새롭게 알게 된 지식, 확장된 지식을 중심으로 요약할 수 있다. K. W. L 독서법이 유용하다. 'K-What I Know(내가 이미 알고 있는 지식), W-Want to learn(알고 싶은 것. 궁금한 지식), L-Learned(배운 것. 깨달은 지식)' 등 세 부분으로 나누어 표시를 한다. 표시를 한 후 각 부분으로 요약하는 글을 쓴다. 이때에는 알게 된 사실(정보)과 그 사실을 접할 때 들었던 궁금증, 그리고 전에 알고 있었던 지식과 새로 알게 된 지식을 비교하는 방법으로 쓰는 것이 좋다.

(3) 인물에 관한 책 요약하기

인물전을 읽고 요약을 할 때에는 인물의 일대기를 중심으로 요약을 하는 것이 바람직하다. 일대기로 요약할 때 역시 장황하게 하기보다는 한 문단, 즉 다섯 문장 내외로 요약을 하는 것이 좋다. 이후 다음 문단부터 인물에게 중요했던 일화나 사건을 정리하면 핵심에 근접하는 요약을 할 수 있다. 인물을 요약하는 또 다른 방법이 다른 인물과의 비교이다. 주인공 이외에 책에 나오는 인물이나 그와 비슷한 시기,

비슷한 분야에서 활동한 인물을 선정한 후에 공통점과 차이점을 중심으로 정리를 해나가면 인물의 특성을 명확히 드러낼 수 있다.

(4) 신문사설 요약하기

① 먼저 글 전체의 흐름을 파악한다. 글 전체의 흐름을 알아야 어떤 부분을 빼고, 어떤 부분을 남길 것인지 판단할 수 있다. 따라서 요약에 들어가기 전에 주어진 글이 무엇을 말하고 있으며 논거를 펼치는 방식은 어떠한지 대략적으로 살펴보아야 한다.

② 결론이 되는 단락을 찾는다. 각 단락의 연결 관계를 파악하며 읽고, 결론이 되는 단락을 찾는다. 보통 맨 뒤의 단락이 결론이 되는 경우가 많다.

③ 결론이 되는 단락에서 주제를 파악한다. 결론이 되는 단락을 찾았다면, 그 단락의 중심 문장을 찾는다. 물론 주제가 결론이 되는 단락에 들어 있지 않고 글 전체에 숨어서 흐르는 경우도 있다. 사설에서 결론이 되는 단락의 중심 문장이 일반적으로 주제를 포함하고 있다. 사설에서 주제는 글쓴이가 주장하는 중심 내용이다.

④ 주제(주장하는 바)를 파악했다면 그에 대한 논거를 찾는다. 무엇을 주장하는지를 파악했다면 그 주장을 뒷받침하기 위해서 어떤 근거를 대고 있는지를 다른 단락에서 찾아 그 단락의 중심 문장을 찾아 밑줄을 긋는다. 그리고 그 중심 문장에서 핵심어를 찾는다. 신문 사설에서는 일반적으로 각 단락의 맨 앞이나 뒤에 중심 문장이 있는 경우가 많다.

⑤ 중심 문장과 핵심어를 통한 전체 줄거리 파악하라. 글 처음부터 끝까지 밑줄을 그었던 중심 문장과 핵심어 등을 연결해서 읽어보면 글 전체의 흐름이 보인다. 글 전체를 보면 각 단락을 어떻게 줄여야 할지 보인다.

주장하는 글에는 세 가지 요소가 들어 있다.

. 문제 제기 : 이런 문제점에 대해서
. 논거 제시 : 이러저러한 이유 때문에
. 주장 : 이렇게 해야 한다.

이 요소를 찾아내는 것이 요약의 핵심이다.

Part 3
내용에 대해서 평가하라

    책을 읽고 그 내용을 바탕으로 글 쓰는 행위를 독후감(혹은 감상문)이나 서평이라 한다. 독후감과 서평은 어떤 차이점이 있는가? '독후감'은 느낌이나 생각을 적은 글이다. '서평'은 말 그대로 책의 좋고 나쁨, 옳고 그름을 평가하는 일이다.

    서평(書評)을 어원적으로 보면 '쓸 서'와 '끓을 평'을 써서, 책의 내용에 대한 평의 의미를 나타낸다. '쓸 서'는 '글씨를 쓰다, 기록하다, 문자, 글자, 서법' 등을 나타내며 '끓을 평'은 '잘잘못을 살피어 정하다, 됨됨이를 평하다' 등을 나타낸다. 적어도 사전(辭典)적 의미에 따른다면 서평이란 '책 내용의 옳고 그름, 좋고 나쁨, 잘되고 못됨 등을 들어 평가하는 글'이다. 책을 읽은 사람의 느낌을 표현하는 것이 독후감이라고 한다면, 책, 신문의 기사, 사설 등을 읽고 잘잘못을 평가하는 것을 서평이라 할 수 있다.

'읽기 능력'이란 글을 단순히 읽고 이해하는 것을 넘어 전달하는 내용을 분석하고 비판하면서 글의 전체적인 의미를 파악하는 능력이라 할 수 있다. 책을 좋아하고 잘 읽는 사람이 당연히 읽기 능력이 좋을 것이라고 생각하기 쉽다. 하지만 똑같은 책을 읽어도 읽기 능력에 따라서 얻는 정보와 통찰의 차이는 땅과 하늘만큼이나 다르다.

책을 평하는 일은 더 어렵다. 책의 좋고 나쁨에 대해 쓰려면 책을 잘 알아야 하고 '보는 눈'이 있어야 한다. 지식과 안목 없이 평가하는 일은 가당치도 않고 위험하다. 따라서 서평 역시 매우 까다로운 작업이다.

1) 서평은 소통이다

모티머 애들러(Mortimer Jerome Adler)는 "독자가 미숙하거나 무례하다면 대화는 결코 제대로 진행되지 않는다. 유감스럽게도 저자는 자기의 처지를 변호할 수 없다."라고 말한 바 있다. 정확한 이해가 없이 비판을 한다는 것은 저자에 대한 무례이고, 무조건적인 찬양은 저자에 대한 아첨이다.

서평이란 일종의 관계, 즉 최소한 두 사람 사이에서 성립하는 관계다. 서평은 기본적으로 커뮤니케이션, 즉 의사소통 행위이며 발신자가 수신자에게 정보를 전달하고 나아가 자신의 주장이나 관점을 납득시키려는 시도이기도 하다. 임정섭은 『글쓰기 훈련소』에서 글쓰기를 통해서 저자와 대화의 틀을 이렇게 정의한다.

① 배경(information) : 서지 정보(저자, 출판사, 연도), 책에 대한 배경 정보(저자가 책을 지은 까닭, 책이 나오게 된 배경, 비슷한 유형의 다른 책 등), 저자에 대한 정보(지은이의 다른 책).

② 내용(outline) : 책의 줄거리(동화, 이야기책 , 소설책) 혹은 핵심내용.

③ 소감(thought) : 책을 읽고 난 뒤의 느낌, 생각, 의견, 평가.

요컨대 독후감이나 서평은 대화이자 상호 이해이며 그래서 가장 인간적인 행위이다. 그렇다면 저자와 맥락이 있는 대화를 하려면 어떻게 해야 할까? 독서를 통해 요점을 파악하는 능력을 길러야 질 높은 대화를 할 수 있다. 대화는 상대가 하는 말의 요점을 파악하고 그 요점을 자신의 각도에서 말해 줄 수 있을 때 가능해진다. 일반적으로 말 속에는 줄기와 잔가지가 있다. 상대가 하는 말의 줄기를 확실히 파악하고 그 줄기를 토대로 가지를 쳐가듯이 이야기를 하는 것이 대화의 요령이다. 그 줄기를 파악하는 힘은 독서를 통해 요약 능력을 훈련하면 크게 향상된다.

자신의 말이 허공으로 사라지지 않고 상대에게 전달되었을 뿐만 아니라 다른 식으로 표현되고 있음을 느낄 때 대화의 기쁨을 만끽할 수 있다. 이를 구체적으로 확인시켜 주는 것은 상대의 말 속에 자신이 한 말의 키워드가 들어 있는가의 여부다. 자신의 말 중 특히 중요하다고 생각하는 단어, 키워드를 상대가 사용해 주면 그것만으로도 대화에 불이 붙는다.

2) 서평은 재창조이다

서평은 저자의 글이 아니라 서평자 자신의 글이다. 서평 중에는 책 내용만을 잘 간추리고 끝나는 경우가 많은데, 그것은 요약이지 서평이 아니다. 요약은 엄밀히 말해서 서평자 자신의 글이 아니다. 서평에는 서평자 자신의 판단이 들어가야 한다. 서평이 분명히 남의 책을 다루는 글이기는 하지만, 서평자 자신의 판단과 주장이 들어갈 때에만 비로소 자신의 글이 된다. 서평은 책의 주제, 논점, 내용, 구성 방법을 파악하고 그에 대한 서평자 자신의 판단을 내리는 행위다. 서평은 저자의 글이 아니라 저자의 책에 대한 서평자 자신의 글이다.

서평이 서평자 자신의 글이라면 그 속에 서평자 자신의 판단과 주장이 들어 있다는 말이다. 서평자는 자신의 생각을 입증할 필요가 있다. 다짜고짜 '저자의 생각은 틀리다'라는 판단을 내리는 경우가 있는데, 서평자로서는 자신의 판단이 왜 타당한지 밝힐 필요가 있다. 그렇지 않을 경우, 그 주장은 일방적인 선언이나 억지일 뿐이기 때문이다.

3) 네 가지를 파악하라

책에 대한 흠집을 찾고 비판을 늘어놓아야 좋은 서평이라는 오해에 빠져 있는 사람들이 있다. 자신이 좀더 비판적이어야 지적으로 보일 것이라고 착각하는 것이다. 세상에 완벽한 책은 없으니 책에 너무 빠질 필요가 없다는 것이다. 그런가 하면 책에 대해 배울 점과 교훈만을 찾거나 찬양 일변도로 나가는 경우도 많다. 그래도 나보다 잘난 사람이 쓴 것이니 비판은 무슨 비판이냐며 미리부터 꼬리를 내린다. 이러한 비판 일변도와 찬양 일변도는 둘 다 성실한 태도가 아니다.

책을 평가하려면 지식과 안목, 경험이 있어야 한다. 무엇보다 '재료'인 책 정보가 좋아야 한다. 그렇지 않다면 제대로 된 서평은 나오기 어렵다. 책이란 재료와 서평자의 솜씨가 떨어지면 좋은 서평을 기대하기 어렵다. 당연한 말이지만, 읽은 책의 핵심을 분명히 파악하는 것이 선결 과제다. 진지한 대화가 가능하려면 나의 편견을 제거하고 상대방의 말을 잘 들을 필요가 있듯이, 성실한 서평을 위해서는 먼저 저자의 주장에 대해 세심하게 주의를 기울일 필요가 있다.

서평의 기본요소는 다음과 같다.

① 논지 파악 : 이 작품이 말하려는 것이 한마디로 무엇인가?
② 논증 파악 : 그것을 어떻게 증명했는가?
③ 전개 파악 : 그 과정이 올바른가?
④ 공헌 파악 : 그 결과 이 분야에 무엇을 어떻게 얼마나 공헌하였는가?

책을 읽는다는 것은 일종의 저자와의 대화이다. 아니, 독서는 저자가 일방적으로 말하기 때문에 독자에게는 말 한마디 참견할 여지가 없으므로 대화라고 말할 수도 없다. 그러나 그것은 독자의 의무를 잘 모르고 있기 때문이다. 그래서 모처럼 주어진 기회를 효과적으로 활용하고 있다고 할 수 없다.

저자의 말 걸음에 대해서 최후의 판단을 내리는 것은 실은 독자인 것이다. 저자는 말할 만큼 말해 버렸으므로 이번에는 독자의 차례다. 책과 대화하는 독자는 상대편이 끝나기를 기다려 발언하는 셈이므로, 겉으로 봐서는 대화가 정연하게 진행되고 있다고 생각할 수 있지만 독자가 미숙하거나 무례하다면 대화는 결코 제대로 진행되지 않는다(모티머 애들러). 유감스럽게도 저자는 자기의 처지를 변호할 수 없다. "반론은 최후까지 이야기를 듣고 나서 하기 바란다."라고 허용되지 않는다. 독자가 오해를 하건 빗나간 방법으로 읽건 저자는 항의할 수도 없다.

눈앞의 상대편과 논의할 때에도 서로가 예의를 차려야만 잘 되어 간다. 이른바 세속적인 예의만을 두고 말하는 것이 아니다. 정말로 중요한 것은 대화에도 지켜야 할 지적 에티켓이 있다는 것이다. 그것이 없다면 대화는 예사로 말을 주고받는 일에 지나지 않게 되며 유익한 커뮤니케이션은 기대할 수 없다.

지식을 전달하는 책의 경우, 저자의 목적은 무엇인가를 가르치는 데 있다. 독자가 납득하고 혹은 설득당해야만 비로소 저자의 노력이 성공을 거두었다고 할 수 있다. 하지만, 독자가 납득하지 않더라도 저자의 의도나 노력은 존중되어야만 하는 것이다. 독자는 잘 생각해서 판단을 내린다는 경험이 생겼기 때문이다. 찬성할 수 없는 경우는 반대의 근거를 드는 것이 독자로서 지녀야 하는 최저의 의무이다. 판단을 보류하는 경우에도 이것은 마찬가지이다.

좋은 책은 적극적 독서를 할 만하다. 그러나 내용을 이해한 것만으로는 적극적 독서로서 충분하다고 할 수 없다. 비평의 의무를 다함으로써, 즉 판단을 내림으로써 비로소 적극적 독서는 완료된다.

Part 4
다양한 **삶**의 **방식**으로 **표현**하라

"만약 이 책 속의 사람이 나와 같은 시대에 살고 있는 사람이라면 나는 천리를 불문하고 반드시 찾아갈 것이다. 하지만 나는 지금 아무런 수고도 없이 앉아서 그와 만날 수 있으니, 책 사는 일에 돈이 많이 든다한들 그 사람을 만나기 위해 먼 여행을 떠나는 것보다야 훨씬 낫지 않겠는가?"(혜강 최한기)

공자의 삼락(三樂)으로 배우고 익히는 일, 벗이 있어 먼 곳으로부터 찾아오는 일, 남이 자신을 알아 주지 아니해도 노엽게 생각지 않는 일을 꼽는다. 맹자는 부모 형제가 무고한 일, 하늘을 우러러 부끄러운 것이 없고 아래를 굽어보아 사람에게 부끄러울 것이 없는 것, 천하의 인재를 얻어서 가르치는 것을 삼락(三樂)으로 든다. 이는 배우는 사람 입장에서 보면 스승을 만나는 일이야말로 가장 큰 기쁨이 아닌가 생각한다. 왜 스승을 만나는 것이 즐거움인가?

플라톤이 20세에 스승을 만났을 때 그동안 심취해 오던 문학 습작 노트를 내다버리고 소크라테스를 따라다니기 시작했다. 스승이 사형 선고를 받을 때까지 8년간을 스승과 함께 있었다. 스승이 죽고 나자 플라톤은 정치에 대한 뜻을 버리고 남은 여생을 연구와 저술에 전념했다. 그가 남긴 28권의 책들은 거의 대화 형태로써 스승 소크라테스를 주인공으로 내세웠다. 아무리 뛰어난 인물이라도 기록이 없으면 역사가 될 수 없다. 플라톤이 없었다면 소크라테스는 역사 속에서 사라지고 말았을 것이다. 플라톤의 인생을 바꾸어 버린 사건은 바로 소크라테스와의 만남이었다. 플라톤이 정치와 심취했던 문학의 열정을 모두 버리고 철학으로 발을 내밀게 된 원인이 바로 스승과의 만남, 스승이 그 안에 있었기 때문이다.

스승을 내 안에 둔다는 것은 어떤 의미가 있는 것인가? 내가 사라지는 것이다. 나의 삶의 방식, 나의 사고방식, 세상을 바라보는 방식을 버리는 것이다. 나의 삶의 방식은 스승의 삶의 방식으로 바뀌고, 나의 사고방식도 스승의 사고방식으로 바뀌는 것이다. 더 나아가서 세상을 바라보는 방식도 스승의 세계관으로 바꾸는 것이다. 그래서 스승을 내 안에 두는 삶은 내 안에 혁명이 일어나는 것이다.

플라톤이 소크라테스를 닮고 싶어 했던 것처럼 공자의 제자들은 스승처럼 되고 싶어 했다. 예수의 제자들은 모두 예수처럼 행동했고 예수처럼 죽었다. 왜냐하면 제자들 삶 가운데는 스승인 예수가 있었기 때문이다. 사도 바울은 신약성경 27권 중에서 13권을 쓴 인물이다. 그는 예수를 역사적으로 만난 경험은 없다. 그러나 그가 체험적으로

헬렌 켈러와 그의 스승 설리번
헬렌 켈러는 설리번을 만나고 나서 그의 인생
이 바뀌었다.

예수를 만나고 나서 그의 삶은 완전히 바뀌었다. 예수를 믿는 사람들
을 핍박하고, 탄압하는 삶이 오히려 예수가 누구인지를 세상에 알리
는 삶으로 바뀐다. 그가 쓴 13권의 책은 오직 예수의 죽음과 부활에 관
한 이야기이다. 그의 편지 서문에는 항상 자신을 예수 그리스도의 종
(servant)로 소개한다. 오히려 그를 위해서 핍박받고 심지어 그를 위해
서 죽는 것을 영광으로 여겼다.

　삼중고의 고통에 시달리던 헬렌 켈러(Helen Adams Keller)는 스승인
설리번(Johanna Mansfield Sullivan Macy)을 만나고 나서 그의 인생이 바
뀌었다. 그녀는 이렇게 말한다.

　"내 생애를 통해 잊을 수 없는 가장 중요한 날은 앤 맨스필드 설리
번 선생이 찾아와 주신 날이다. 나는 이 날을 경계로 양분된 삶의 큰
차이를 맛보았다."

　스승을 내 안에 둔다는 것은 엄청난 변화를 가져다 주기 때문에 인
생의 전환기를 맞게 한다. 예수의 제자들이 자신의 가족과 일터를 포

기하고 스승을 따라나선 것도 바로 이 때문이다. 모든 위대한 인물들은 모두가 그 안에 스승을 있게 했다. 그가 위대한 인물이 된 것이 아니라 그 안에 있는 스승이 그들을 위대한 삶으로 안내한 것이다.

공자의 제자들은 공자처럼 인(仁)을 말하고 공자처럼 행동한다. 스승 공자의 가르침과 행동패턴을 가진 사람들을 우리는 공자의 제자들이라고 부른다. 예수의 제자들은 예수처럼 사랑을 말하고 죽는 날까지 하나님을 사랑하고 이웃 사랑을 실천한다. 기독교는 그렇게 형성되었고 그러한 사람들을 우리는 예수의 제자들이라고 일컫는다. 만남은 닮고 싶은 사람의 인격과 비전을 함께 꿈꾸게 하고 동일하게 행동하게 한다.

책 읽기는 그 비전과 인격에 가까이 가도록 만들어 주는 사다리이다. 스마일즈(Samuel Smiles)는 "사귀는 벗을 보면 그 사람을 알 수 있듯이 읽는 책을 보면 그 사람의 품격을 알 수 있다."고 했다. 책이 그 사람을 만든다. 읽는 책은 그 사람의 사상이고, 인격이다. 책을 대할 때는 정직하고 인격적으로 대해야 한다. 왜냐하면 책은 정직하고 인격적이기 때문이다. 그래서 책과 읽는 이가 얼마나 진솔하고 정직하게 소통하느냐에 따라 나타나는 결과도 천양지차(天壤之差)이다. 책을 비인격적으로 대하는 사람은 책을 통해서 얻는 것이 별로 없다.

책을 읽는 이의 목적에 따라서 표현방식도 다양하게 나타난다. 가령, 한 나라에 대해서 고민하는 사람이 책을 읽으면 나라를 구하는 일로, 예술가가 책을 읽으면 위대한 음악과 미술로, 배우가 책을 읽으면 감동 있는 연기로, 자본가가 책을 읽으면 재화로, 사상가가 책을 읽으면 삶으로 표현된다. 읽는 행위는 동일하지만 어떻게 그것을 내면화 시키느냐에 따라서 표현방식이 서로 달라진다는 것이다.

1) 사람의 길로 표현하라 : 인재(人才)

이제현은 고려 충선왕 때 사람이다.[1] 당시 고려는 원나라의 간섭을 받고 있었는데, 그들은 자기네 말을 잘 듣지 않는다는 이유로 충선왕을 잡아갔다. 그러자 이제현도 따라나섰다. "소신도 전하를 따라 연경, 원나라의 수도, (지금의) 북경으로 가겠습니다." 이제현은 임금을 보호하고 도와주기 위해 자청해서 적국으로 들어갔다. 당시 원나라는 전 세계를 지배하고 있었기 때문에 연경은 세계 문명의 중심지 역할을 하고 있었다. 그리하여 고려에서도 많은 젊은이들이 유학을 가 있었다. 또한 억지로 끌려온 사람들도 많았지만, 스스로 일거리를 찾아서 모여든 고려인들도 많았다.

'인재를 길러야 한다. 인재를 기르지 않으면 원나라의 속박에서 벗어날 수 없다.' 이렇게 생각한 이제현은 자신이 가지고 있던 돈을 모두 내놓은 다음, 볼모로 붙잡혀 있는 충선왕을 설득하여 연경 땅에 '독서당'을 열었다. 그곳은 단순한 독서당이 아니었다. 책을 만 권쯤 저장해도 될 만큼 큰 집을 빌려서 도서관 겸 토론장으로 만든 것이다.

"당호를 '만권당'이라고 하는 것이 어떨는지요?" 독서당이 완성되자 이제현은 충선왕에게 집 이름을 '만권당'으로 할 것을 제안했다. "그게 좋겠소. '만권당'은 '책을 만 권이나 넣을 수 있는 서당'이라는 뜻이 아니오?"

만권당의 문을 열고 이제현은 원나라에 와 있는 모든 고려의 젊은 이들을 불러들여 공부할 수 있도록 해주었다. 서역에서 온 학자나 원나라의 이름난 학자들을 초청하여 토론회를 가지기도 하였다. "우리 고려가 자주 독립할 수 있는 길은 오직 여러분의 두 어깨에 달려 있다. 아무쪼록 이곳에서 학문을 연마하고 원나라를 깊이 연구하여 그 허실을 찾아내어야 할 것이다." 이제현은 젊은이들에게 이렇게 말하면서, 원나라에 아부하여 나라를 팔아먹으려는 일부 몰지각한 매국노들의 책동을 막는 데 온 힘을 다했다.

"유청신(柳淸臣)과 오잠(吳潛)의 무리가 자신들의 영달을 위해 원에 빌붙어 나라를 팔아먹으려고 하고 있지만, 여러분이 있는 한 고려는 호락호락 넘어가지 않을 것이다. 나는 믿는다. 여러분처럼 책을 좋아하고 책 속에서 길을 찾는 신선한 젊은이들이 많이 자라고 있는 한, 고려는 절대로 망하지 않을 것이다."

당시 유청신과 오잠 등은 원나라에 글을 올려 고려를 원의 다른 성(省)과 동등하게 해줄 것을 청하였다. 이것은 고려를 원의 한 지방 관청으로 격하시키려는 음모였다. 이에 이제현은 각 지방의 선비들과 조정의 관리들에게 글을 보내어 그 부당함을 지적하였다. 마침내 관리들이 나서서 유청신 등의 글을 원나라로 보내지 못하도록 중간에서 막았다. 이제현 등의 노력이 없었으면 고려는 더욱 오랫동안 원나라의 지배를 받았을 것이다.

그 후, 원나라로부터 간섭의 꼬리를 끊고 자주 독립을 선언한 공민왕 같은 임금이 나오게 된 것도, 다 이제현 같은 훌륭한 선비와 만권당을 중심으로 학문을 익힌 신진 학자들의 힘이 뒷받침되었기 때문에 가능했다고 보는 사람들이 많다.

세종도 같은 발상을 하였다. 세종은 '사가독서'라는 일종의 독서 휴가 제도를 실시하였다. 집현전에 소속된 재능 있는 신하들이 낮에는 조정 업무에 쫓기고, 밤에는 숙직 때문에 학문에 전념하지 못하는 것을 알고 이들에게 일정 기간 휴가를 주어 독서에만 몰두하게 한 것이 '사가독서'이다. 처음에는 각자 자기의 집에서 독서하게 하였으나 방문객들로 인하여 방해를 받자, 나중에는 아예 조용한 산 속으로 거처를 옮기어 독서하게 하였다. 1차로 이런 혜택을 누린 사람은 박팽년, 신숙주, 이개, 성삼문, 하위지, 이석형 등 여섯 명이었다.

사가독서는 훗날 '독서당'으로 발전했다. '독서당'은 국가의 중요한 인재를 길러내기 위하여 세운 전문 독서 연구 기구였는데 성종 때 만들어진 독서당은 연산군이 궁녀들의 놀이터로 만들어 버렸고, 그 다음에 만들어진 독서당은 지금도 남아 있다. 서울의 약수동 고개를 넘어 동호대로를 달리다 보면 두 개의 터널 중간 지점에 '독서당 가는 길'이란 도로표지판이 서 있다. 이처럼 독서는 사람으로 하여금 진정으로 해야 할 일이 무엇인가를 깨닫게 해주기도 하는 것이다.

2) 연기로 표현하라 : 배우

찰턴 헤스턴(Charlton Heston)은 세계적인 영화배우이다. 찰턴 헤스턴은 영화 '벤허(Ben Hur)'에서 주인공 역을 맡아 명연기를 펼쳤다. 그래서 '벤허' 하면 사람들은 찰턴 헤스턴부터 먼저 떠올릴 정도가 되었다.

찰턴 헤스턴을 세계적인 영화배우로 탄생시킨 것은 바로 책이었다.

찰턴 헤스턴은 또 영화 '십계(The Ten Commandments)'에서 모세 역을 맡아 지금까지 모세 역을 맡은 그 어느 배우보다도 훌륭한 연기를 해내었다고 찬사를 받고 있다. 또한 '엘시드(El Cid)'에서는 영웅 로드리고 데이야스 역을, '왕 중 왕(King Of Kings)'에서는 세례 요한 역을 인상 깊게 연기하여 전 세계 영화 팬들을 열광시켰다. 찰턴 헤스턴은 많은 영화에서 훌륭한 연기를 해내어 아카데미 남자배우 주연상을 비롯한 많은 상을 받았다.

시상식장에서 신문 기자가 물었다. "벤허나 세례 요한의 성격을 가장 완벽하게 연기해 내었다는 평을 받고 있는데 어떤 비결이라도 있습니까?" 그러자 찰턴 헤스턴은 아주 겸손한 말투로 대답했다. "성경 속으로 들어가 그분들을 만나보려고 애쓴 것뿐이지요." 세계적인 영화배우를 탄생시킨 것은 바로 책이었던 것이다. 찰턴 헤스턴은 영화 속에 나오는 인물과 똑같은 연기를 하기 위해서 부지런히 성경을 읽고, 연구를 했다고 한다. 각 인물들의 성격은 물론 행동 하나 하나에 이르기까지 노트에 정리해 두고 그 사람에게 어울리는 표정을 연구했던 것이다. 그래서 각 영화사들은 성경 속의 인물들을 주인공으로 하는 영화라고 하면 으레 찰턴 헤스턴에게 출연을 부탁하게 된 것이다.

찰턴 헤스턴은 교양을 쌓기 위해 성경 이외의 다른 책도 많이 읽었다. 그는 자신의 집에서 가장 넓고 밝은 방을 서재로 꾸며 놓고 각국의 문화, 인물, 사회 등 여러 분야의 읽고 싶은 책을 마음껏 읽었다.

그는 어떤 배역을 맡게 되면 먼저 그 주인공이 살았던 시대의 사회 모습, 당시의 말씨, 옷차림, 돈의 가치, 음식의 종류, 생활 풍습 등 온갖 것을 하나하나 찾아 연구를 한 다음, 영화에 나갔다. 어떤 경우에는 극본 중에 나타난 역사적 사실이 잘못되었다는 것을 먼저 지적할 정도로 그의 역사적 지식은 뛰어났다. 그랬기 때문에 어떤 역을 맡아도 자신 있게 연기해 낼 수 있었을 것이다.

그는 몇 해 전 이집트의 문명을 전 세계에 소개하는 다큐멘터리 프로그램의 사회자로 뽑히기도 하였다. 다큐멘터리 프로그램은 보통 극영화와는 달리 그 분야에 대한 지식이 많아야 사회자로 뽑힐 수 있다. 그런데도 많은 대학교수를 제치고 사회자로 뽑힌 것을 보면 그가 얼마나 역사에 대해 많은 지식을 가지고 있는가를 짐작할 수 있다. 그가 사회를 맡은 다큐멘터리 프로그램은 얼마 전 교육방송(EBS) 채널을 통해 우리나라에도 방송된 바 있다.

그는 그만큼 지식이 풍부한 배우이다. 만일 그가 책을 읽고 깊이 연구하여 지식을 쌓지 않았다면 결코 그러한 프로그램에 출연할 수 없었을 것이다. 이러한 그의 모습을 보면 그가 얼마나 독서를 많이 하는

가를 알 수 있다. 그가 오늘날과 같은 세계적인 배우 찰턴 헤스턴이 된 데에는 독서가 그 밑거름이 되었다고 하겠다.

3) 자본으로 표현하라 : CEO

왕안석은 "가난한 사람들은 독서로 부자가 되고, 부자는 독서로 귀하게 된다."라는 말을 했다. 아리스토텔레스의 『정치학』을 보면 최초의 철학자라고 불리는 탈레스의 일화가 나온다.

그는 돈도 못 버는 주제에 철학한다고 비난을 받았다. 그는 철학자가 마음만 먹으면 얼마든지 큰 부자가 될 수 있다는 것을 보여 주기로 결심하고 철학적 사고를 잠시 경제적 사고로 전환시켰다.

그는 기후의 변화를 면밀히 분석해서 이듬해 올리브 농사가 대 풍작이 들 것을 예견했다. 이어 수중에 있는 돈을 보증금으로 내걸고 키오스와 밀레토스에 있는 올리브기름 짜는 기구를 전부 임차했다. 겨울이었기 때문에 아주 싸게 빌릴 수 있었다. 오래지 않아 올리브 수확 철이 다가왔고, 그는 빌려둔 기구들을 높은 가격에 임대해서 순식간에 큰돈을 벌었다. 놀랍게도 최초의 철학자는 최고의 경제인이었다.

애덤 스미스(Adam Smith)는 1776년에 현대 자본주의 초석이 되는 '보이지 않는 손'으로 알려진 『국부론(The Wealth of Nations)』을 출간해서 경제학이라는 학문을 창시했다. 그는 글래스고대학교의 논리학 교수로 위촉되었다가 도덕철학 교수가 되어 약 13년간 강의를 했다. 그리고 13년간의 강의를 정리해서 최초의 저서인 『도덕감정론(The theory of Moral sentiments)』을 집필했다. 시장경제와 자유민주주의가 어떻게

애덤 스미스는 경제학이라는 학문을
창시했다.

오늘날과 같은 발전을 이루어왔는가? 그 원인을 알려면 반드시 유럽의 계몽주의 철학의 중심에 서 있는 인간관으로서의 애덤 스미스의 『도덕감정론』을 읽어야 한다.

여기에서 철학과 경제학의 특별한 관계에 대해서 의미 있는 통찰을 하게 된다. 최초의 철학자는 최고의 경제인이었다. 부를 다루는 학문을 창시한 애덤 스미스는 철학교수였다. 인간의 경쟁심에 근원에 대한 고찰은 그대로 자본주의 탄생의 원인에 대한 도덕적 철학의 시발점이라 볼 수 있다. 매우 난해한 듯 보이는 인간의 경쟁심의 근원은 남에게 잘 보이고 싶은 욕망에서 찾고 있다. 부유함은 남에게 자랑할 수 있는 벅찬 자신감, 자부심 등을 주기에 우리는 끊임없이 부자가 되기를 갈망하는 것이다. 가난은 우리를 무시하게 만들고 우리 자신에게 치욕을 주기에 가난을 벗어나려 온갖 노력을 다한다는 것을 간파한 결과 『국부론』이 세상에 나온 것이다.

왜 철학하는 사람들이 돈을 잘 버는가? 인문독서는 사고를 혁명적으로 변화시키기 때문이다. 이지성 작가는 『리딩으로 리드하라』에서 철학고전은 사람의 두뇌를 차원이 다르게 바꾸어 버린다고 말한다. 그는 인문독서적 사고는 사고의 수준을 혁명적으로 변화시키고 철학고전 독서로 다져진 두뇌는 시장의 본질을 본다고 말한다. 평범한 책만 읽은 사람은 죽었다 깨도 볼 수 없는 그 무엇을 본다는 것이다. 결과는 인간의 평범한 수준을 초월한 이익의 실현으로 나온다는 것이다.

조지 소로스(George Soros)도 자신의 투자 성공 비결을 '철학하는 것'이라고 밝혔다.[2] 그는 저서 『금융의 연금술(The Alchemy of Finance: Reading the Mind of the Market)』 등에서 이렇게 고백했다. "나는 철학자의 눈으로 금융시장을 보았고 그 결과 과열과 폭락에 관한 반사성 이론 등을 도출해 낼 수 있었다. 철학적 사고로 얻은 이론을 금융시장에 적용하기 시작한 때부터 나는 거대한 이익을 얻을 수 있었다. 철학적 사고를 통해 얻은 이론들을 현장에 적용한 결과, 나는 주가가 오를 때나 내릴 때나 언제든지 돈을 벌 수 있었다."

다들 고전을 읽는다고 하지만 인문독서에 성공하는 사람들은 많지 않다. 부자들이 읽는 책은 고전이라는 사실을 알아야 한다. 마크 트웨인은 고전이란 누구나 읽은 것으로 자부하려 들지만, 실은 누구나 읽고 싶어 하지 않는다고 지적했다.

미국의 언론인이며 사회비평가인 얼 쇼리스(Earl Shorris)는 10여 년 전, 우연한 기회에 교도소를 방문해 한 여 죄수와 이야기를 나누게 됐다. "사람들이 왜 가난할까요?"라는 쇼리스의 질문에 비니스 워커라는 이 여인은 "시내 중심가 사람들이 누리고 있는 정신적 삶이 우리에겐 없기 때문이죠."라고 대답했다. 가난한 사람들은 중산층들이 흔히 접할 수 있는 연주회와 공연, 박물관, 강연과 같은 '인문학'을 접하는 것 자체가 원천적으로 힘들고, 그렇기 때문에 깊이 있게 사고하는 법, 현명하게 판단하는 법을 몰라 가난한 생활을 벗어날 수 없다는 것이다.

이에 충격을 받은 얼 쇼리스는 경제적 약자를 위한 인문독서 프로그램인 클레멘트 코스 『희망의 인문학(Riches for the Poor: The Clemente Course in the Humanities)』에서 이렇게 말했다.[3]

"여러분은 이제껏 속아왔어요. 부자들은 인문학을 배웁니다. 인문학은 세상과 잘 지내기 위해서, 제대로 생각할 수 있기 위해서, 그리고 외부의 어떤 '무력적인 힘'이 여러분에게 영향을 끼칠 때 무조건 반응하기보다는 심사숙고해서 잘 대처해 나갈 수 있는 방법을 배우기 위해서 반드시 해야 할 공부입니다."

얼 쇼리스는 왜 이런 말을 했을까? 인문독서는 누구나 하는 것으로 생각하지만 누구나 하는 것은 아니기 때문이다.

어느 시대를 막론하고 전 세계 부의 90% 이상은 세계 인구의 약 0.1%가 소유했다. 민주주의가 도래하기 전에 그 0.1%는 왕과 귀족이었다. 과거의 부자인 왕과 귀족들은 신분제도를 만들어서 평범한 사람들이 부자의 세계로 들어오는 것을 막았다. 현대의 부자들은 교육제도를 통해서 평범한 사람들이 자신들의 세계로 진입하는 것을 막고 있다. 대표적인 사례가 미국의 사립학교와 공립학교다. 사립학교는 학비가 비싸 평범한 사람들이 입학하기 어렵다. 가령 세계 최대 증권회사인 메릴린치를 창업한 찰스 메릴은 아이비리그보다 깊이 있는 인문독서 교육으로 유명한 애머스트 칼리지 출신이다.[4] 이들은 모두가 인문독서가다. 인문독서 교육을 왕과 귀족들이 받았다.

현대 자본주의 시스템을 만든 사람들은 인문독서광이자 저자이다. 그렇다면 현대 자본가들은 모두 인문독서가들이어야 한다. 현대 자본주의 틀을 만든 사람들과 동일한 수준의 사고능력과 틀을 가진 사람들이어야 한다. 그렇기 때문에 고전을 읽고 인문사고가 구조를 형성할 때에 시장경제를 바로 내다볼 수 있는 것이다. 쉽게 말해서 현대 자본주의 시스템은 인문독서로 다져진 사람들의 두뇌에서 나왔다. 이것은 인문독서에 정통하지 않고서는 현대 자본주의 시스템이 돌아가는 방향을 알 수 없고, 부를 쌓기 위해 노력하는 것들이 수포로 돌아갈 가능성이 높다는 것을 의미한다.

4) 예술로 표현하라 : 예술가

책 읽기와 예술가의 창작은 그 모습이 닮아 있다. 지극히 개인적이고, 내밀한 영역으로 몰입한다거나 타인을 위한 것이 아닌 자신을 위한 행위라는 것에서 그림 그리기와 책 읽기, 음악과 책 읽기에는 공통점이 있다. 또한 자신만이 드나들 수 있는 상상의 자유로운 공간을 만들고 이를 통해 자의식을 획득하게 되는 체험을 경험하게 해주는 것이다. 그래서인지 독서하는 모습을 그린 그림이나 책을 소재로 한 작품은 예술가들의 매력적인 소재로 오랫동안 사랑받았다. 책을 통해 예술가는 상상력을 충전받기도 하고, 지식 습득의 즐거움을 맛보며, 혹은 소유 그 자체로 수집의 기쁨을 느끼기도 하는 것이다. 그만큼 예술가에게 있어서 책은 창조의 근원이라고도 할 수 있는 것이다.

장한나는 이 시대를 대표하는 음악 연주가이다. 그는 하버드대학교에 입학한 뒤 음악이 아닌 철학을 전공으로 선택했다. 그가 이런 결단을 내리게 된 것은 지휘자 주세페 시노폴리(Giuseppe Sinopoli)의 권유 때문이었다고 한다. 그는 장한나에게 진정으로 위대한 음악가가 되려면 반드시 고전을 공부해야 한다며 하버드대학교 철학과를 추천했다. 미술 영재교육도 바뀌어야 한다. 다빈치, 피카소, 로댕, 세잔, 샤갈, 마티스 등 미술의 천재치고 인문독서를 사랑하지 않은 사람은 찾아보기 어렵다.

베토벤(Ludwig van Beethoven)은 천재 음악가이다. 우리는 음악가 하면 연습과 훈련을 떠올리지만 베토벤의 음악에는 언제나 사상과 영감이 있었다. 위대한 음악가 베토벤에게 어느 날 갑자기 귀가 들리지 않는 병이 찾아왔다. 두 귀를 움켜쥐고 울부짖었지만 한마디도 들리지 않았다. "아아! 절망이로구나." 그때 문득 떠오르는 구절이 있었다. "아직도 목숨이 붙어 있는 동안에는 누구도 제 인생을 스스로 버려서는 안 된다."라는 구절이었다. 베토벤은 이 구절을 떠올림으로 해서 다시 용기를 가질 수 있었던 것이다. 젊은 나이에 음악가로서는 사형 선고나 다름없는 청력 상실의 위기에다 생활고까지 겹쳐 죽으려고 유서까지 썼던 베토벤을 살린 것은 언젠가 책에서 읽은 이 평범한 한 구절이었던 것이다. 그리하여 그는 귀가 먼 이후 처음으로 끝까지 희망을 가지

미켈란젤로의 '천지창조' 중(바티칸시국 시스티나 예배당, 1508-1512년)

고 열심히 살아야 한다는 뜻이 담긴 '합창 교향곡'을 작곡하여 대성공
을 거두었다.

　베토벤은 부지런한 독서가였다. 베토벤은 당대의 작가인 괴테
(Johann Wolfgang Goethe)의 작품은 말할 것도 없고, 호메로스(Homeros)의
'일리아스' 및 '오디세이아', 플루타크의 '영웅전', 셰익스피어의 여러 작
품들을 가까이에 두고 늘 탐독해 왔다는 것은 잘 알려진 일이다. 그리
하여 그 작품 속에서 영감을 얻어 많은 작곡을 하기도 하였다. 또한 성
경을 자주 읽고 성경 속에 나오는 인물들을 묘사하는 음악도 많이 만들
었다. 성경을 읽고 만든 음악으로는 '감람산상의 그리스도', 괴테의 작
품을 읽고 작곡한 것으로는 '에그몬트' 등이 유명하다.

　이것은 미술가들도 마찬가지이다. 미켈란젤로의 명작 '대홍수(大
洪水)', '천지창조(天地創造)', '다윗상' 등은 모두 성경을 읽고 그 속에서
영감을 얻어 그리거나 조각한 것이다. 또한 다빈치의 '최후의 만찬',
'그리스도의 세례', '성모상' 등도 성경을 읽고 그린 것이다.

훗날 베토벤은 "예수와 소크라테스는 나의 모범이었다."라고 고백
했다. 이는 그가 성서와 철학 서적이 그에게 많은 영감을 주었다는 것
을 말한다. 또한 절망과 시련을 딛고 일어서게 해준 것은 바로 독서의
힘이었다는 것을 말한다. 귀가 들리지 않는데도 주옥 같은 명작을 작곡
해 낼 수 있었던 것은 베토벤의 초인적인 노력이 있었기에 가능했던 것
이지만, 또한 그 밑바탕에 독서가 자리하고 있었기 때문이기도 하다.

5) 아이디어로 표현하라 : 과학자

"천재란 99%가 땀이며 나머지 1%가 영감(靈感)이다."

'에디슨' 하면 제일 먼저 떠오르는 것이 '발명왕'이다. 세계 최초의
공업용 실험실을 세웠고, 10,937개의 특허를 얻어 세계 기록을 보유하
고 있다. 문명 사회의 등불을 밝힌 선구자이며 지도자 중의 지도자이
다. 그러나 발명왕 에디슨의 바탕을 이루는 것이 인문독서였다는 것을
이해하는 사람은 많지 않은 것 같다. 에디슨은 발명왕이기 이전에 한
사람의 맹렬한 독서가였다. 그의 모든 발명은 독서의 산물이다.

에디슨은 초등학교에 입학한 지 석 달만에 학교에서 쫓겨난 아이
다. 그의 어머니는 독서로 그를 양육하였다. 에디슨 어머니는 시어즈
의 『세계사』, 기번의 『로마제국 흥망사(*The History of the Decline and Fall
of the Roman Empire*)』, 흄(David Hume)의 『영국사(*The History of England*)』
등 장편 역사책을 부지런히 읽혔다. 9살이 되면서 에디슨은 스스로 셰
익스피어와 찰스 디킨즈(Charles John Huffam Dickens)의 작품을 읽기 시
작하였다. 낸시는 에디슨이 열두 살이 될 때까지 그의 독서에 지속적

에디슨이 발명한 축음기.
에디슨은 발명왕이기 이전에
한 사람의 맹렬한 독서가였다.

인 관심을 기울였다. 가끔은 책을 한 권씩 읽으면 25센트짜리 동전 하나를 선물하여 에디슨의 독서 의욕을 불러일으키기도 하였다.

이런 과정을 통해서 에디슨은 새로운 상상의 세계를 개척해 나갔다. 에디슨의 온갖 상상력과 창의력이 어린 시절 책 읽어 주기에서 탄탄한 바탕을 마련한 것이다. 어린 시절에 아이에게 책을 읽어 주는 것보다 더 유익한 일은 없다고 한다. 에디슨이 특히 인상 깊게 읽은 책으로, 기번이 쓴 『로마제국 흥망사』가 있다. 에디슨은 이 책에 대해 대단한 흥미를 느꼈다. 이 책은 영국의 역사학자 에드워드 기번이 프랑스와 이태리를 직접 두루 다니면서 많은 자료를 수집한 후 쓴 책이다. 이책에서 그는 로마가 멸망한 가장 큰 원인은 로마 사회의 도덕적 붕괴라고 하였으며, "개혁이란 내부에서 일어나는 것이지 외부에서 오는 것은 아니다."라고 주장하였다.

이런 에디슨에게 결정적인 영향을 미친 책이 파커의 『자연 과학의학교』였다. 이 책은 어린 에디슨의 머릿속에 항상 감돌고 있었던 '무엇 때문에, 왜'라는 의문을 단번에 해결해 주었다.

에디슨은 파커가 이 책에서 발견한 것들을 완전히 이해할 때까지 모조리 실험하였다. 이 책을 통해서 대기의 압력을 재기 위한 간단한 기압계를 만들 수 있게 되었으며, 지렛대와 도르래의 원리를 이해하였다. 태양과 혹성 등에 관한 지식도 이 책을 통해서 배우게 되었다. 에디슨은 "나의 피난처는 디트로이트 도서관이었습니다. 나는 맨 아래 칸 왼쪽의 책부터 맨 윗줄 오른쪽의 책까지 순서대로 독파해 갔습니다. 나는 책을 몇 권 골라서 읽은 것이 아니라 도서관 전체를 읽어 버린 것입니다."라고 고백했다.

소위 '천재'라고 알려졌던 위대한 과학자들도 갑자기 영감이 떠올라서 그런 업적을 낸 것이 아니다. 오랜 기간 동안 축적한 결과를 발표한 것이다. 사실 독창적인 시각으로 열정을 가지고 꾸준히 연구에 몰입하면 예상치 못했던 발견이 가능해진다. 아무리 유명한 학술지에 논문을 많이 내더라도 유행을 좇아 남을 따라가는 연구를 하면 새로운 분야를 열거나 남들이 기억할 만큼 중요한 업적을 내지는 못한다.

왜 그럴까? 직접 해보면 알겠지만 인문독서는 두뇌에 특별한 기쁨을 가져다 준다. 물론 처음에는 고되다. 단어 하나, 문장 하나를 이해하지 못해 진도가 일주일 또는 한 달씩 늦추어지는 경우가 다반사다. 언어의 어려움도 있지만 사고의 전환이 이루어지지 않아서 그렇다. 하지만 어느 지점을 넘기면 고통은 기쁨으로 변한다. 사고의 전환이 이루어지는 순간이다. 인류의 역사를 만들어온 천재들의 문장 뒤에 숨은 이치를 깨닫는 순간 두뇌는 지적 쾌감의 정점을 경험하고, 그 맛에

어렸을 때부터 책 읽기를 즐겨했던
모택동의 주된 관심은 책을 읽어서
나라를 구할 방법을 궁리하는 일이었다.

중독된다. 그리고 서서히 변하기 시작한다. 인문적 사고의 틀이 형성
되는 것이다. 평범한 꿈밖에 꿀 줄 모르도록 길들여진 두뇌가 고전 저
자들처럼 혁명적으로 꿈꾸고 천재적으로 사고하는 두뇌로 바뀌기 시
작한다. 엄청난 양의 인문독서에 일상적으로 노출된 아이의 두뇌는 자
연스럽게 인문학적 사고의 틀로 바뀌어 간다. 고전의 내용을 이해하고
못하고는 중요하지 않다. 천재들의 사고 방식과 접촉한다는 그 자체가
중요하다. 여기에서 과학적 사고가 자란다. 새로운 세계가 열리는 것
이다.

6) 이데올로기로 표현하라 : 정치가

"나의 어머니는 글을 전혀 몰랐습니다. 두 분 부모님은 모두 농부
집안의 출신이었지요. 그러니 우리 집안에서는 내가 학자인 셈이었습
니다. 나는 고전을 좋아하지 않았습니다. 내가 즐기는 것은 고대 중국
의 전기 소설과 특히 반란에 관한 이야기들입니다. 『수호전』, 『홍루
몽』, 『삼국지』, 『서유기』 등을 부지런히 읽었습니다. 이런 책은 법에
어긋나는 좋지 않은 책이라고 말하는 늙은 선생님의 눈을 피해 열심히

읽었습니다. 선생님이 옆을 지나갈 때에는 고전책으로 얼른 덮어버리 곤 했습니다. 나의 가장 친한 친구도 그런 짓을 했지요. 우리는 책의 줄 거리를 거의 기억해 가며 읽었으며, 읽은 책에 대하여 자주 토론도 하 였습니다. 우리는 이제 우리들에게 그런 이야기를 들려 주었던 동네 어른들보다도 더 많이 알게 되었습니다. 아마 나는 감수성이 예민한 나이에 그런 책들을 읽었기 때문에, 그런 책들로부터 많은 영향을 받았 던 것 같습니다."

모택동(毛澤東, Mao Zedong)이 어린 시절 읽은 책은 반란류의 소설이 대부분이었다. 『수호전』, 『홍루몽』, 『서유기』, 『삼국지』는 1세기 전 청 나라 조정에 의해 민중들이 읽기에 해로운 금지 서적으로 지정되었다. 이 책들은 압제자에 맞선 봉기에 관한 역사적 기록이기 때문이었다. 그러나 행상들이 이 책들을 집집마다 가져다 주었고, 아이들은 모두 그 이야기와 영웅들을 기억하고 있었다. 금지령에도 불구하고 닳아 없어 질 때까지 읽었다. 이런 책이 모택동의 인물됨을 만들어 갔던 것이다. 일찍 아내를 잃었기 때문인지 아니면 다른 이유 때문인지 모택동은 1910년 집을 떠나 인근에 있는 상탄(湘潭)이란 도시에서 임시직으로 일 을 시작했다. 일을 하면서 한 법학도와 중국학자로부터 가르침을 받기 시작했는데, 이 무렵 모택동은 다양한 독서를 처음으로 시작했다. 이 때 읽은 책 중 하나가 제국주의의 식민 지배를 다룬 『중국의 분할』이 라고 한다.

1913년, 20세에 모택동은 장사의 호남 성립 제일 사범학교에 입학 하였다. 제일 사범학교는 모택동에게 매우 큰 의미가 있는 학교였다.

이곳에서 스승 양창제를 만난 것이 모택동으로서는 행운이었다.

이 무렵 모택동의 주된 관심은 책을 읽어서 나라를 구할 방법을 궁리하는 일이었다. 모택동은 "어떻게든 중국이 부강하게 되는 방법을 찾아내서 중국이 인도나 조선처럼 되는 것을 피해야 한다."라고 입버릇처럼 말했다. 주변 사람들에 의하면, 모택동처럼 다방면에 걸쳐서 그토록 많은 지식에 목말라 하는 사람을 본 적이 없다고 한다.

그렇지만 정작 모택동 자신은 '나는 향상되고 있지 않다. 실질적으로 배우고 싶은 것을 배우고 있지 않다.'라고 생각하던 참이었는데, 양창제를 만나자마자 그에게 완전히 매료되었다.

양창제는 영국에서 유학하고 돌아와 중국의 봉건사상 비판에 힘쓴 인물이다. 모택동은 양창제로부터 유물론적 철학과 윤리학 등의 강의를 들으면서, 혁명가 모택동의 골격을 이루어 갔다. 이런 과정을 거쳐서, 모택동은 마르크스주의자, 즉 공산주의자가 된 것이다.

어린 시절 반란(反亂)류의 책을 읽는 것으로부터 시작된 그의 독서 편력은 마르크스주의에서 그 종착역을 맞이하였다. 이제 모택동에게 남은 일은 그가 책에서 읽은 것들을 실천에 옮기는 일뿐이었다. 그 결과, 모택동에 의해 공산 국가 중국이 건설된 것이다.

책이 혁명가 모택동을 만들었다. 어린 시절 거름통을 내팽개쳐 두고 읽은 책, 학교에 남아 양초를 바꿔가며 읽은 책, 친구로부터 멀어지고 아버지로부터도 인정받지 못하면서 읽은 책, 들것에 실려 쫓겨가면서도 읽은 그 책들이 모택동의 삶을 결정한 것이다.

처칠 수상의 어릴 때의 모습.
처칠을 키운 것은 역사적 상상력이었다.

이와 같이 중국 건설도 모택동의 독서 결과물이다. 그의 수많은 업적과 실패, 그에 대한 긍정적, 부정적 평가도 그의 독서의 결과물이며, 이제 와서는 낡은 유물로 간주되는 모택동의 그 탁월한 사상도 그의 독서의 산물인 것이다.

정치가 : '꼴찌' 처칠(Winston Leonard Spencer Churchill)

처칠은 자신의 아버지가 어느 페이지에 어떤 문장이 있는지조차 암기하고 있었으며 그것은 연설을 하거나 글을 쓸 때 큰 영향을 주고 있었다는 것을 알고 있었다. "아들은 아버지의 흉내를 내며 성장하고 아버지에게 인정받기 위해 노력한다."는 옛말은 처칠에게 그대로 적용된다. 처칠은 군복무 중임에도 불구하고 하루에 다섯 시간을 기번의 『로마제국 쇠망사』를 탐독하는 데 할애했다. 당시 그가 얼마나 기번에 빠져 있었는지는 그가 쓴 『나의 청춘기(*My Early Life : a Roving Commission*)』에 나온다.

"나는 당장에 그 이야기와 문장의 포로가 되었다. 나는 인도의 햇볕이 내리쬐는 긴 대낮에서 저녁 무렵까지 열심히 읽었다. 나는 자랑스러운 듯 끝에서 끝까지 탐독하고 완전히 만족감에 젖었다. 책 페이지의 여백에는 내 의견을 적어 넣었다."

『로마제국 쇠망사』는 처칠뿐만 아니라 인도 초대 총리 자와할랄 네루, 경제학자 애덤 스미스, 철학자 버트런드 러셀(Bertrand Russell) 등 세계의 리더들이 손에 꼽는 애독서다. 기번의 책은 장구한 세월에 걸친 로마제국의 역사를 죽어버린 과거로서가 아니라 여전히 살아 숨 쉬는 과거로 접할 수 있다.

"지성에서는 그리스인보다 못하고, 체력에서는 켈트인이나 게르만인보다 못하고, 기술에서는 에트루리아인보다 못하고, 경제력에서는 카르타고보다 뒤떨어졌던 로마제국. 그런데도 세계사상 유례를 찾아볼 수 없는 번영을 누린 이 고대국가가 오늘날까지 그 위대함이 바래지 않는 것은 어디에서 기인하는가."

또 수십 페이지를 넘기면 이런 분석도 나오는데 위대한 리더를 꿈꾸는 사람이라면 탄복하지 않을 수 없을 것이다.

"로마의 쇠퇴는 제국의 거대함에서 비롯된 자연스럽고도 불가피한 일이었다. 번영이 쇠퇴의 원리를 무르익게 한 것이다. 정복 지역이 확대되면서 파멸의 원인도 증가했다. 그때 우연인지 필연인지, 인위적인 기둥이 제거되자마자 이 거대한 건축물은 자체의 무게 때문에 무너졌다."

그는 고등학교를 졸업할 때까지 늘 꼴찌였지만 하루도 빠지지 않고

하는 게 하나 있었다. 다름 아닌 독서였다. 독서를 하면서 그는 정치가로서의 대변신을 준비하기 시작했다. 역사와 문학을 특히 좋아한 그는 먼저 에드워드 기번으로부터 시작하기로 했다. 그는 아버지가 기번의 역사책 『로마제국 쇠망사』를 애독하고 있었다는 것을 수없이 들었다. 그래서 그도 아버지를 따라 『로마제국 쇠망사』를 읽었다. 그렇게 '꼴찌' 처칠을 키운 역사적 상상력은 『로마제국 쇠망사』였다. 멀리 되돌아봄으로써 더 먼 미래를 볼 수 있었던 것은 그가 만난 한 권의 책 때문이었다.

이광요 수상의 독서 상상력이 '아시아에 가장 깨끗한 정치', '깨끗하고 푸르른 정원 도시'를 건설했고, 싱가포르는 '동남아시아의 깨끗한 별'이라는 칭찬을 받게 되었다. 싱가포르가 이광요의 독서 상상력의 산물이다. 『프랑스 역사』를 읽으면서 드골(Charles De Gaulle)이 꿈꾸었던 독서 상상력은 훗날 '위대한 프랑스, 강력한 프랑스'를 외치며 조국에 대한 헌신이라는 절대적인 신념으로 나타나게 되었다. 프랑스 대통령, 드골 장군의 탄생은 순전히 책 때문이었다.

7) 삶으로 표현하라 : 성자

우리는 역사 속에서 적지 않은 성자(聖者)나 위인을 만난다. 분열된 미합중국을 통합하고 노예를 해방했으며, 진정한 민주주의 제도를 반석 위에 세운 에이브러햄 링컨(Abraham Lincoln) 대통령은 위인이요 성자다. 사람 평가에 까다로웠던 러시아의 대문호 톨스토이도 그를 성자라 했다. 미국인들이 가장 존경하는 인물 가운데 늘 2위로 뽑히는 역사적 인물이 링컨이다.

링컨은 자신을 온갖 험한 말로 모욕하고 인격 모독을 하던 정적(政敵) 더글러스와 스탠튼을 모두 감화시켜 그를 존경하며 도우도록 만들었다. 남북전쟁 때 더글러스는 링컨을 도와 전쟁을 승리로 이끄는 선두 자리에 섰다. 또 링컨은 스탠튼을 국방장관 자리에 앉혀 "네 원수를 사랑하라."는 성경말씀을 실천하였다. 링컨이 남부 출신 연극배우 존 윌크스 부스(John Wilkes Booth)의 총탄에 암살되었을 때, 그의 시신을 끌어안고 아프게 통곡한 사람은 바로 스탠튼이었다.

숱한 실패에도 링컨이 좌절하지 않은 힘의 원천은 『성경』 독서에 있었다. 링컨은 가정적으로도 견디기 어려운 역경을 이겨낸 사람이다. 4살 때 동생이 죽었으며, 10살 때에는 사생아로 태어나 사람들의 손가락질을 받던 그의 어머니가 죽었다. 18살 때에 여동생이 죽었고, 25살 때에는 결혼하기로 한 약혼녀가 갑자기 죽었다. 링컨의 두 아들도 그의 눈앞에서 죽어갔다. 아내는 거의 정신이상자였다. 링컨이 이런 절망적 상황에서도 꿋꿋하게 일어설 수 있었던 것은 『성경』 독서를 통해 얻은 정신적, 영적 자양분 때문이었다.

우리나라 국회의원들도 선거에서 한 번만 떨어져도 그 후유증이 심각하다고 한다. 링컨은 이골이 날 정도로 실패하고도 상처 하나 안 받고 끄떡없이 이겨낼 힘을 『성경』에서 얻었던 것이다. 실패의 순간마다, 자기는 지금 배우는 과정에 있으며, 배우는 과정이 끝나면 하나님이 자기에게 기회를 주실 것이라는 약속을 조금도 의심하지 않았으므로 낙심하지 않았다. 그렇기 때문에 그는 즐겁게 먹고 머리를 단장할 수 있었던 것이다. "지금은 내가 실패했지만 틀림없이 하나님이 나를

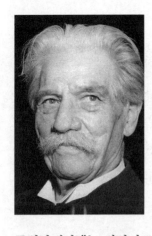

앨버트 슈바이처 박사.
그는 아프리카 오지에 들어가 가난한
흑인들의 병을 치료하면서 일생을 마쳤다.

구원하신다."는 링컨의 그 믿음 때문에 하나님은 그가 믿고 있는 대로 이루어 주지 않을 수 없으셨을 것이다. 그래서 링컨은 "나는 『성경』이야말로 하나님이 인간에게 주신 최고의 선물이라고 믿는다. 이 세상의 온갖 유익한 것들은 이 책을 통해서 우리에게 온다."고 고백하였던 것이다. 링컨은 변호사 활동이나 정치 활동을 하면서 뇌물을 거부하고 옳지 않은 제안들도 물리쳤다. 누군가가 그런 용기를 어디서 얻었느냐는 질문을 했을 때에도, 그는 "어려울 때면 어머니께서 아주 오래 전에 하신 말씀, 하나님의 계명을 지키라는 말씀이 귀에 들리는 듯했다."고 대답했다.

앨버트 슈바이처 박사는 어떤가? 세 가지 박사 학위 소지자요 백인 의사인 그는 독충과 학질모기가 극성을 부리는 아프리카의 오지 람바레네로 들어가서 가난한 흑인들의 병을 치료하며 일생을 마쳤다.

가나안농군학교 교장 김용기 장로의 생애 또한 우리를 숙연하게 만든다. 그는 정계의 친구들과는 행로를 달리하여 황무지 개발에 발 벗고 나섰다. 그는 온 가족과 함께 경기도 광주의 황산을 개간하여 옥토로 바꾸어 놓았다. 추운 겨울에도 난방을 하지 않고 당시의 가난한 이웃들과 고통을 함께했다. "일하기 싫거든 먹지도 말라." "네 이웃을 네 몸과 같이 사랑하라." 그는 이런 성경말씀을 실천하며 살았다. 근검·절약을 몸에 익히고 효율성 높은 농사법을 개발하여 이 땅의 많은 농군들을 가르침으로써 수많은 농촌 지도자를 길러내었다. 제3공화국 '새마을 운동'의 모태가 되었다는 가나안농군학교의 정신과 교육 방법은 지금도 이어져 내려온다.

성의(聖醫) 장기려 박사의 인술(仁術)에 대한 이야기 또한 잊어서는 안 될 살아 있는 교훈이다. 장기려 박사는 환자를 무료로 진료한 것으로 유명하다. 그가 환자를 무료로 진료하기 시작한 것은 평양 기홀병원에서 일할 때부터였다. 그는 모든 환자들을 지성으로 보살폈을 뿐 아니라 자기의 봉급으로 피를 사서 가난한 환자들을 수술해 주었다.

진료비를 받지 않는 이 병원에는 하루 2백 명의 환자가 몰려올 때도 있었으나 장 박사는 그들에 대한 진료를 소홀히 한 적이 없었다. 6·25 전쟁 때 생긴 이 '복음병원'은 뒷날 설립된 청십자 의료보험 조합, 청십자병원, 한국 청십자 사회복지회, 복음 간호 전문대학의 모태가 되었다. 그는 그런 인술로 막사이사이상까지 수상했으나 그런 것은 인간 장기려에게 오히려 한갓 장식물에 지나지 않을지도 모른다. 그는 그야말로 '바다 같은 사랑'의 사람이다. 그의 한 측근은 이렇게 말한다.

"복음병원장 시절에 돈이 없다고 호소하는 환자에게 몰래 도망가라고 하던 장 박사의 인술은 삭막한 이 시대의 빛이며 소금입니다."

장기려 박사는 무소유(無所有)의 사람이다. 서울대학교와 부산대학교의 외과교수와 병원장으로 뛰어난 학문과 의술을 평생토록 빛내어

온 장기려 박사는 재산 모으기에는 관심이 없었다. 그는 부산 고신대학교 옥상에 있는 가건물의 방 한 칸을 빌려서 북쪽에 있는 부인을 그리며 독신으로 살았다. 그는 그의 이름으로 된 집 한 칸은커녕 통장 하나도 남기지 않은 채 세상을 떠났다.

어디 이뿐인가. 아우슈비츠 수용소에서 한 유대인을 대신해 죽은 막시밀리안 콜베(Maximilian Kolbe) 신부, 태평양의 한 나환자촌에 들어가 스스로 나환자가 되는 불행을 무릅쓰고 헌신하다가 죽은 다미앵(Pater Damiaan) 신부, 아들을 살해한 원수를 양자로 삼은 손양원 목사, 일제의 신사 참배를 반대하다 온 발바닥에 못이 찔려 순교한 주기철 목사, 빈민의 어머니 테레사(Mother Teresa of Calcutta) 성녀, 이 땅의 수많은 영혼을 구원하고 무소유의 일생을 마감한 한경직 목사, 나환자촌 성 나자렛 마을의 아버지였던 이경재 신부, 농민 교육의 등불 강성갑 교장, 죄인의 영혼을 구하기에 헌신하였던 김홍섭 판사, 꽃동네의 창설자 오웅진 신부. 이런 분들이야말로 진정한 성자요 위인이 아닌가?

이들의 공통점은 성서의 결과물들이라는 것이다. 이들은 성경을 사용해서 성자가 된 사람들이 아니고 성경을 자신의 삶에 그대로 수용한 사람들이다. 사용하는 독서는 독자가 주체가 되어 성경을 사용한 사람들이 아니라 성경이 주체가 되고 내가 성경의 객체가 된 사람들이다. 이들은 성경을 읽고 신학으로 표현해서 신학자가 된 것도 아니고, 성경을 가르쳐서 목회자가 된 것도 아니다. 이들은 성경을 있는 그대로 수용하는 독서를 통해서 정치인으로, 의사로, 사회사업가로, 교육가로 목사와 신부로 삶을 표현한 사람들이다.

[미주]

1) 이제현(李齊賢, 1287~1367)은 1287년(충렬왕 13)에 출생하여 1367년(공민왕 16)까지 활동한 인물로 당시 고려 사회를 대표하는 정치가이자 학자이다. 문하시중(門下侍中)이라는 고려 최고의 관직까지 올랐으며, 그가 남긴 수많은 글과 더불어 해박한 식견은 현재는 물론이고, 당시 사회에서 이미 존경받고 있었다. 그가 활동하던 시기는 100여 년간에 걸친 무인(武人) 지배로 인한 후유증과 함께 원(元)의 정치적 간섭을 받던 시련의 시기였다. 이제현은 이러한 시기에 수차례에 걸쳐서 원을 왕래하기도 하고, 표문(表文)을 올려 원의 부당한 내정간섭을 비판하면서 고려의 주권을 보전하기 위해 갖은 노력을 다한 인물이라 평할 수 있을 것이다.

2) 20세기 최고의 펀드 매니저로 꼽히는 조지 소로스는 1930년 헝가리 부다페스트에서 태어났다. 유태인 변호사였던 아버지 슬하에서 유복하게 자랐지만 나치가 유럽을 장악하면서는 늘 죽음의 위험 속에 살았다. 1947년 동구가 공산화되면서 가족과 함께 영국 런던으로 이주, 명문인 런던경제학교(LSE)에서 칼 포퍼의 제자로 철학을 공부하고 1952년 런던 경제학대학원 졸업했다. 소로스는 런던 경제학 대학원을 다니면서도 철도역의 짐꾼, 여행 세일즈맨, 은행의 수습사원으로 어려운 생활을 꾸려 나갔다. 1956년 미국으로 다시 이민을 간 후 소로스는 월스트리트에서 펀드매니저 일을 시작했고 얼마 지나지 않아 최고 소득을 올리는 펀드매니저로 두각을 나타냈다.

3) 삶을 바꾸는 희망의 수업 '클레멘트' 코스를 제안하는 책. 클레멘트 코스는 노숙자, 빈민, 죄수 등 최하층 빈민들에게 정규 대학 수준의 인문학을 가르치는 코스이다. 빈민들을 동원하여 훈련시키는 대신 그들 스스로 자신의 삶을 성찰하도록 도와준다. 자신을 돌아보는 힘을 밑천으로 자존감을 얻고, 자신의 삶의 질을 높이며 더 나아가 행동하는 삶을 살도록 함으로써 한 사회의 시민으로 자리 잡을 수 있게 한다.

4) 1821년 유능하고 독실한 남학생을 대상으로 폭넓은 교양과목을 가르치기 위해 설립되었다. 애머스트 칼리지는 학부 중심의 4년제 대학인 리버럴아츠 칼리지(liberal arts college)로 인문학, 어학, 사회과학, 자연 과학, 예술 분야 등 교양과목에 역점을 둔다. 2010년 미국의 경제전문지 〈포브스〉가 선정한 '최고의 미국 대학' 순위에서 3위를 차지했다. 그리고 2011년 미국의 시사주간지가 발표한 리버럴아츠 칼리지 순위에서 윌리엄스 칼리지에 이어 2위를 차지했다.

닫는 글

　　명품 인생이란 자기 개인적인 욕망과 쾌락만을 추구하는 삶이 아니라 인류의 공통된 난제를 분명하게 인식하고 해결해 가는 데 징검다리 하나를 놓는 삶을 말한다. 문제가 있는 곳에 비전이 있다. 인류의 공통된 6대 난제를 분명하게 인식하고 독서를 통해서 그런 문제를 해결하기 위해서 실력을 기르기 위해서 독서하는 자세가 필요하다.

　　인류의 6대 난제는 ▲ 환경문제 : 모두의 것으로 살기 ▲ 전쟁문제 : 약자와 함께 살기 ▲ 빈곤의 문제 : 가난한 자와 함께 살기 ▲ 교육문제 : 능력이 부족한 사람과 함께 살기 ▲ 질병의 문제 : 모두가 건강하게 살아가기 ▲ 종교문제 : 소외된 사람들과 함께 살아가기 등이다. 이것을 하나의 어절로 요약한다면 '더불어 살아가는 세상'이 될 것이다. 더불어 사는 사회가 건강한 사회이고 이를 위해서 명작독서가 절실히 요구된다.

　　자본주의가 장점이 많은 경제체제지만 그 폐해도 만만치 않다. 무한 경쟁에서 오는 부익부 빈익빈 현상과 승자 독식주의 또 극도의 이기

주의가 사회를 병들게 하고 있다. 물질이 정신을 지배한 지 오래이고 사람이 목적이 아니라 돈의 노예로 추락했다.

이런 문제의식 속에서 저자는 해결 대안으로 문·사·철(文·史·哲) 중심의 인문학 독서를 제안하고 있는 것이다. 이것을 증명하기 위해서 저자는 동서양의 수많은 예들 제시하고 있다. 자신을 내려놓고 약자들을 위해 큰 사랑을 베푼 사람들이 바로 인문학 독서로 깨달음을 얻은 결과라는 것이다. 가까운 예로 아프리카 오지로 들어가 흑인들을 위해 인술을 베푼 알버트 슈바이쳐, 아우슈비츠 수용소에서 한 유대인을 대신하여 죽은 막시밀리안 신부, 태평양의 나환자 섬에 들어가 헌신하다가 죽은 다미앵 신부, 아들을 죽인 공산주의자 청년을 양자로 삼은 손양원 목사 등이 있다. 이들은 모두 인문학 독서로 깨달음을 얻어 이런 결단을 하게 되었다는 것이다.

독서의 방향과 목적, 맥락을 올바로 설정했다면 이제 독서의 전략을 수립할 차례이다. 독서의 전략을 한 마디로 요약하면 숲을 보고 나무를 보고, 읽을 정보를 가공하여 자신과 사회, 인류의 문제 해결을 위해 활용하는 실천적 독서를 하는 것이다.

우선 숲을 보는 기술로는 제목을 읽기, 목차를 숙지하기, 서론과 결론을 읽어서 저자가 풀려는 문제가 무엇인지를 확인하기, 책의 배경을 읽기 등이 있다. 대개 미숙한 독자들이 가장 취약한 부분이 바로 이 대목이다. 300페이지짜리 책을 우리 눈이 따라가면서 정보를 받아들이는 행위는 선형적(線形的)이어서 일렬로 늘어놓으면 수킬로미터에 이를 것이다. 우리 두뇌의 단기 기억은 한계가 있어서 최신의 정보를 받아들이기 위해서 앞 선 정보를 자동적으로 밀어내버린다.

따라서 책을 펼쳐들고 무조건 처음부터 끝까지 한 자도 빠짐없이 읽고 있다면 중간쯤에서 앞부분이 생각이 안 나는 것이 오히려 당연하며 책을 끝까지 잃고 무슨 내용인지 요약이 안 되고 읽었다는 뿌듯함(?)만 남는다. 그러면서 자신의 아이큐만 탓하는 사람들이 있는데 이는 결코 지능의 문제가 아니라 책을 읽어내는 전략과 기술이 잘못되었기 때문이다. 책의 구체적인 내용을 읽기 전에 전체적인 윤곽과 저자가 풀고자 하는 핵심적인 문제를 파악하는 독서를 모티모 J. 에들러(Mortimer J(erome) Adler)는 "점검독서"라고 명명했고 전정재 박사는 "스캐닝 리딩"으로, 원동연 박사는 "고공학습"이라고 부른다. 어떤 이름으로 부르든지 책의 숲, 즉 전체적인 윤곽을 보는 독서전략은 한 권의 책을 이해하는 데만 유용한 것이 아니라 모든 학문의 기초적인 전략이다.

3부와 4부는 책을 통해서 적극적으로 정보를 받아들이는 기술이 필요하다. 대개 미숙한 독자들은 책을 아무런 생각 없이 본다. 읽는 사람이 생각이 없으니 책도 대답을 할 수가 없는 셈이다. 반대로 능동적이고 효과적으로 책을 읽어내는 독자는 책에게 질문을 던진다. 책에게 질문을 던지는 행위는 저자의 의도를 찾기 위함이다. 책은 질문하는 사람에게 반드시 해답을 준다. 바른 질문을 한다면 바른 답을 제시하고, 궁극적인 질문을 한다면 궁긍적인 답을 제시한다. 그래서 책을 읽을 때 사용할 수 있는 효과적인 질문법이 무엇보다 중요하다. 물론 비문학적인 글과 서사적인 글에 대해서 질문하는 방법도 달라야 한다. 한 가지 명심할 것이 있다. 독서는 열정만 가지고 좋은 독자가 될 수 없고 반드시 올바른 전략과 효과적인 기술을 습득해서 활용해야 하는 아주 전문적인 영역이라는 사실이다. 이런 기술과 전략이 궁금하신 이들에게 이 책은 훌륭한 길라잡이가 되어 줄 것이다.

다음으로는 읽은 내용을 독자 나름대로 가공하고 재구성하는 방법을, 끝으로 읽은 것을 표현하는 방법에 대해서 논의했다. 읽은 내용을 글쓰기와 말하기, 좋은 성적을 올리는 데만 활용하는데 그치지 않아야 한다. 책읽기의 본질은 표현이다. 표현하기 위해서 읽는 것이다. 독서는 올바른 동기와 목적, 비전을 가지고 명작을 읽는 데서 출발하여 올바른 전략과 기술을 적용하여 정보를 섭취하고 가공하는 데서 꽃을 피우며 읽은 것을 자신의 삶의 현장에서 다양한 방법으로 활용하여 인류의 난제를 해결하는 데 조금이나마 유익을 주는 데서 완성된다고 하겠다. 독서를 다양한 삶의 방식으로 표현한 모델들을 소개했다. 사람의 길로 표현하기(인재), 연기로 표현하기(배우), 자본으로 표현하기(CEO), 예술로 표현하기(예술가), 아이디어로 표현하기(과학자), 이데올로기로 표현하기(정치가), 삶으로 표현하기(성자) 등이다. 이 글을 쓰는 필자의 독서 표현은 글쓰기와 사람을 세우는 교육과 상담의 맥락에서 활용하기이다.

개인과 사회의 수준은 정신수준에 기초해 있으며, 정신수준은 독서수준에 달려있다. 독서는 내면세계를 확장시킬 수 있는 가장 효과적인 지름길이요, 인간이 할 수 있는 최선의 기회 중의 하나이다. 세계와 인생에 대한 깊은 통찰과 이해를 보여주고, 역사를 통해 검증된 현철(賢哲)의 평생 성취를 그가 남긴 책 한권을 통해 짧은 시간과 노력으로 경험할 수 있기 때문이다. 한 사람의 인생은 짧지만 독서를 통해 인생의 경험과 지식의 폭을 수백, 수천 년으로 연장할 수 있다는 것은 사람만이 갖는 특권이다. 독서의 이러한 위력 때문에 선현들이 그토록 독서를 강조하였고, 독서하는 개인과 민족이 역사의 주역이 되었던 것이다.

다음 세대는 통섭형 인간형을 원한다. 통섭(統攝)은 지식의 대통합, 즉 인문학과 자연 과학의 통합을 의미하는데, 중세의 사람으로 레오나르도 다빈치 등 박물학자들을 들고 있고, 우리나라에서는 실학의 완성자라고 일컫는 다산 정약용을 통섭의 사람으로 꼽을 수 있다. 사회가 전문화 다양화되고 있는 때에 어울리지 않는 주장 같기도 하지만, 한 가지에 정통하면서 다른 것에는 무지한 반신불수의 인간형이 아니라 사람이 살아가는 데 필요한 지식을 두루 꿰뚫는 전인적 교양인이 필요하다. 다산은 목민심서, 경세유표, 흠흠신서 등을 쓴 문과적 인물이었을 뿐만 아니라 한강의 배다리(舟橋), 수원 화성 설계, 기중기 발명, 의학서(麻科會通) 저술 등의 업적을 남긴 위대한 과학자였다. 그는 오늘날로 말하면 통섭형 지성인이었다.

독서는 다행히 누구나 할 수 있다. 그러나 누구나 독서생활에 성공하는 것은 아니다. 좋은 독서가가 되기 위해서는 전문가로부터 독서에 대해 배우고 안내를 받아 독서를 생활해 가는 훈련이 필요하다. "명작 독서 명품인생"을 통해 개인의 내적인 성장은 물론, 인류의 정신 유산을 계승하고 좋은 사람을 만나는 축복의 통로가 되기를 바란다.

<참 고 문 헌>

고미야 가즈요시, 홍윤주 역, 『직장인의 독서력을 향상시키는 선택적 책 읽기』, 지상사, 2010.

공병호, 『핵심만 골라 읽는 실용독서의 기술』, 21세기북스, 2004.

곽재용, "다매체 시대의 독서에 대하여", 『한민족어문학』 제41집(한민족어문학회), 2002.

김경동 · 김기현 · 최재천 · 김광웅 · 문용린, 『인문학 콘서트』, 이숲, 2010.

김병철, 사이버외국어대학교 교재편찬위원회 편, 『미디어 글 읽기와 글쓰기』, 한국외국어대학교출판부, 2004.

김봉군, 『독서와 가치관 읽기』, 박이정, 2005.

김열규, 『독서』, 비아북, 2008.

김영채, 『생각하는 독서』, 박영사, 2005.

김용준, 『스무 살에 선택하는 학문의 길』, 아카넷, 2005.

김은섭, 『질문을 던져라 책이 답한다』, 교보문고, 2010.

김정진, 『독서불패』, 자유로, 2005.

도정일 · 최재천, 『대담』, 휴머니스트, 2005.

이권우, 『책 읽기의 달인, 호모 부커스』, 그린비, 2008.

마이클 고힌 · 크레이그 바르톨로뮤, 『세계관은 이야기다』, IVP, 2011.

모티머 J. 애들러 · 찰즈 밴 도런, 민병덕 역 , 『독서의 기술』, 범우사, 2011.

민병덕(편역), 『독서 로드맵』, 문화산업연구소, 2004.

박이문, "인문계 텍스트의 독서론", 서강대학교 국어국문학과(편), 『읽기』, 재판, 서강대학교출판부, 2006,

미케 발, 한용환 역, 『서사란 무엇인가?』, 문예출판사, 1999.

사이토 다카시, 황선종 역 , 『독서력』, 웅진지식하우스, 2009.

서강대학교 국어국문학과 편, 『읽기』, 재판, 서강대학교출판부, 2006,

송조은, 『독서쇼크』, 좋은시대, 2010.

수전 와이즈 바우어, 이옥진 역, 『독서의 즐거움』, 민음사, 2010.

숙명여자대학교 의사소통능력개발센터, 『세상을 바꾸는 글 읽기와 쓰기』, 제2판, 숙명여자대학교출판국, 2006.

안상헌, 『어느 독서광의 생산적 책 읽기 : 미래를 위한 자기발전 독서법』, 북
　　포스, 2005.

알베르토 망구엘, 정명진 역, 『독서의 역사』, 세종서적, 2000.

애들러, 모티모어 · 찰스 밴 도런, 독고 앤 역, 『생각을 넓혀 주는 독서법』,
　　멘토, 2000.

와다 히데키, 하연수 역, 『요약의 기술』, 김영사, 2004.

우한용, "문학 독서 교육의 이론과 실천을 위한 기반 검토," 『선청어문』 32
　　권, 서울대학교 국어교육과, 2004.

구인환 외, 『문학 독서 교육, 어떻게 할 것인가』, 푸른사상, 2005.

원동연, 『5차원 독서법과 학문의 9단계』, 김영사, 2003.

유재원, 『인문학 두드림 콘서트』, 한국경제신문사, 2010.

이경화, 『읽기 교육의 원리와 방법』, 박이정, 2003.

이대규, 『수사학 : 독서와 작문의 이론』, 개정판, 신구문화사, 1998.

이상태, "고등학교에서의 국어 읽기 지도에 관한 연구," 『중등교육연구』 제
　　38집(11월, 경북대학교 사범대학 부속 중등교육연구소), 1996.

이어령, 『공간의 기호학』, 민음사, 2000.

이원희, 『어떻게 읽고 쓸 것인가』, 한국문화사, 2002.

이지성, 『리딩으로 리드하라』, 문학동네, 2010.

이천효, 『창의적 독서, 서평, 초록의 길잡이』, 시그마프레스, 2007.

이화진, "정보화 시대의 독서 전략," 한국독서학회 제7차 학술대회, 1999.

임영봉 · 신현규 · 김미산, 『글쓰기를 위한 책 읽기: 교양도서 100선』, 보고
　　사, 2006.

장하준, 『사다리 걷어차기』, 부키, 2010.

저우예후이, 최경숙 역, 『내 아이를 위한 일생의 독서 계획』, 바다출판사,
　　2007.

전정재, 『독서의 이해』, 한국방송출판, 2001.

장회익, 최장집, 도정일, 김우창 지음, 『전환의 모색: 우리는 어디에 있으며
　　무엇을 할 것인가』, 생각의나무. 2008년 09월

정한숙, 『현대소설 창작법』, 웅동, 2000.

제임스 하워드 쿤슬러, 이한중 역, 『장기비상시대』, 갈라파고스, 2011.

조창섭, 『학습 능력 향상을 위한 조창섭 독서법』, 서울대학교출판부, 2005.

최재천·주일우, 『지식의 통섭』, 이음, 2007.

카톨릭대학교 교양교육원, 『분석과 비판의 기초-읽기와 쓰기』, 가톨릭대학
　　교출판부, 2007.

클립톤 파디먼, 김주영 역, 『일생의 독서계획』, 태학당, 1995.

패트릭 G. 라일리, 안진환 역, 『THE ONE PAGE PROPOSAL』, 을유문화사,
　　2002.

마크 알렌 포웰, 이종록 역, 『서사비평이란 무엇인가?』, 대한예수교장로회
　　총회교육부, 1993.

제랄드 프린스, 이기우 김용재 역, 『서사론 사전』, 민지사, 1992.

한국독서학회, 『21세기 사회와 독서지도』, 박이정, 2003.

한용환, 『소설학 사전』, 문예출판사, 2000.

한철우, "문학 독서 교육의 전개와 방향," 『독서연구』, 제9권 2호, 한국독
　　서학회, 2004.

히라노 게이치로, 김효순 역, 『책을 읽는 방법』, 문학동네, 2008.

히로나카 헤이스케, 방승양 역, 『학문의 즐거움』, 김영사, 2008.